신글로벌 트렌드:
시니어 주택

국내외 정책과 사례

한국주거학회

박영사

서문

우리나라가 세계에서 유례를 찾기 힘들 정도로 초고령사회로의 진입이 빠르게 진행되고 있다는 것은 누구나 다 아는 사실이다. 2025년에는 전체 인구의 20%가 65세 이상 노인이 되는 초고령사회로 진입하게 된다. 10여 년 전부터, 초고령사회를 예측하고 경고하면서, 노인주거 공급 및 대안 마련을 위한 정책들이 추진되어 왔지만, 아직도 그 결과를 가까이에서 피부로 느끼기 어렵다. 2024년 10월 기준 노인주거복지시설(노인복지주택, 양로시설 등)에 입소 중인 노인은 총 19,369명(전체 노인의 0.2%)으로 매우 시설이 부족하며, 비용 면에서도 중산층에게 부담이 되고 있고, 이마저도 정확한 정보 부족으로 노인들의 선택을 어렵게 하고 있다.

한편, 요즘 노인 세대에 본격적으로 진입하는 베이비부머 세대는 예전의 노인과 신체적, 정서적으로 매우 다르다. 신체적으로도 건강하며, 본인을 위해 아낌없는 투자를 하는 것을 확인할 수 있고, 사회에 관한 관심이 높아 활발하게 참여한다. 이러한 노인을 액티브 시니어(Active Senior)라고 정의하고 있는데, 이들은 '자립적인 삶'을 열망하며 '지역 사회와의 연결성'을 중요하게 생각하고 '새로운 가치 창출'에 대해 보람을 가진다. 즉, 자신의 미래 주거를 준비하는 것에 매우 관심이 높고, 자신의 집을 스스로 개발하거나, 새로운 시니어 주택 유형에 적극적으로 참여할 의사가 있음을 예측할 수 있다. 그러므로 시니어 주택은 한 가지 방향이 아닌, 그들의 다양한 생각을 수용할 수 있어야 한다.

이 책의 출발은 2023년 하반기에 진행된 서울특별시 주택정책지원센터의 '은퇴고령자 주택을 활용한 주택 공급 모델 연구'에서 시작되었다. 서울시는 은퇴고령자가 보유한 주택자산을 활용하여, 은퇴고령자의 주거대안을 마련하고, 은퇴고령자가 노인주거로 이동하면, 그전에 살던 주택은 젊은 세대가 들어가 살 수 있게 되어, 주택 공급을 활성화할 수 있는 선순환 체계의 모델을 연구하였다. 이 연구 중 한국주거학회는 '은퇴고령자를 위한 주택공급 사례조사'를 담당하였는데, 이 기회를 통해 시니어 주택의 최신 글로벌 트렌드를 한데 모아 보았다. 되도록 국내에 덜 알려진 사례를 발굴하였으며, 나라별 사례를 이해하기 위해 그 나라의 정책을 배경으로 설명하고 있다. 이 연구를 일반인들에게도 소개하기 위해 주제를 다듬고 사례와 사례별 분석내용을 보완하여 이 책을 출간하게 되었다.

이 책은 단순히 거주 공간이 아닌, 요양시설, 커뮤니티 시설 등 다양한 유형의 시니어 주택에 대하여 소개하고 있는데, 사례에서는 건축적 특징뿐 아니라 해당 국가의 사회적, 문화적 배경, 주거 정책 등을 각종 도면과 사진, 도표 등을 통해 설명하고 있어 각 사례를 더욱 깊이 이해하고 각 나라별 사례를 비교 분석할 기회를 제공하여, 개발자나 정책입안자는 국내 상황에 적용할 수 있는 시사점을 얻을 수 있고, 수요자들은 자신에게 맞는 주거 형태를 선택하는 데 도움을 받을 수 있다.

또한 시니어 주택은 과연 노인만을 위한 전용주택이어야 하는가, 아니면 다양한 세대가 혼합되어야 하는가, 혼합한다면 어떠한 방식이 있을 수 있을까, 지역 공동체와 연결하는 방식은 없는가, 다양한 거주자의 니즈를 수용할 수 있는 수요자 맞춤형이란 어떠한 주거형식인가, 본인의 집에서 거주하다 시니어 주택으로 입주한 후 다른 곳으로 이동하지 않고 그곳에서 생을 마감하는 방법은 무엇일까 등 미래 시니어 주택을 위한 우리가 고민해야 하는 많은 주제에 대해, 주제별 해외 사례를 제시하고 있다. 또한 마지막 장에서는 국내의 우수사례와 서울시가 추진하고 있는 정책과 사례를 소개하고 있다.

2024년 7월 정부가 발표한 '시니어 레지던스 활성화 방안'은 현재 큰 반향을 일으키고 있다. 이 정책은 오랫동안 민간의 노인주거 및 요양시설 공급에 걸림돌이 되었던 분양/임대, 소유/사용(운영), 택지공급, 건설자금지원 등에 대한 새로운 모색을 선언하였고, 수요자의 권익을 보호하며 선택권을 보장할 수 있는 안전장치에 대해서도 개선 방향을 제시하고 있다.

이미 우리나라 산업계에서는 노인인구 1천만 명(2024년 7월 주민등록인구 기준) 시장을 대비하여 헬스케어, 요양, 용품, 여가·문화, 식품, 금융·자산관리서비스, 주거 분야에서 고령친화산업을 준비해 왔으며, 이러한 고령친화산업 규모는 2024년 기준 85조 원, 2030년이면 128조 원에서 최대 280조 원을 전망하고 있다(경희대학교 디지털뉴에이징연구소, 2024).

특히 시니어 주택에 대한 민간의 관심은 뜨겁게 느껴질 정도로 높다. 신뢰도가 높은 금융계, 제약회사, 교육사업, 호텔업 분야에서 자회사를 건립하여 사업을 추진하고 있으며, 건설사에서도 건설뿐 아니라 운영까지 포함한 주거서비스를 개발하고 있다. 또한 비영리법인과 사회적 기업에서도 참여를 시작하고 있다.

이 책은 곧 많은 대안이 쏟아질 시니어 주택 시장을 대비하여, 그 대안이 공급자적 관점으로만 접근해서는 안 되고, 거주자 스스로가 참여할 수 있는 기회를 제공하고 지역사회와 함께 공생할 수 있으며, 살던 곳에서 시니어 주택으로 이주하게 되면 건강상태에 따라 이곳저곳으로 움직여다니지 않고, 그곳에서 "지속적으로 거주하고(Aging In Place, AIP)" 생을 마감할 수 있는 시니어 주택이 되어야 한다는 목표를 달성하기 위하여, 지향할 수 있는 여러 나라의 사례와 정책을 소개하고 있다.

이 책은 초고령화 사회에 대비하는 데 필요한 실질적인 정보와 함께, 미래 시니어 주택에 대한 새로운 비전을 제시하는 훌륭한 지침서가 될 수 있을 것이며, 향후 새로운 개념의 선도적인 시니어 주택을 개발하고자 하는 민간사업자, 정책입안자, 그리고 공공주택을 제공하는 공공기관 그리고 혁신적인 시니어 주택을 기획하시는 분들 그리고 실제 입주를 희망하시는 분들에게 자신에게 맞는 주거를 선택하는 데 도움을 줄 수 있을 것으로 기대한다.

2024년 11월
저자 일동

추천사

"액티브 시니어, 그들은 누구인가? 그리고 어디에서 어떻게 살아야 하는가?"

인구구조의 급변이 국가나 도시에 미치는 영향은 매우 크다. 특히 고령화는 선진국 및 세계 주요 대도시가 처한 핵심 이슈이다. 한국 또한 고령인구의 증가가 세계 어느 나라보다 빠르게 진행되고 있어 초고령사회의 진입을 목전에 앞두고 있다. 특히 도시민의 절반 이상이 65세 이상에 이르는 시기도 얼마 남지 않았다는 것이다. 이러한 흐름 속에서 시니어 주거에 대한 체계적이고 창의적인 대응이 절실히 필요한 시점이다.

경제력 있고 건강하게 활동하는 액티브 시니어에 대응하는 주거와 맞춤형 주거 서비스를 어떻게 제공할 것인가와 함께, 이제는 보편적, 일반적으로 은퇴고령자의 주거 문제와 일상생활 문제를 어떻게 해결해야 할지를 고민해야 되는 상황에 직면해 있다.

이 책은 이러한 시대적 요구를 면밀히 반영하고 있다. 각국의 선진적인 시니어 주거 모델을 심도 있게 분석하고, 그 사례들을 통해 서울과 대한민국이 나아가야 할 미래 시니어 주거정책의 청사진을 제시하고 있다. 특히 고령인구가 급증하는 오늘날, 시니어들에게 단순히 주거 공간을 제공하는 것을 넘어서 사회적 참여를 유지하고 지역사회와 긴밀히 연결되어 살아갈 수 있는 주거 형태의 필요성이 강조되고 있다. 이는 단지 '어디에서 살 것인가'에 대한 문제가 아니라, '어떻게 살아갈 것인가'라는 근본적인 질문에 대한 답을 요구한다.

앞으로의 시니어 주택은 단순한 'Barrier-free' 설계 및 공간 마련이 아니라,

노인들이 자립적으로 생활하면서도 필요한 경우 적절한 돌봄과 지원을 받을 수 있는 주거 환경을 마련하여, 활동적인 생활과 함께 경제활동까지도 고려되어야 할 것이다. 이는 서울뿐만 아니라 고령화 사회로 접어드는 대한민국이 마주하고 있는 공통과제이다.

이 책이 이러한 인구·사회 변화에 대응하는 주거정책을 수립함에 있어 중요한 길잡이가 될 것이며 정책 입안자들에게는 새로운 통찰을 제시할 것이다. 더 나아가 시민들과 함께 만들어가는 서울과 대한민국의 미래에 소중한 밑거름이 되기를 기대한다.

서울특별시 행정2부시장
유창수

목차

CHAPTER 01 노인, 그들은 누구인가?

CHAPTER 02 함께 사는 공동체형

CHAPTER 03 지역사회 연계형

Contents

CHAPTER

01

노인, 그들은 누구인가?

⋮

노인, 그들은 누구인가? 그들이 원하는 집은?

주서령

　전 세계적으로 인구의 고령화 추세는 빠르게 진행하고 있다. 거의 모든 대륙에서 출산율이 급감하고 있으며, 기대수명은 증가하기 때문이다. 2022년 기준 세계 인구 중 65세 이상의 노인인구는 평균 9.8% 정도이며, 아시아는 9.6%, 유럽(19.6%)과 북아메리카는 17.3%로 이미 상당한 고령화가 진행되었다.

　2050년까지 인구 추이를 보면, 노인인구는 2030년 12%, 2050년 16.7%가 예상되고 있는데, 이는 지역에 따라 차이를 나타내고 있다. 유럽은 이미 가장 고령화 비율이 높은 대륙이며, 상대적으로 라틴아메리카와 아시아는 빠르게 고령화가 진행되고 있다. 2050년이면 아프리카(6.7%)를 제외한 모든 대륙에서 노인인구는 18% 이상이 되며, 유럽은 27.8%, 북아메리카는 21.4%, 아시아는 18.8%, 라틴아메리카는 18.6%에 이르게 된다.

표 1　세계 지역별 노인인구 추이

지역	노인인구(백만 명)			총 인구 대비 노인인구 비율(%)		
	2015년	2030년	2050년	2015년	2030년	2050년
아프리카	40.6	70.3	150.5	3.5	4.4	6.7
아시아	341.4	587.3	975.5	7.9	12.1	18.8
유럽	129.6	169.1	196.8	17.4	22.8	27.8

라틴아메리카	47.0	82.5	139.2	7.6	11.8	18.6
북아메리카	53.9	82.4	94.6	15.1	20.7	21.4
오세아니아	4.6	7.0	9.5	12.5	16.2	19.5

출처: U.S. Census Bureau(2013), International Data Base

이러한 현상을 지리학적으로 보면, 세계에서 가장 노인층 인구 비율이 높은 지역이 유럽에서 동아시아로 이동할 것으로 예측되고 있다. 아시아는 고령화 속도가 세계에서 가장 빠르며, 노인인구수에서도 가장 큰 비중을 차지하게 되는데, 일본, 홍콩, 대만, 한국의 고령화는 빠르게 진행되어, 2050년이 되면 일본, 한국, 홍콩, 대만은 인구의 1/3 이상이, 65세 이상의 노인이 차지하게 되고 세계에서 가장 노인인구비율이 높은 나라로 예측되고 있다.

그림 1 고령화가 높은 나라의 지리학적 추이

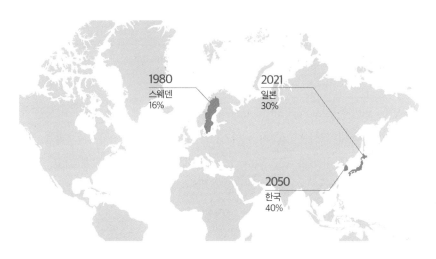

출처: UN, Dept. of Economics and Social Affairs(2023), World Social Report 2023

특히 우리나라의 고령화는 세계에서 유례없이 빠르게 진행되고 있다. 초고령사회를 준비하는 여러 정책들이 추진되고 있지만, 향후 10년 안에 노인에 진입하는 중고령자들을 대상으로 하는 정책은 미비하다. 특히 주택과 같이 다른 자원에 비하여 건설하는 데 긴 시간이 필요한 것에는 더욱 그러하다. 2010년경 인구구조에서 큰 비중을 차지하는 베이비부머 인구의 노인 진입을 대비하여, 정책적인 준비를 강조하는 여러 노인주택 관련 연구와 세미나들이 진행되었다. 하지만 이미 1차 베이비부머 막내인 1963년생이 이미 60세 이상이 된 현재 시점에서 2010년의 현황과 크게 달라진 바가 없으며, 산업계와 학계 모두 늦었다고 이야기하고 있다. 하지만 늦었다고 포기할 수 없으며, 늦었지만 다시금 노인층에 진입하는 고령자를 대비한 주택을 준비해야 하는 시점이라 생각된다. 이 장에서는 노인은 누구인지 정의하고, 이들의 사회경제적 특성과 고민 그리고 그들이 원하는 삶의 방식에 대해 논의해 보고자 한다. 이렇게 주택의 거주자를 이해하는 것이, 새로운 주거를 개발하는 데 첫걸음이 될 것이다.

1 노인의 정의

노인은 일반적으로 역연령(Calendar Age)을 기준으로 해서, 65세 이상을 의미한다. 하지만 국내에서는 연금 지급 시기, 노인복지시설 입소 시기 등 법률 성격에 따라, 적용 연령에 차이를 두고 있다. 10년 안에 노인으로 진입하게 되고, 곧 은퇴를 맞게 되는 중년층도 준고령자, 중고령자, 고령자 등으로 정의하고, 각종 고용 관련 법률과 통계 그리고 정책연구에서 관심을 가지기 시작하고 있다.

표 2 **노인의 연령 기준과 법적 근거**

용어	연령 기준	법률 및 근거
노인	65세 이상	• 노인복지법(1981) • 기초노령연금법(2008) • 노인장기요양보험법(2008)
	60세 이상	• 국민연금법(1986) • 노인보건복지사업(노인일자리사업의 시장형사업단, 치매검진, 결식우려 노인 무료급식 등)
준고령자	50~54세	고용상 연령차별금지 및 고령자고용촉진에 관한 법률 시행령
고령자	55세 이상	
	55~79세	통계청 경제활동인구조사 고령층 부가조사
중고령자	45세 이상	고령화연구패널조사(Klosa)

출처: 법률 및 보고서를 바탕으로 저자 직접 작성

동질 인구집단으로서 노인을 바라보는 관점에서 벗어나 노인을 세분화하여 파악하려는 시도로서 미국의 심리학자인 뉴가튼(Neugarten, 1982)은 노인을 보다 세분화하였다. 즉 노인을 '프리 시니어(Pre Senior)', '액티브 시니어(Active Senior)', '아더 시니어(Other Senior)', '실버(Silver)'로 분류하였는데, 프리 시니어(45~49세)는 은퇴를 앞두고 시니어를 준비하는 단계, 액티브 시니어(50~74세)는 은퇴 후 탄탄한 경제력과 소비활동, 사회활동이 활발하여 신체적 제약이 거의 없는 집단, 아더 시니어(50~74세)는 신체적인 제약은 거의 없으나 은퇴 후 상대적으로 낮은 경제력과 가족 의존적인 모습으로 소비관여도가 낮은 집단, 실버(75세 이상)는 노쇠하고 경제력 등 가족 의존적인 연령대로 분류하였다. 특히 풍부한 사회경력과 경제력 및 소비력을 갖춘 '액티브 시니어(50~75세)'에 관심을 가질 것을 강조하였다.

산업계에서도 소비자의 관점에서 50세 이상을 시니어(Senior)로 정의하고, 50~64세를 뉴 시니어(New Senior) 또는 액티브 시니어(Active Senior), 65세 이상은 올드 시니어(Old Senior) 또는 실버(Silver)로 구분하여 고령화 사회의 새로운 소비의 주체로서 뉴 시니어(또는 액티브 시니어)에 주목하고 있다.

그림 2 노인의 정의

관습적 정의
- '나이'와 '생물'에 근거한 정의
  노인은 '고령'이라는 공통분모로 하나의 인구집단, 하나의 동질 인구집단으로 여기는 경향, 노인은 스스로 생계를 꾸릴 수 없고 타인의 도움에 기대는 존재
- 암울한 고령화 담론: '인구의 시한폭탄', '인구지진', '고령화 충격', '고령화 위기'

법률적 정의
- 대부분의 선진 국가: 역연령(Calendar Age) 65세 이상
- 국내 노인의 정의
  1) 65세 이상: 「노인복지법」(1981), 「기초노령연금법」(2008), 「노인장기요양보험법」(2008)
  2) 60세 이상: 「국민연금법」(1986)
  3) '고령자' 55세 이상인 자, '준 고령자' 50~54세: 「고령자 고용촉진법」(1992)

노인의 정의

학술적 의미
- 국제노년학회(International Association of Gerontology, 1951)
  인간의 노화 과정에서 나타나는 생리적, 신체적, 환경적, 심리적 변화 및 행동변화가 상호작용하는 복합형태의 과정에 있는 사람
- 뉴가튼(Neugarten, B.L., 1982)
  - 노인: 75세 이후를 의미
  - 프리 시니어(Pre Senior): 40~49세 은퇴를 앞두고 준비하는 세대
  - 액티브 시니어(Active Senior): 50~75세 경력, 경제력 및 왕성한 소비력을 갖춘 세대
    (Neugarten B.L. Age or Need? Public of Older People, Beverly Hills, CA: Sage, 1982)

산업적 의미
- 사용자, 소비자적 관점으로 50세 이상
- 이 중 뉴 시니어는 베이비부머 세대가 포함

| 예비 시니어 (Pre Senior) 50세 미만 | 시니어(Senior): 50세 이상 | |
| | 뉴 시니어(New Senior), 액티브 시니어(Active Senior) 50~64세 | 올드 시니어(Old Senior), 실버(Silver) 65세 이상 |

출처: 주서령(2022), 「베이비부머 신노년의 고민과 주거대안」, 2022년 제3회 주거복지미래포럼 자료집

우리나라 '저출산고령사회기본계획'도 '제1차 기본계획'에서는 정책 대상을 '노인'으로 한정하였으나 '제2차 기본계획'부터는 '고령자', 그리고 4차 기본계획부터는 '신중년'으로 정책 대상을 확대하고 있다(강은나 외, 2020:13~14).

기본적으로 노인의 정의는 '나이'와 '생물'에 근거하고 있으며, 스스로 생계를 꾸릴 수 없고 타인의 도움에 기대는 존재라는 것에 전제하고 있는데, 이러한 관점은 '인구의 시한폭탄', '인구지진', '고령화 충격' 등의 암울한 고령화의 담론을 야기할 뿐이다. 현재 인구구성상 큰 비중을 차지하는 1차 베이비부머(1955~1963년생)들이 본격적으로 60세 이상의 노인인구에 진입하였는데, 이는 양적 변화만이 아닌, 노인의 특성에 있어 질적인 변화도 가져오고 있다. 그들은 취약한 부양 대상이 아니며, 건강하고 활발한 사회 참여 의지가 매우 높은 노인들이다. 그러므로 노인에 대한 과거 대응에서 새로운 방향의 전환과 정책이 필요하다.

이 장에서는 현재 일반적 대상인 65세 이상의 노인뿐만 아니라, 은퇴 후 주거

의 대안에 관심을 가지고 준비하는 그리고 10년 안에 60대에 진입하는 연령층의 특성을 파악하고자 은퇴를 진지하게 고민하게 50세 이상 연령대를 주 대상으로 한다.[1]

표 3 노인 연령의 세분화

용어	분류	기준	2024년 기준
노인	2차 베이비부머	1968~1974년 사이에 출생자	50~56세
		1964~1967년 사이 출생자 (1차, 2차 베이비부머 사이)	57~60세
	1차 베이비부머	1955~1963년 사이에 출생자	61~69세
	초고령자	1954년 이전 출생자	70세 이상

출처: 저자 직접 작성

2 노인의 인구구조와 사회경제적 특성

우리나라 총인구는 2024년 기준 약 5,175만 명으로, 1차 베이비부머와 2차 베이비부머가 속한 1955~1974년 사이에 태어난 출생자(2024년 기준, 50~69세)는 2024년 기준, 약 1,605만 명으로 총 인구의 31.01%를 차지하고 있다. 전체 1,2차 베이비부머가 65세 이상 고령층에 진입하는 2038년에는 이 세대들이 노인인구의 86.6% 차지할 전망이고, 노인인구는 총인구의 32.8% 차지하는 초고령사회이다. 즉 3명 중 한 명은 65세 이상의 노인이라는 것이다.

이 장에서는 노인의 특성을 정확히 이해하고자 연령대별로, 초고령자, 1차 베이비부머, 2차 베이비부머로 나누어 그들의 사회경제적 특성을 파악하였다.

---

1 1차 베이비부머는 1955~1963년 사이에 출생자로서 2024년 현재 61~69세이며, 2차 베이비부머는 1968~1974년 사이에 출생자로서 2024년 현재 50~56세이다. 작위적으로 이 연구에서는 1차, 2차 베이비부머의 빈 연령대인, 57~60세를 2차 베이비부머로 포함하여 통계 처리하였다.

그림 3 국내 인구 구조의 변화

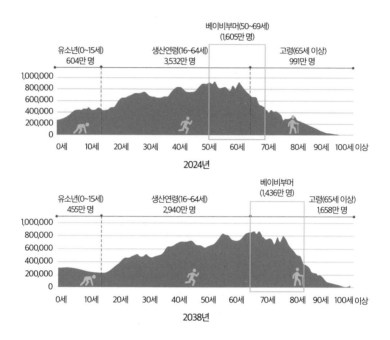

출처: 통계청(2024), 『주민등록 인구 현황』과 『장래인구추계』를 기초로 작성; 주서령(2022), 「베이비부머 신노년의 고민과 주거대안」, 2022년 제3회 주거복지미래포럼 자료집

학력에 있어서, 연령대가 낮을수록 학력이 매우 높다. 혼인율은 초고령자는 사별(40.1%)을 포함하면 92.3%에 달하는데, 베이비부머는 상대적으로 낮다. 이때 2차 베이비부머의 미혼율(10.3%)과 이혼율(19%)은 다른 세대에 비하여 높은 것이 특징이다.

노인들은 60% 이상(초고령층: 69.3%, 1차 베이비부머: 68.2%, 2차 베이비부머: 62.2%)이 자가에 거주하고 있는데, 청년층에 비하면 상당히 높은 편이다.

노인들은 초고령층일수록 단독주택 거주(54.8%) 비율이 높고, 상대적으로 2차 베이비부머는 아파트 거주율이 57.6%로 높다.

자산 규모에 있어서는 2차 베이비부머(5억 9,456만 원)와 1차 베이비부머(5억 8,807만 원)가 초고령자(4억 2,757만 원)보다 많으며, 이들의 자산 중 현재 거주하고 있는 부동산 주택 금액은 42~48%를 차지하고 있어서, 자산이 부동산 중심으로 구성되어 있는 것이 특징인데, 특히 초고령자의 자산 규모는 상대적으로 낮게 나타나지만 거주하고 있는 부동산이 자산에서 차지하고 있는 비율은 상대적으로 높다.

경상 소득 면에서는 확연하게 연령층이 낮을수록 소득이 높다. 이는 은퇴 후 확연하게 가구의 소득이 격감함을 알 수 있다.

그림 4 노인 연령대별 자산 규모와 경상소득

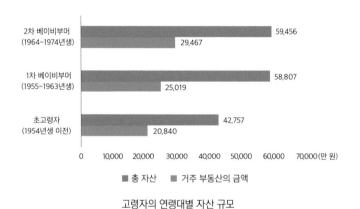

고령자의 연령대별 자산 규모

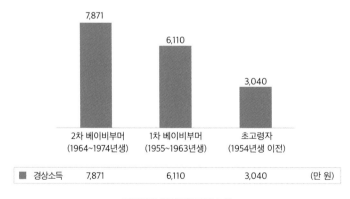

고령자의 연령대별 경상소득

출처: 통계청(2022), 『가계금융복지조사(가구주)』를 기초로 작성

노후준비에 대해서는 연령대가 낮을수록 노후대비가 되어 있다고 생각하고 있는데, 2차 베이비부머 82.6%, 1차 베이비부머는 77.2%, 초고령자는 54.8%이다. 노후 대비 방법에도 차이가 나타나는데, 모든 연령대에서 국민 연금의 비중이 가장 높게 나타났으나, 2차 베이비부머의 국민연금 의존율이 77.2%, 가장 높고, 초고령자에서는 국민연금은 다소 낮지만, 예금과 적금(18.2%) 비중이 상대적으로 높다.

베이비부머(68.1%)들은 대부분 근로를 희망하고 있으며, 평균 73세까지는 근로를 희망하고 있다. 그 이유로는 생활비에 보탬(59%), 일하는 즐거움(33%) 등이다.

건강상태에 대해서는 주관적으로 45%가 보통, 38%가 나쁨이라고 응답하였으며, 만성질환 여부에 대한 질문에서도 60대부터 급격하게 질환이 있다고 답하고 있는데 그중에 정신과적 질환의 비율(26.5%)이 상당히 높음이 특이한 점이다.

3 노인의 다양한 삶

앞에서는 노인을 역학적인 연령으로 구분하여 그 특성을 파악해 보았다. 하지만 동일 연령이라 하더라도, 노인들의 건강 상태는 개인적으로 매우 다르며, 특히 그들의 생각과 삶의 방식은 매우 다양하다. 미래학자들이 예측하는 노인의 삶은 다음과 같다.

유발 하라리(Yuval N. Harari, 초예측, 2019)는 미래사회에서 중요한 것은 "쓸모없는 계급이 되느냐 아니냐"이지 단순 "나이"가 아니라고 정의하였다. 즉 "나이"로만 노인을 정의해서는 안 되며, 그들의 개인적 역량(독립성, 자율성, 이동성, 연결성)에 따라 다양한 삶을 지향한다(마우로 F. 기옌, Mauro F. Guillen, 2030 축의 전환, 2020)라고 하였다.

조지프 F. 코클린(Joseph F. Coughlin, 노인을 위한 시장은 없다, 2017)도 베이비붐 세대가 요구하는 삶은 예전 노인과 매우 다르기 때문에, 그들에게는 노년의 삶에 생기를 불어넣고 즐거움을 선사해야 한다고 주장하였다.

린다 그래튼(Lynda Gratton)은 "100세 수명 시대(2016)"에서 은퇴 후 40여 년의 시간을 무료하게 여가로만 보낼 수는 없으므로, 새로운 인생을 시작하는 "다단계 삶"을 제안하였다.

마우로 F. 기엔(Mauro F. Guillén, Talks at Google, 2020) 또한 은퇴 후 휴식은 "레저(Leisure)"에서 "재창조(Re-creation)"로 재인식하고, 인생 후반기 생존전략을 다시 세우고, 언제든 학생이 되거나, 재취업의 기회를 모색하는 것이 중요하다고 역설하였다.

그림 5 미래학자들의 예측하는 노인의 삶

출처: 린다 그래튼 외(2016), 마우로 F. 기엔(2020), 유발 하라리 외(2019), 조지프 F. 코글린(2019)

실제로 우리나라에서도 최근 은퇴했지만, 아직 독립하지 못한 자녀들과 준비가 덜 된 노후를 대비하기 위해 은퇴와 동시에 다시 경제활동 참여를 시도하고 있다. 이들은 국가기술자격증 시험을 가장 선호하는 것으로 조사되었는데, 50대 이상 장년층이 국가기술자격증을 취득한 건수는 최근 5년 사이 폭발적으로 늘었다. 2017년에는 62,560명이었지만, 최근 5년간 50대 이상 국가기술자격증 취득자는 해마다 많게는 전년 대비 30% 이상 폭증하면서 급기야 2023년 30대와 40대를 앞질렀다.

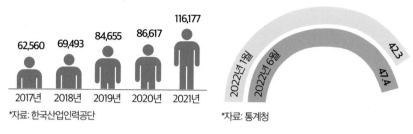

그림 6 국가기술자격증 신규 취득자 및 경제활동참가율

62,560　69,493　84,655　86,617　116,177

2017년　2018년　2019년　2020년　2021년

*자료: 한국산업인력공단

50대 이상 국가기술자격증 신규 취득자(단위: 명)

2022년 1월　2022년 6월　42.3　47.4

*자료: 통계청

60대 이상 경제활동참가율(단위: %)

출처: 매일경제, https://www.mk.co.kr/news/economy/10389810("내 나이 환갑, 자격증 열공 중" … 셀프부양 위
해 일터 찾는 노부모들)

조지프 F. 코클린(2019)은 "노인인구는 더욱 커지고, 부유해지고, 까다로워지고
있다."라고 하였다. 보스턴 컨설팅그룹에서도 노인층의 소비 급증이 예견되지만,
이에 반하여 실제로 노인층에 초점을 맞추어 사업전략 세운 기업은 15% 이내라고
하였다. 즉 고령화사회가 기업에게는 기회가 될 수 있지만, 기업들은 준비가 안 되
어 있다는 것이다. 세계의 부와 힘의 중심은 향후 10년 내에, 밀레니얼 세대에서
실버 세대로 이동할 것이라고 예견하고 있고, 이에 기업들이 제품과 서비스의 주
요 소비시장을 50대를 핵심으로 뉴 시니어로 전환하려는 '시니어 시프트(Senior
Shift)'[2]가 본격화될 것이다.

---

2 시니어 시프트(Senior Shift)는 고령화 영향으로 제품과 서비스가 중·고령세대 중심으로 재
편되는 현상이다. 일본 최대 유통업체인 이온(AEON)사가 자사 전략보고서에 처음 사용한 신
조어로, 일본 소비 트렌드를 이끌었던 '단카이세대(1947~1949년생)' 은퇴시점인 2007년 이
후 대두되었다(김우선, 2017).

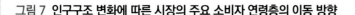

그림 7 인구구조 변화에 따른 시장의 주요 소비자 연령층의 이동 방향

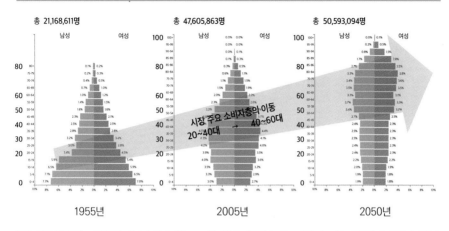

출처: 김우선(2017), 고령사회, 시니어 시프트(Senior Shift)에 대응하는 국·내외 비즈니스 혁신사례, 한국보건산업진흥원

　　50세 이상의 고령자들을 대상으로 주택을 개발하기 위해서는 그들의 라이프 스타일을 이해해야 한다. 2021년 시니어인사이트랩(Senior Insight Lab)의 조사[3]에 따르면, 다른 그룹보다 액티브 시니어가 '가족보다는 나를 위한 소비(53.1%)'를 하고 있고, '나를 위한 시간과 돈 투자(68.8%)'를 중요시하는 경향이 뚜렷하게 높았다. 또한 '하루의 시간을 미리 계획(81.3%)'하는 경향도 다른 그룹 대비 높게 나타났다.

　　결론적으로 70세 이전 노인들은 이후 노인보다, 본인을 바르게 이해하고 표현하며 본인을 위한 아낌없는 투자를 하는 것을 확인할 수 있고, 사회에 관한 관심이 높아 활발하게 참여하고 자신의 영향력을 발휘하는 것에 적극적인 모습임을 알 수 있다. 즉 본인들의 미래 주거를 준비하는 것에도 매우 관심이 높고, 새로운 주거유형을 개발하는 것에 적극적으로 참여할 의사가 있음을 예측할 수 있다.

3　시니어플랫폼인 시니어인사이트랩(Senior Insight Lab)이 2021년 4월 6일부터 5월 25일까지 시니어인사이트랩 회원 중 총 456명을 대상으로, 설문조사를 실시하였고, 결과를 미국 시카고대학 뉴가튼 교수의 이론을 참고해 '프리 시니어(Pre Senior)', '액티브 시니어(Active Senior)', '아더 시니어(Other Senior)', '실버(Silver)' 그룹으로 분류하여 해석하였다(https://www.seniorinsightlab.com/insight/view/8).

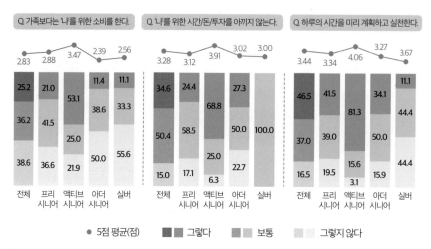

그림 8 노인층의 소비패턴

	전체	프리 시니어	액티브 시니어	아더 시니어	실버
Q. 가족보다는 '나'를 위한 소비를 한다.					
5점 평균(점)	2.83	2.88	3.47	2.39	2.56
그렇다	25.2	21.0	53.1	11.4	11.1
보통	36.2	41.5	25.0	38.6	33.3
그렇지 않다	38.6	36.6	21.9	50.0	55.6

	전체	프리 시니어	액티브 시니어	아더 시니어	실버
Q. '나'를 위한 시간/돈/투자를 아끼지 않는다.					
5점 평균(점)	3.28	3.12	3.91	3.02	3.00
그렇다	34.6	24.4	68.8	27.3	
보통	50.4	58.5	25.0	50.0	100.0
그렇지 않다	15.0	17.1	6.3	22.7	

	전체	프리 시니어	액티브 시니어	아더 시니어	실버
Q. 하루의 시간을 미리 계획하고 실천한다.					
5점 평균(점)	3.44	3.34	4.06	3.27	3.67
그렇다	46.5	41.5	81.3	34.1	11.1
보통	37.0	39.0	15.6	50.0	44.4
그렇지 않다	16.5	19.5	3.1	15.9	44.4

● 5점 평균(점)　■ 그렇다　■ 보통　□ 그렇지 않다

출처: 시니어인사이트랩(Senior Insight Lab) 시니어라이프 스타일 조사결과(조사기간: 2021년 4월 6일~5월 25일);
김희정(2022), 「베이비부머 신노년의 라이프스타일과 주거트렌드」, 2022년 제3회 주거복지미래포럼 자료집에
서 재인용

4 노인의 주거이동

　　노인은 은퇴 이후, 집안일을 수행하기 어려울 정도의 신체적 장애가 생겼거
나 만성적인 신체장애로 가족들의 보살핌이 힘들어질 때, 주거이동을 하게 된다
(Litwak & Longino, 1987).

　　하지만 노인의 대부분은 '살던 곳에서 계속해서 거주(Aging In Place)'를 희망
한다. 2020년 노인실태조사에 따르면, 건강 유지 시 현재 집(83.8%)에서 계속 거
주하기를 희망하고, 건강 악화 시에도 현재 집에서 재가서비스를 받고(56.5%) 계속
거주하기를 희망하는 것으로 조사되었다. 2022년 가계금융조사 자료에서도, 노인
들은 이사 '계획이 없다'가 80% 이상인데, 그중 초고령층(91.8%)일수록 더 높게 나
타났다.

　　이사를 한다면 희망하는 주택유형으로는 모두 '아파트'로 조사되었는데, 2차

베이비부머가 더 상대적으로 아파트 선호가 높게 나타나고, 초고령층과 1차 베이비부머는 일반 단독주택 선호가 다소 높았다.

은퇴 후 주거선택에 대한 연구(임기흥 외, 2014)에 따르면, 은퇴 전에는 교통(26.13%)이 제일 중요했다면 은퇴 후에는 쾌적성(40.97%), 편의시설(37.59%)을 중요하게 생각한 것으로 조사되었다.

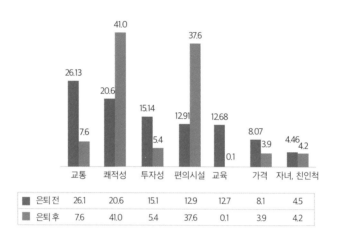

그림 9 베이비부머의 은퇴 전후 주거지 선택기준의 변화

	교통	쾌적성	투자성	편의시설	교육	가격	자녀, 친인척
은퇴전	26.1	20.6	15.1	12.9	12.7	8.1	4.5
은퇴후	7.6	41.0	5.4	37.6	0.1	3.9	4.2

출처: 임기흥 외(2014), 한국베이비붐 세대의 은퇴 후 주거 선택과 이동 특성; 권현주(2022), 「베이비부머 신노년의 주거이동 및 선호」, 2022년 제3회 주거복지미래포럼 자료집에서 재인용.

고령화되면서 어디로 이동하는지를 조사한 연구(이동관 외, 2020)에 따르면 그들이 40대에는 비수도권에서 수도권으로 진입이 증가하지만, 54~64세 경에는 수도권에서 강원도, 충청북도, 충청남도로 이동하는 현상이 두드러지고, 지방에서도 대도시에서 소도시로 이동하는 현상이 나타났다. 즉 은퇴 전에는 자녀의 교육이나, 일자리 등의 이유로 수도권과 대도시에 거주했다면 은퇴 후 또는 은퇴를 준비하면서 쾌적성과 편의성이 갖춰진 중소도시로 이주하는 경향이 있음을 확인할 수 있다. 이러한 현상은 귀농귀촌 희망자 중, 50, 60대가 67.5%를 차지하는 것에서 확인되고 있다(귀농어·귀촌인 통계, 2020).

하지만 베이비부머의 약 50%가 수도권 거주(통계청, 2020)하고 있고, 희망하는 이사지역을 조사한 결과에서도 모든 연령층에서 서울, 경기도 희망이 가장 높게 조사되었고, 2차 베이비부머도 경기도(24.5%), 서울(20.8%) 희망이 가장 높게 나타나, 노인의 도심 또는 도심 근교 거주 선호도 강함을 알 수 있다.

표 4 시기별 베이비부머의 인구이동 특성

시기	베이비부머의 연령대	베이비부머의 인구이동 특징
2001~2004년	37-46세~40-49세	비수도권에서 수도권, 특히 서울 및 경기 진입 증가
2018~2019년	54-63세~55-64세	전국적으로 3지역 안에서 이동하는 현상 두드러짐 1. 수도권에서 강원도, 충청북도, 충청남도로 이동 2. 전라도 내에서 광주에서 전라남도로 이동 3. 경상도 내에서 부산에서 경상남도로, 대구 및 울산에서 경상북도로 이동 * 대전에서 세종시로 계속 전입

출처: 이동관 외(2020), 베이비부머의 인구이동특성 연구; 권현주(2022), 「베이비부머 신노년의 주거이동 및 선호」, 2022년 제3회 주거복지미래포럼 자료집에서 재인용

하지만 현실적으로 건강한 노인이 현재 집에서 오랫동안 자립적으로 거주하기 위해서는 여러 주거서비스가 제공되어야 한다. 집을 유지관리하고, 장애물 없이 안전하고 편리하게 개조해주는 물리적 서비스, 자립적 생활을 지원하기 위한 생활/복지서비스, 또한 경제적 자립을 지원해주는 경제적 서비스가 제공되어야 한다. 즉 주택만 있다고 노인이 집에서 계속 거주하기는 신체적, 정신적으로 한계가 있다는 것이다. 물론 이러한 주거서비스의 종류는 거주자의 건강, 경제, 가족 등의 상황에 따라 차별화되어야 하고 선택이 가능해야 한다. 이를 위해 시설이나 개인 주택에서만 필요한 서비스를 제공하는 것에서 확대하여, 지역사회 내에서 주거와 서비스가 연계되어 고령자들이 원하는 곳에서 지속해서 살아갈 수 있도록 지원할 수 있는 다양한 주거 대안이 필요하다. 하지만 현재 이러한 주거복지서비스가 제공되는 노인주거대안으로는 노인복지시설(노인주거복지시설, 노인의료복지시설)과 공공에서 제공하는 고령자복지주택이나 케어안심주택을 제외하고는 거의 공백 상태이다.

그림 10 노인 주거서비스의 개념과 복지 시설 부재

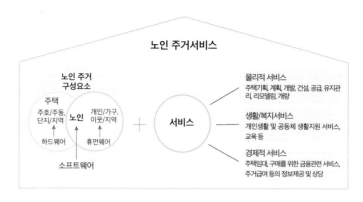

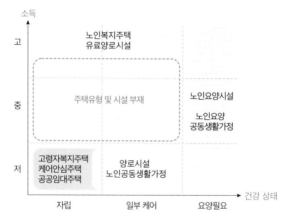

출처: 하성규 외(2020), 주거서비스 인사이트, 박영사; 주서령 외(2020), 『노인주거복지서비스 제공모형 개발연구』, 보건복지부; 저자 수정 작성

이 중에서 노인의 자립이 가능한 주택은 유료 노인복지주택이 있는데, 2021년 기준 총 38개소에 그치고 있다. 이는 아직 고비용이라, 중산층에게 적합한 사례가 매우 드문 형편이다.[4] 고령자 주거의 대안을 고민하기 위해서는 현재와 같은 '복지'와 '의료'가 아닌 '거주'의 개념으로 이해하고 접근하는 것이 필요하다.

---

4 2021년 기준 시설현황은 노인주거복지시설 337개, 노인의료복지시설 5,821개로 총 6,158개이다. 2017~2021년까지 노인주거복지 시설 수는 감소하고, 노인의료복지 시설수는 증가하고 있다. 그 수에 있어서도 노인의료복지시설은 5,821개 시설에 비해, 노인주거복지시설 수는 337개로 약 5.8%에 해당하는 적은 수치이다. 노인복지시설의 입소율은 노인주거복지시설

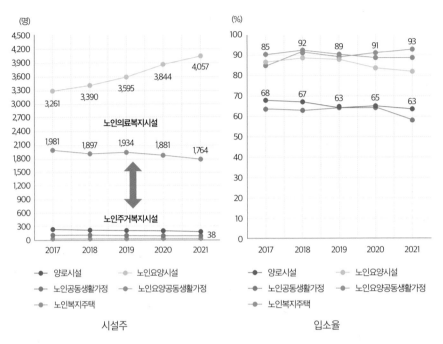

그림 11 노인복지시설 현황

(명)

노인의료복지시설
3,261, 3,390, 3,595, 3,844, 4,057

노인주거복지시설
1,981, 1,897, 1,934, 1,881, 1,764
38

시설주

(%)
85, 92, 89, 91, 93
68, 67, 63, 65, 63

입소율

양로시설 노인요양시설
노인공동생활가정 노인요양공동생활가정
노인복지주택

출처: 보건복지부(2022), 노인복지시설현황(2021.12.31. 기준); 한국주거학회 주거연구원(2023), 주거이동 선순환
생태계 조성연구; 고령자를 중심으로, p.27

5 노인 주거의 방향

앞에서 살펴본 바와 같이 노인들이 희망하는 삶의 방식은 매우 다양하다. 특히 현재 50대인 2차 베이비부머의 특성은 초고령자와도 매우 다르며, 1차 베이비부머보다도 더 다양한 삶의 방식을 원한다. 하지만 현재 우리 사회에 노인을 위한 주거는 이러한 수요를 수용하지 못하고 있다.

72.6%, 의료복지시설 87.8%로 의료복지시설의 입소율이 높다. 그러나 노인주거복지시설 중 노인복지주택의 입소율(2017~2021)은 90%로 가장 높으며 증가 추세이다. 이에 비해 양로시설, 노인공동생활가정 입소율(2017~2021)은 60% 정도의 낮은 입소율을 나타내고 있다. 입소율은 노인주거복지시설과 의료복지시설 중 노인복지주택만이 유일하게 증가추세이다.

노인들이 '노후에 어디에서 살 것인가'는 개인의 취미생활과 사회활동을 지속하고, 건강을 유지해가면서 안정적인 주거에서 자신의 형편에 맞게 살아가는 것이 가능하도록 제공되어야 한다. 이를 위해서는 우선 노인의 소득수준, 주택점유형태, 거주여건 등을 고려하고, 건강상 일상생활에 돌봄이 필요한지 등에 따라 노인의 특성을 세분화하고, 이에 대응하는 다층적 전략이 요구되고 있다.

그림 12 노인 맞춤형 주거대안

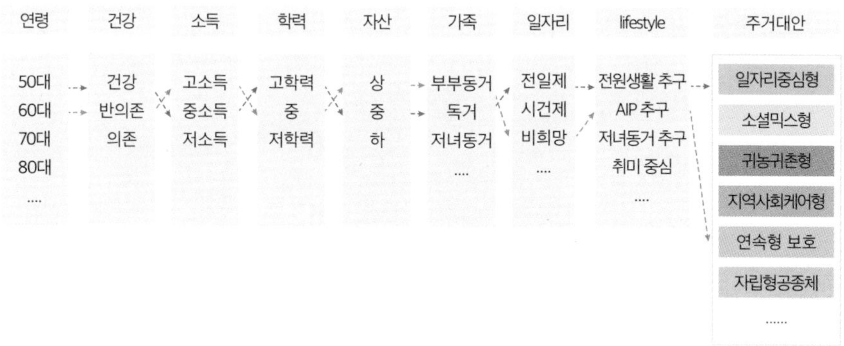

연령	건강	소득	학력	자산	가족	일자리	lifestyle	주거대안
50대	건강	고소득	고학력	상	부부동거	전일제	전원생활 추구	일자리중심형
60대	반의존	중소득	중	중	독거	시간제	AIP 추구	소셜믹스형
70대	의존	저소득	저학력	하	저녀동거	비희망	저녀동거 추구	귀농귀촌형
80대							취미 중심	지역사회케어형
.....					.....	.....		연속형 보호
								자립형공종체
								......

출처: 주서령(2022), 「베이비부머 신노년의 고민과 주거대안」, 2022년 제3회 주거복지미래포럼 자료집

주거 대안의 마련에 있어서 선행되어야 할 노인주거의 방향을 제안해 본다면 다음과 같다.

■ AIP(Aging In Place)를 실현할 수 있어야 함

앞서 설명한 바와 같이 노인들은 인생을 마칠 때까지 가능한 익숙한 장소인 살던 곳에 남아서 생활하기를 희망한다. AIP는 노인의 소득, 건강 상태에 따른 자립도에 관계없이, 익숙한 장소(Place)로서의 자택과 지역사회(커뮤니티)를 기반으로 안전하고 편안하게 노화(Aging)의 과정을 지속하는 것(서유진, 2018)으로 AIP의 공간적 개념은 단순히 '집'뿐만 아니라 친숙한 '지역사회' 등과 같은 넓은 지리적 단위를 지칭하는 의미까지 확대할 수 있다.

돌봄이 필요한 주민들이 살던 곳에서 살아갈 수 있기 위해서 선행되어야 하는 것은 주거, 보건의료, 요양, 돌봄을 통합적으로 지원하는 지역사회연계형 서비스이다. 정부는 2018년 "지역사회 통합돌봄 기본계획" 발표와 더불어, 시설에서 재가로 보건정책을 변경하고, 선도사업 실시와 핵심 인프라를 확충 중에 있다.

그림 13 지역사회 통합돌봄의 개념

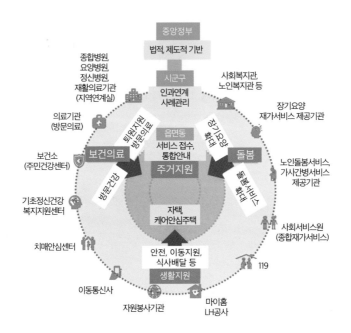

[지역사회 통합돌봄(커뮤니티케어)의 4가지 핵심내용]
- 어르신 맞춤형 케어안심주택, 집수리 사업, 커뮤니티 케어형 도시재생 뉴딜과 같은 주거지원 인프라 확충
- 방문건강 및 방문의료를 통해 집중형 방문건강서비스, 방문의료, 어르신 만성질환 전담 예방관리, 병원 '지역연계실' 운영
- 차세대 노인장기요양보험 구축, 재가 의료급여 신설, 식사 배달 등 다양한 신규 재가서비스, 회복·재활서비스와 같은 재가 돌봄
- 장기요양 및 서비스 연계를 위한 지역 자율형 전달체계 구축을 그 중심 내용으로 함

출처: 대한민국정책브리핑(2018), 지역사회통합돌봄; 한국주거학회 주거연구원(2023), 주거이동 선순환 생태계 조성연구; 고령자를 중심으로, p.33

하지만 이와 상반되는 현상으로 피데스개발 김희정 소장(2022)은 "신노년의 주거트랜드"로 교통 접근성과 쾌적한 환경이 확보되는 세컨하우스(second house)의 선호를 예견하였다. 노인이더라도 한 곳에만 정주하는 것이 아니라, 여러 곳에서 "멀티-어드레스(Multi-Address)"를 가질 수 있다는 것이다. 이는 최근 주말농장, 공유별장 등이 새로운 트렌드로 나타나고 있다고 해석해 볼 수 있다. 즉 정주의 개념을 한 공간이 아닌 다수의 공간으로 확대할 수 있으며, 건강이 허락하는 한 또는 건강을 유지하기 위하여, 본인이 추구하는 즐거운 삶을 영위할 수 있도록 지원하는 것이 필요하다.

■ 자립이 가능하여야 함

노인이 오랫동안 현재 집에서 거주하기 위해서는 자립이 가능해야 한다. 2022년 서울시 고령자 안전사고 구급 출동 18만 건을 분석한 결과에 따르면 사고발생 지역은 '집(74.2%)'이 가장 많이 차지하였고, 사고부상으로는 '낙상(44.2%)'이 가장 많이 차지하는 것으로 조사되었다. 즉 가장 안전해야 하는 집이 가장 위험한 장소인 것이다.

그림 14 2022년 서울시 노인 안전사고 발생 장소

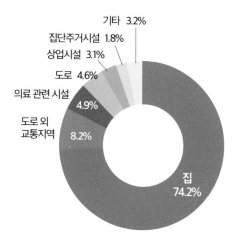

출처: 서울연구원(2023), https://www.si.re.kr/node/67649, 2022년 서울시고령자 안전사고 발생장소

노인이 안전하게 집에서 거주하고 최대한 다른 이의 도움없이 자립적으로 살기 위해서는, '유니버설 디자인'을 적용해야 한다. 집안에 단차를 없애고 미끄럼 방지 바닥재를 사용하며 휠체어 사용이나 간병 보조인의 도움이 필요할 때 용이할 수 있도록 문 폭을 넓히고, 공간도 넉넉해야 한다. 욕실에서는 변기나 욕조 인근에 안전손잡이를 설치하여, 노인들이 스스로 생리현상을 해결할 수 있도록 하여 자존감을 높여주어야 한다.

노인주택과 일반주택의 차이점은 고령층에게 특화된 주거서비스 및 부가서비스의 제공여부에 있다. 노인주거에서는 홈 IOT, AI 센서 네트워크, 집사 홈 로봇, 웨어러블 활동 보조기기 등 각종 지원기술과 자립을 도울 수 있는 생활서비스 제공이 필수적이다. 이에 '에이징 테크(Aging Tech)'라 불리는 첨단기술이 지원되는 노인맞춤형 스마트 주거가 개발되어야 한다.

■ 부담 가능하여야 함

우리나라 노인은 대부분 노후자금이 부족하고 집 한 채만을 보유하고 있다. 즉 집 한 채를 생애주기에 따라 거주하고, 이후 이 주택을 활용하여, 금융과 결합한 상품으로 정기적 수익을 창출하여 안전한 노후자금을 마련할 수 있는 제도 시스템이 구축되어야 한다.

우리나라에서 소유한 주택을 활용한 부동산 유동화 방안으로는 주택연금[5]이 있다. 2023년 2월 기준 가입자 평균 연령은 72세, 평균 월지급금 116만 원, 평균 주택가격 366백만 원, 가입자 수 109,423명이다. 지급유형별 선택 비율은 정액형이 가장 높은데, 연금을 생활비로 사용하는 측면이 강하기 때문에, 생활비라는 관점에서 매월 안정적으로 고정된 금액을 받기를 원하기 때문으로 볼 수 있다.

주택연금 이용가구가 주택연금을 이용하게 된 주된 이유는 '노후생활에 필요한 돈을 준비할 다른 방법이 없어서(78.5%)'와 '자녀들에게 생활비 도움을 받고 싶지 않아서(72.4%)'로 생활비 등을 마련하기 위한 수단으로서의 선택이 큰 것으로 조사되었다(한국주거학회 주거연구원, 2023: 82).[6] 주택연금의 가장 큰 단점으로 일반

---

5 주택연금은 일반적인 주택담보대출의 발상을 거꾸로 이용해 고령층이 소유하고 있는 주택을 담보로 연금 형태의 대출을 받는 것(역모기지)을 의미한다(주택금융공사, 2023).

노년가구는 '자녀에게 물려줄 재산이 없어진다'고 응답하였으나, 주택연금가입가구는 '월지급액이 너무 적다'라는 점을 지적하였다. 그 밖에도 주택연금의 단점으로 '집값이 올라도 관계없이 계속 동일한 연금을 받는다'라는 것과 '연금수령 기간을 마음대로 정할 수 없다'라는 점이다. 즉 연간 누적 가입자 수는 꾸준히 증가하고 있지만, 시장에서 큰 호응을 얻고 있다고 평가되기는 어렵다고 볼 수 있다(한국주거학회 주거연구원, 2023: 82).

일본의 경우, 노인 거주 주택을 이주 주거 지원기구인 JTI(Japan Trans-housing Institute)에 위탁하고, JTI는 이 주택을 다른 세대에게 임차하여, 그 수익을 다시 주택 소유주에게 제공하고 노인은 그 돈을 활용하여, 주거서비스가 제공되는 노인전용 주거 또는 희망하는 작은 규모의 주택으로 이동하고, 여분의 돈을 생활비로 충당할 수 있는 시스템을 구축하고 있다. 만약 공실 시에도 고령자주택재단의 기금에서 보증하여, 노인들이 지속적인 경제적 지원을 받을 수 있다. 우리나라 주택연금과의 차이점은 주택을 자녀에게 상속할 수 있고, 자신의 자산을 안정적으로 유동화하여 안정적인 생활비를 보장받을 수 있다는 점이다.

그림 15 일본 JTI의 업무 개요

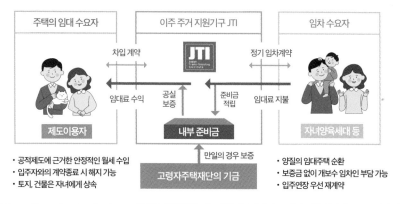

출처: Japan Trans-housing Institute; 주서령 외(2020), 『노인주거복지서비스 제공모형 개발연구』, 보건복지부, p.138

---

6 원출처: 한국주택금융공사 주택금융연구원(2017), 2017년 주택연금 수요실태조사(한국주거학회 주거연구원, 2023).

2020년 서울시는 한국주택금융공사(HF공사), 서울주택도시공사(SH공사)와 함께, 주택연금가입자의 빈집을 활용한 새로운 유형의 공적임대주택인 '세대이음 자산공유형 더드림주택' 사업을 시작하였다. 이 사업은 요양원 및 병원 입원 등으로 생긴 주택연금 가입자의 빈집을 SH공사가 임대해 청년·신혼부부에게 주변 시세의 80% 수준으로 다시 임대(전대)하는 방식이다. 이 사업은 사회적 유휴자산인 빈주택을 공유하므로 주택자산을 선순환한다는 장점이 있으나 아직은 사업 초기의 단계이다.

노인에게 중요한 주거서비스 중 하나가 경제적 서비스이다. 2022년 고령자통계에 의하면 노인의 49.9%는 부모부양을 가족·정부·사회가 함께 책임져야 한다고 생각하고 있고, 부모부양은 가족의 책임이라고 생각하는 노인은 27.3%로, 지난 10년간 11.0% 이상 감소하였다. 즉 가족들의 부모부양의식은 매우 약화되었다고 볼 수 있다. 또한 길어진 기대수명으로 은퇴 후 경제적 자립성은 노인의 삶의 질을 유지하기 위한 중요한 조건이다. 그러므로 노인이 거주하는 지역사회에서 다양한 노인 일자리를 창출하여, 참여할 기회를 부여한다든가, 거주하는 주택에서 일자리를 창출하는 사례 등이 더욱 발굴되어야 한다.

마침 2023년 초 정부는 지방소멸 위기 극복을 위해 국토교통부와 8개 부처가 함께 지역활력타운 조성을 위한 업무협약을 체결하였는데, 지역활력타운은 비수도권 기초 지자체에 주거·문화·복지 등이 복합된 주거단지를 조성해 은퇴자·청년층의 지역 정착을 지원하는 사업으로, 2023년 6월 강원 인제·충북 괴산 등 7개 기초자치단체가 선정되어 사업을 추진하고 있다. 2024년에도 더욱 확대할 예정이다. 선정된 지역에서는 귀농과 귀촌하는 은퇴자를 주 대상으로 500세대의 주거단지와 예술인 특화단지, 농촌유학시설, 커뮤니티시설, 체육시설 등 다양한 기반 시설이 갖춰진 단지를 조성할 예정이다. 또한 다양한 맞춤형 주거 공간을 제공하고 돌봄·일자리·여가 등 필수 생활 서비스를 통합적으로 지원할 방침이다.

- (주거) 타운하우스(고령친화설계, 제로 에너지) 형태로 분양, 임대주택 공급
- (서비스) 생활 인프라(국토부) + 주민자치(행안부), 돌봄(복지부), 체육(문체부) 서비스 등을 지역주민과 공동 활용
- (일자리) 이주자 직업 활동 제공을 통해 소득 창출 및 지역사회에 기여

출처: [국토교통부] 주거 · 문화 · 복지 결합 '지역활력타운' 조성… 5개 부처 협약, 비즈투데이(2023). http://www.
biztoday.kr/bbs/board.php?bo_table=news&wr_id=64607

주거복지를 이상적으로 실현하고 있다고 평가되는 싱가포르에서는 2020년 현
재, 국민의 80%가 HDB(Housing & Development Board)가 건립한 공공주택에 거
주하며, 그중 90%는 주택을 소유하고 있다. 한편 싱가포르의 65세 이상 노인인구
는 총인구의 14.4%이며, 우리나라의 노인인구 비율 13.1%와 유사하며, 노인인구
가 전체 인구의 20% 이상을 차지하는 초고령화 추이도 25%로, 국내 23.5%와 유
사한 속도로 매우 빠르게 증가하고 있어(CLC, Singapore and the Seoul Institute,
2019), 싱가포르에서도 노인주거정책은 매우 중요한 사회적 이슈로 대두되고 있고,
그중 경제적으로 지원하는 다양한 정책이 제공되고 있다.

우선, HDB 아파트의 남은 임대기간에 해당하는 가치[7]에 대해 자산화하는
LBS(Lease Buyback Scheme)가 있고, 55세 이상의 싱가포르 시민이 현재 거주하
는 집보다 다운사이징(Downsizing)하는 것을 장려하기 위해 SHB(Silver Housing

---

7 HDB 아파트의 임대기간은 99년이기 때문에, 향후 노인의 기대 수명을 고려하여, 남은 기간에
대해서 자산화하고 있다.

Bonus)[8]를 지급한다. 또한 정부의 노인 부양 부담을 줄이기 위해, 노인부모와 자녀 세대가 함께 거주하거나, 인근 거주하거나 할 때 다양한 주택구매 우선권이나 지원금을 주는 제도를 운영하고 있다.

이상의 내용을 종합하자면, 노인주거의 안정을 위해서는 물리적 주택의 공급과 더불어, 자신의 신체적 경제적 수준에 맞춰서 취사선택할 수 있는 주거복지서비스의 제공 시스템 구축, 그리고 안정적인 은퇴 후 삶을 영위할 수 있는 보유 자산 유동화 및 일자리 창출 등 경제적 지원 체계의 고민이 함께 되어야 한다.

---

8 55세 이상의 싱가포르 시민이 현재 거주하는 집을 팔고, 그보다 가격이 저렴하고, 3룸 이하 또는 그보다 작은 소형 HDB 아파트를 구매하려고 할 때, 다운사이징(Downsizing)을 장려하기 위해 최대 3만 달러의 보너스를 지급하는 제도이다.

참고문헌

- CLC(Center for Livable Cities), SI(The Seoul Institute). (2019). Age-Friendly Cities: Lessons from Seoul and Singapore. Center for Livable Cities
- Guillén, M. F. (2020, November 20). 2030: How Today's Biggest Trends Will Collide [Video]. Youtube. https://www.youtube.com/watch?v=fsel3oGsB0o
- Japan Trans-housing Institute. (n.d.). Retrieved from https://www.jti.or.jp/institute/
- Neugarten, B. L. (1982). Age or Need? Public Policies of Older People. Beverly Hills, CA: Sage.
- United Nations. Department of Economics and Social Affairs. (2023). World Social Report 2023: Leaving No One Behind in an Ageing World. United Nations.
- 강은나, 최경덕, 이상우, 최유정, 김명일, 문성현, 박소정. (2022). 고령자의 일과 사회활동 정책 모니터링과 과제. 한국보건사회연구원.
- 고령화연구패널조사 원자료 KLoSA. (2020). 고용조사분석시스템. https://keis.or.kr
- 국토교통부 기자. (2023년 1월 16일). [국토교통부] 주거·문화·복지 결합 '지역활력타운' 조성… 5개 부처 협약. 비즈투데이http://www.biztoday.kr/bbs/board.php?bo_table=news&wr_id=64607
- 권현주. (2022). 베이비부머 신노년의 주거이동 및 선호. 2022 주거복지 미래포럼 발표자료.
- 그래튼, 린다., 스콧, 앤드루 J. (2016). 안세민 (역), 100세 인생 - 저주가 아닌 선물. 클.
- 김우선. (2017). 고령사회, 시니어 시프트(Senior Shift)에 대응하는 국·내외 비즈니스 혁신사례. 한국보건산업진흥원.
- 김정석. (2022년 7월 18일). "내 나이 환갑, 자격증 열공 중"… 셀프부양 위해 일터 찾는 노부모들. 매일경제. https://www.mk.co.kr/news/economy/10389810
- 김희정. (2022). 新노년의 라이프스타일과 주거 트렌드. 2022 주거복지미래포럼 발표자료.
- 마우로 기엔. (2020). 우진하 (역), 2030 축의 전환, 리더스북
- 박미선. (2023). 초고령사회 노인주거정책, 이대로 괜찮은가. 2023 주거복지미래포럼 발표자료.
- 보건복지부. (2022). 2022 노인복지시설현황. 보건복지부.
- 서울연구원. (2023). 2022년 서울시 고령자 안전사고 발생 장소. 서울연구원. https://www.si.re.kr/node/67649
- 시니어인사이트랩. (2021). 나에게 소비, 투자하는 시니어. 시니어인사이트랩. https://www.seniorinsightlab.com/insight/view/8

- 여성가족부. (2020). 2020년도 가족실태조사(가구원). 통계청. https://kostat.go.kr/board. es?mid=b40102010300&bid=12074&act=view&list_no=419300&tag=&nPage =1&ref_bid=
- 이동관, 최충익. (2020). 베이비부머의 인구이동특성 연구. 한국지역개발학회 2020년 국제학 술대회 발표자료.
- 이윤경, 김세진, 황남희, 임정미, 주보혜, 남궁은하, 이선희, 정경희, 강은나, 김경래. (2020). 2020년도 노인실태조사. 보건복지부.
- 임기홍, 백성준. (2014). 한국베이비붐 세대의 은퇴 후 주거 선택과 이동 특성. 한국콘텐츠학회 논문, 14(11), 438-449. http://dx.doi.org/10.5392/JKCA.2014.14.11.438
- 주서령, 김영선, 강은나, 이상욱, 유복재, 홍이경, 신혜리, 황문영. (2020). 노인주거복지서비스 제공 모형 개발연구. 보건복지부.
- 주서령. (2022). 베이비부머 신노년의 고민과 주거대안. 2022 주거복지 미래포럼 발표자료.
- 조지프 F. 코글린 (2019). 김진원 (역), 노인을 위한 시장은 없다. 부·키.
- 하라리, 유발 N., 다이아몬드, 제레드 M. (2019). 정현옥 (역), 초예측. 웅진지식하우스.
- 한국주거학회 주거연구원. (2023). 주거이동 선순환 생태계 조성연구: 고령자를 중심으로. 한 국부동산개발협회.
- 한국주택금융공사 주택금융연구원. (2017). 2017년 주택연금 수요실태조사.

함께 사는 공동체형

덴마크, '따로 또 같이' 함께 살아가는 노인공동체

김도연

덴마크는 1970년대 초에 탈시설화라는 큰 틀에서 노인장기요양서비스 정책을 추진한 나라로, 시설 돌봄보다 커뮤니티 케어라고 불리는 지역사회 돌봄을 장려하고 있다. 덴마크의 노인 돌봄은 98개 지방자치단체에서 담당하기 때문에 우리나라처럼 병원이나 요양시설에 의존하는 것이 아닌 자신 집에서 돌봄이나 예방적 의료서비스를 받으면서 생활할 수 있으며, 더 이상 자립생활이 불가한 경우 주거와 돌봄이 결합된 요양 주택으로의 입주를 선택하면 된다. 요양 주택도 집과 같은 편안한 분위기에서 입주자의 사생활을 보호하고 자립생활을 최대한 지원할 수 있는 환경을 조성하면서, 다양한 활동을 함께하는 공동체생활을 추구한다. 본 장에서는 덴마크의 다양한 노인주택 제도 및 유형을 살펴보고, 노인의 자립과 공동체를 강조하고 있는 덴마크 노인주택 사례를 소개하고자 한다.

1 노인인구의 현황과 특징

1) 인구구조의 변화

덴마크는 1990년에 이미 65세 이상 노인인구 비율이 15.6%로 고령사회에 진입하였다. 전체인구는 감소한 반면 노인인구는 증가하여 2010년부터 2023년까지

65세 이상 노인인구가 31만 명이 증가하였고, 80세 이상 노인인구는 7만 6천 명이 증가하였다. 2023년 65세 이상 노인인구 비율이 20.4%로 초고령사회에 진입하였으며 80세 이상의 후기 노인인구는 30만 명을 넘어 전체 인구의 5%를 차지하고 은퇴예정자인 55세 이상~65세 미만의 인구 비율은 15%를 차지하고 있다. 덴마크 노인인구의 증가추세는 계속 이어질 것으로 2045년에는 65세 이상 노인인구가 13억 8천만 명으로 증가하고, 80세 이상 후기 노인인구는 50만 8천 명으로 증가하여 2050년 전후로 85세 이상 후기 노인인구의 증가율이 10%로 가장 높게 상승할 것으로 예측되고 있다.[1]

그림 1 성별 및 연령대별 인구구성

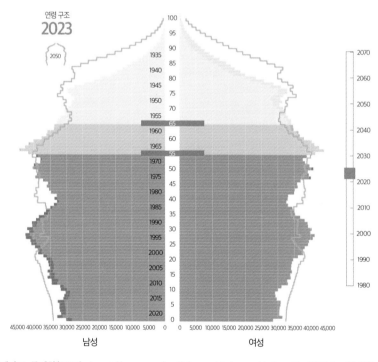

출처: 덴마크 통계청(2024), https://extranet.dst.dk/pyramide/pyramide.htm#!y=2013&a=16,55&v=2&g&c(2024.4.30. 검색)

---

1 덴마크 통계청(2024), https://www.statistikbanken.dk/(2024.4.30. 검색)

덴마크의 평균 기대수명은 81.5세로 OECD 평균보다 1.2세 높으며(OECD, 2023) 향후 30년 동안 기대수명도 여성노인은 87세, 남성노인은 85세로 늘어날 것으로 예상하고 있다. 이는 덴마크도 다른 유럽국가와 마찬가지로 인구 고령화가 이미 진행되었고 기대수명 증가와 낮은 출산율 등으로 전체 인구에서 노인이 차지 하는 비중이 증가함을 의미하며 이는 노인장기요양(Long-Term Care, LTC)을 포함한 연금 및 의료부분의 지출이 증가함을 의미한다.

2) 노인의 거주현황

덴마크는 커뮤니티 케어 정책을 도입한 선구적 국가 중 하나로서 탈시설화 시행과 함께 새로운 유형의 노인주택을 도입하는 데 힘썼다. 노인의 연령대와 요양의 필요도에 따라 노인주택의 형태와 기능을 세분화하여 분류했다. 1960년대 고령 인구 비율이 10%를 넘어서면서 요양시설인 프라이엠(Plejehjem)을 건설하였으나 이후 프라이엠이 폐지됨에 따라 프라이엠에 거주하는 노인인구의 비율도 2009년 4.6%에서 2022년 3.3%로 감소하였다.

표 1 **덴마크 노인주택 유형**

구분	프라이엠 (Plejehjem)	자립형 주택		요양형 주택	
		엘더보리 (Ældreboliger)	엘더부팰레스카베 (Ældrebofæl lesskabe)	프라이에보리 (Plejeboliger)	프리프라이에보리 (Friplejeboliger)
관련 법	사회서비스법	공공주택법		공공주택법	민간요양원법
주택 소유	공공임대	공공임대	주택조합, 공공임대	공공임대	소유주, 민간임대
복지 개념	시설보호	탈시설화 → 지역사회보호			
		Aging In Place			

표 2 2009~2022년 65세 이상의 노인주택 거주자

(단위: 명)

구분	2009	2012	2015	2018	2022
프라이엠(Plejehjem)	8,406	6,270	4,298	3,349	2,366
베스키테테보리(Beskyttede boliger)	1,525	367	825	674	299
프리프라이에보리(Friplejeboliger)	242	403	624	859	1,702
프라이에보리(Plejebolig)	31,248	33,335	35,754	35,741	35,671
엘더보리(Ældreboliger)	26,277	27,591	25,889	25,016	23,906

출처: 덴마크 통계청(2022), https://www.statistikbanken.dk/resi01(2024.4.30. 검색)

　　2022년 기준으로 노인주택에 거주하는 65세 이상 노인은 약 63,944명으로 이 중 「서비스법」에 의한 프라이엠(Plejehjem)과 베스키테테보리(Beskyttede boliger, 보호주택)에 거주하는 노인은 2,665명으로 매년 감소하고 있다. 프라이에보리(Plejeboliger)는 약 35,671명, 프리프라이에보리(Friplejeboliger)는 약 1,702명으로 65세 이상 노인의 55%가 케어가 결합된 주택에 거주하고 37%는 정부의 지원을 받으며 노인주택에 거주하고 있다. 또한 연령대에 따라 거주하는 노인주택도 차이가 나타난다. 65세 미만 예비 노인층의 65%는 자립생활이 가능한 엘더보리에 거주하고, 연령대가 높을수록 24시간 직원이 상주하여 요양 수준과 의료서비스 제공도가 높은 프라이에보리의 거주비율이 높게 나타났다. 80세 이상의 노인은 엘더보리(37.7%)보다 프라이에보리(55.4%)의 거주비율이 높고, 90세 이상은 프라이에보리에 67% 이상이 거주하고 있다. 그러나 24.25%는 고령임에도 정부의 지원을 받으며 자택에서 거주하고 있다.

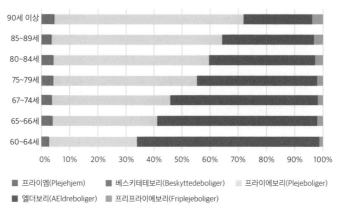

그림 2 2022년 연령별 노인 거주현황

| | 0% | 10% | 20% | 30% | 40% | 50% | 60% | 70% | 80% | 90% | 100% |

- 90세 이상
- 85~89세
- 80~84세
- 75~79세
- 67~74세
- 65~66세
- 60~64세

■ 프라이엠(Plejehjem) ■ 베스키테테보리(Beskyttedeboliger) □ 프라이에보리(Plejeboliger)
■ 엘더보리(AEldreboliger) ■ 프리프라이에보리(Friplejeboliger)

출처: 덴마크 통계청(2022), https://www.statistikbanken.dk/resi01(2024.4.30. 검색)

2 노인을 위한 정책

1) 탈시설화 및 커뮤니티 케어

1960년대 노인인구 비율이 10%를 넘어서면서 정부는 되도록 많은 프라이엠 (Plejehjem)을 지어서 24시간 간호사가 노인을 보살피고 노인들끼리 함께 공동체 생활을 하도록 하는 시설 돌봄 정책을 펼쳤다. 그러나 1970년대부터 탈시설화가 등장하면서 노인들이 가능한 한 오랫동안 자기 집에서 거주할 수 있도록 지역사회 돌봄을 장려한 정책을 펼치기 시작하였다. 1980년대 초반 경기불황을 겪으면서 공적비용을 줄일 필요를 느껴 지역사회 통합서비스 체계(Home and community based care, HCBS)를 구축하였고, 이는 국가가 지방자치단체에 요양시설 건립 보조금 지원을 중단하면서 자연스럽게 정책전환이 이루어졌다. 이후 1988년 「고령자·장애인 주택법」에 근거하여 프라이엠의 신규건설을 금지하는 법안이 통과되었고, 기존 프라이엠도 다인실에서 1인실로 전환되었다. 1990년대 중반, 의료와 사회서비스 통합제공을 위한 '통합케어시스템(Integrated care system)'을 채택하여

한 지역에서 단 하나의 기관만이 노인과 장애인을 돌보는 것으로 전환하였다. 이 기관은 주택유형에 상관없이 필요한 서비스를 제공하고 노인 센터, 데이케어, 재활, 24시간 홈 케어, 생활 지원 등을 포함한 지역사회서비스를 제공하는 허브이다.

2013년 '공공부분 디자인 복지전략(2013~2020)'을 수립하고 '공공복지기술기금(Public Welfare Technology Fund)'을 통해 4대 복지기술을 전국적으로 시행하고 공공부분의 서비스 부담 경감 및 서비스 질 개선을 위한 신기술 개발을 위한 프로젝트를 추진하고 있다.

그림 3 4대 복지기술 솔루션

천장 부착형 리프트

샤워 화장실

취식 보조기기

보조기기 활용훈련

출처: 보건복지부(2019.12.5.). 노르딕 국가와 지역사회통합돌봄 정책협력 강화한다[보도자료].

2015년 중앙행정기관인 '고령부(Ministry of Senior Citizens)'를 신설하고 재활과 관련된 새로운 법이 통과되어 영양뿐 아니라 고령자의 재활 및 예방에 중점을 두고 있다. 2017년에는 '복지기술 활용'을 국가방침으로 발표하여 의료비 절감 등을 위해 ICT(Information and Communication Technologies)를 적극 활용하도록 하여 지방자치단체마다 전담부서를 설치하고 있다.

2) 재가 돌봄(Home Care) 서비스

덴마크의 공공복지는 보편주의에 입각하여 누구나 필요에 따라 재가 돌봄 서비스를 받을 수 있으며 부담금이나 소득수준에 따른 차등을 두지 않는다. 돌봄의 구성, 제공, 재정에 대한 주된 책임이 지방자치단체에 있기 때문에 지방자치단체에서 제공되는 서비스와 비용은 매우 다양하다(Copenhagen Post, 2000; Hansen, 2000). 각 지방자치단체에서는 노인들이 가능한 한 오랫동안 자택에서 독립성을 유지하며 생활할 수 있도록 재가 돌봄 시스템을 통해 서비스를 제공하고 있다.

덴마크 노인 돌봄의 목표는 노인들의 독립성을 유지하고, 스스로 자신의 삶을 통제하며, 삶의 질을 향상하고 가능한 한 오랫동안 자신의 집에서 건강을 유지하는 것으로 재가 돌봄 서비스는 집에 거주하지만 스스로 일상생활을 영위할 수 없는 노인이 대상이다. 노인을 위한 도움과 보살핌은 「서비스법(Service Act)」[2]과 「보건법(Health Act)」에 의해 규제된다. 「서비스법」에 따라 재가 지원(가정도우미), 예방적 가정 방문, 재활 및 유지 훈련을 제공하고, 「보건법」에 따른 가정 간호 및 요양형 프라이에보리(Plejeboliger)를 제공한다.

65세 이상 돌봄이 필요한 노인은 각 지방 보건관리국(Health and Care Administration)에 재가 돌봄 서비스를 신청할 수 있다.[3] 각 지방자치단체는 노인이 스스로 처리할 수 있는 능력을 조사하고 이를 평가 후 개인에 맞는 지원 방법 및 개인 훈련 프로그램을 구성한다. 자립을 우선으로 훈련과 재활을 먼저 제공하

---

2 사회주택고령자부는 건강하고 품위 있는 노후와 노인 케어를 목표로 고령자에게 제공되는 서비스를 개선하기 위해 노력하고 있다. 노인을 위한 제안은 「서비스법」에 기반을 두고 있으며 개인적이고 실적인 도움과 보살핌, 음식서비스, 재활 등을 포함하고 있다. 제공되는 도움의 질과 조직에 대한 전반적인 책임은 지방자치단체에 있다. 도움은 노인의 도움 및 지원필요성에 대한 구체적이고 개별적인 평가 후에 제공된다. 지방자치단체는 국가 입법 체계 내에서 지역노인정책의 구체적인 내용과 수준에 대한 책임이 있다(https://english.sm.dk/responsibilities-of-the-ministry/senior-citizens).

3 65세 미만인 경우 지방 사회청에 신청하면 된다.

고, 경우에 따라 디지털 훈련 기술을 제공하기도 한다. 서비스 지원이 결정되면 지방자치단체 및 민간업체 중 자유로이 선택하여 지원받을 수 있다. 개인관리지원은 세탁, 샤워, 옷 입고 벗기, 양치질, 화장실 가기, 약물 복용, 스킨케어, 긴급 전화 등으로 스스로 생활할 수 없는 경우 가정생활지원을 신청할 수 있으며, 우선 안내와 보조도구를 사용하는 교육과정을 제공하고 교육 후에도 스스로 처리할 수 없을 경우 청소, 세탁, 쇼핑 등의 지원을 제공한다.

「보건법」에 의해 모든 시민은 일반의가 처방하거나 개인의 필요에 대한 평가에 따라 무료로 가정 간호를 받을 권리가 있다. 지방자치단체는 사람들이 가능한 한 오랫동안 자신의 삶을 관리할 수 있도록 예방 조치를 시작할 책임이 있으며 여기에는 지역사회 기반 사회 활동, 신체 훈련 시설, 자원봉사 서비스 조직 및 노인 예방 가정 방문과 같은 예방 노력이 포함된다. 예방적 가정방문[4]은 개별 지원의 필요성을 확인하고 노인복지와 현재 생활 상황에 대해 논의하기 위한 목적으로 75세 이상의 노인에게 의무적으로 제공하고 있다.

덴마크 노인 정책은 노인들이 돌봄 제공자를 자유롭게 선택할 수 있다. 노인들이 더 이상 집에서 자립생활을 할 수 없어 신체적, 정신적 보살핌이 필요할 때에 요양형 프라이에보리를 선택하고, 이사를 원하지 않을 경우 데이케어 센터를 선택하여 돌봄을 제공받을 수 있다. 지방자치단체는 노인들의 선택에 따른 프라이에보리의 입주 여부를 평가한다. 프라이에보리 입주자는 임대료와 음식 서비스 등 개인 비용을 개별적으로 지불하고 간호 및 의료서비스는 무료로 제공받는다.[5]

3) 건강보험제도

덴마크 의료 시스템은 국가, 지역 및 지방자치단체가 공동으로 책임 운영하고 있다. 국가는 보건 및 노인 돌봄에 대한 전반적인 규제 및 감독을 담당하고 지역(5개)은 응급 치료, 정신과를 포함한 병원 치료와 일반의(GP) 및 개인 진료 전문의가

---

4 1998년 사회부의 주법에 따라 덴마크의 지방자치단체는 75세 이상의 노인에게 1년에 두 번 가정방문 서비스를 제공해야 할 의무가 있다. 일부 지방자치단체는 82세 이상의 노인들에게 예방적 가정방문을 제공한다.

5 https://healthcaredenmark.dk/national-strongholds/elderly-care/

제공하는 의료 서비스를 담당한다. 지방자치단체는 노인 돌봄 서비스, 재활, 가정 간호, 아동 간호, 물리치료 등 다양한 1차 보건 및 사회 서비스를 담당하고 있다.

덴마크는 전 국민을 대상으로 하는 국가보건서비스(National Health Service, NHS)를 운영하고 약 85%를 세금으로 재원을 충당하고 있다. 공공재원은 중앙정부 80%, 지방정부 20% 비중을 차지하고 있으며, 중앙정부는 지역 및 지방자치단체에 의료기금을 대부분 포괄보조금으로 할당, 금액은 인구 통계 및 사회적 격차에 따라 조정하고 있다. 지역 및 지방자치단체 보조금은 지역보건 기능의 77%를 지원한다. 지역의 보건의료서비스는 세금과 포괄보조금을 통해 이행하며, 지방자치단체는 국민의 지역의료서비스 이용 정도에 따른 지역 활동을 기반으로 보조금을 지급한다.

덴마크는 모든 국민이 의사의 처방이나 개인 의사에 따라 무료로 '가정 간호(Home Nursing)' 서비스를 받을 수 있다. '가정 간호'는 지방자치단체의 담당이며, 필요한 지원 및 기구 등을 무료 제공하여 환자들이 집이나 가까운 시설에서 오랫동안 머물 수 있도록 제공하고 있다. 병원 입원은 필요하지 않지만, 집에 머물 수 없는 환자들을 위해 일부 지방자치단체에서는 간호사의 집중 치료 및 보살핌을 받을 수 있도록 디지털화를 촉진하는 특별유닛(Special Units)을 설치하여 운영하고 있다(건강보험신문, 2023). 이 특별유닛은 간호사 2명, 사회복지 보조원 7명, IT 지원자 1명, 복지 컨설턴트 1명이 근무하고 한 팀에 12명을 초과할 수 없다(Carsten Steno, 2023).

4) 연금제도

덴마크는 폭넓은 사회복지제도를 운용하고 있으며, 대부분 사회보장비용은 정부에서 부담한다. 국가연금은 조기은퇴연금(Early Retirement Pension System)과 고령연금(Old Age Pension System) 제도가 있다. 조기은퇴연금은 신체적, 정신적 또는 사회적 이유로 일을 할 수 없는 18~65세 사이의 개인에게 주어진다. 그러나 사회적으로는 조기은퇴연금 수급자 수를 감소시키고자 최근에는 잠재적 조기은퇴연금 수급자가 가능한 한 오래도록 노동시장에 남아서 그들의 잔존 능력을 최대한 발휘할 수 있도록 '쉬운 직업'에 참여시키는 등 다양한 계획들이 시행되고 있다.

또한 2014년부터 시행된 은퇴 개혁으로 인해 은퇴시기를 늦추는 추세로 조기 은퇴 연령과 고령연금 연령이 상향 조정되었다.[6] 고령연금은 모든 거주 국민 및 최소 거주요건인 10년 이상 거주하고, 연금 수급 개시 5년 전부터 덴마크에 거주한 68세 이상에게 지급된다. 2035년부터는 기대수명에 기초하여 연금수급연령에 연계할 예정이다.

③ 노인 주거정책과 지원 제도

1) 노인 주거정책

덴마크는 1940년대부터 인구 고령화가 진행됨에 따라 노인을 위한 다양한 주거 모델을 구축하였다. 1960년대 대규모로 건설된 프라이엠(Plejehjem)[7]의 문제점이 제기되면서 1970년대 탈시설화를 목표로 노인들이 지역사회 안에서 안정적으로 생활할 수 있는 주거환경을 마련하고자 노력하였다. 덴마크의 노인주거 및 서비스 제공의 기본원칙은 노인이 종전에 살던 집에서 계속 생활할 수 있도록 돕는 것으로 2007년 지역사회 개혁을 단행하면서 자기결정 존중, 잔존능력 극대화, 계속성 유지라는 노인 복지 3대 원칙을 확립하였다.

1987년 「고령자·장애인 주택법」을 제정하면서 프라이엠의 신규건설을 금지하고, 자립형 엘더보리(Ældreboliger)의 공급을 추진하였다.[8] 이후 자율성이 떨어

---

6 고령연금 신청의 최저 연령은 62세이며 68세부터 받을 수 있다.

7 초기에 건설된 프라이엠은 장애인과 노인 등 사회적 보호가 필요한 이들을 강제로 교외 시설에 혼합 수용하여 관리하는 시설보호의 형태로 열악한 시설환경과 직원에 의해 입소자의 인권을 침해받고 사회와 단절되어 타인에게 의존하는 문제점 등이 들어나게 되었다.

8 「노인주택법(Ældreboligloven)」이라 불리며(Lov om boliger for ældre og personer med handicap, LOV nr 378 af 10/06/1987), 이 법에 따르면 노인주택은 거실, 침실, 부엌 및 화장실이 있는 독립된 유닛으로 노인 및 장애인이 사용할 수 있도록 휠체어를 사용하는 사람에 적합하게 설계되어야 한다. 개별주택의 평균 면적은 67m²로 회의실, 공동주방, 취미실 등 공동공간을 제공할 수 있으며 지역사회서비스 및 데이케어 센터의 도움을 요청할 수 있어야 한다. 이 시기 일부 지방자치단체에서는 55세 이상의 고령자를 대상으로 지원하는 노인생활공동체가 포함된 엘더보리를 추진하였다.

지는 프라이엠은 폐쇄되거나 공공주택으로 전환되었다. 그러나 자립형 엘더보리는 정신적·신체적 장애를 가진 장애인 및 노인에게 적합한 주거가 아니기 때문에 서비스가 결합된 주택이 필요하게 되었다. 1997년 「고령자·장애인 주택법」은 「공공주택법(사회주택법)」에 통합되어 가족, 청년, 노인주택을 지원하며, 「서비스법」에 따라 종합적인 서비스와 보호가 필요한 사람들을 위한 주택 내 서비스 영역이 포함된 요양형 프라이에보리(Plejeboliger)를 건설한다. 노인주택은 공공주택이거나 특수 시설을 이용할 수 있는 일반 주택으로 주택과 케어를 분리하여 돌봄이 필요한 노인을 위한 돌봄 제공이 유연해야 한다. 프라이에보리는 거주자의 필요에 따라 돌봄 및 서비스 기능이 부여된 공공주택으로 서비스 영역(전문 치료 제공자를 위한 사무실과 치료실 등)이 통합되어, 서비스 비용은 임대료가 아닌 지방자치단체의 재정에 의해 조달된다. 노인주택 거주자는 시설 입소자가 아닌 임차인이며, 연금도 정상적으로 지급받고 노인들은 연금에서 임대료와 식비, 기타 비용 등을 지불한다. 2015년에는 노인주택의 운영과 건설 자금지원을 완화하고자 「민간요양주택법」을 제정하여 민간 요양형주택인 프리프라이에보리(Friplejeboliger)의 건설을 허가하였다(최시원, 2022).

「공공주택법」에 따르면 지방자치단체는 노인과 장애인에게 임대할 수 있는 공공주택을 필요한 범위 내에서 제공할 의무가 있다. 노인을 위한 주택은 노인과 휠체어 사용자를 포함한 장애인이 사용할 수 있도록 설계되어야 하며 각 세대에서는 언제든지 신속한 지원을 요청할 수 있어야 한다. 독립적으로 사용할 수 있는 욕조가 있는 화장실과 수돗물이 공급되고 폐수를 안전하게 배수할 수 있는 주방이 제공되어야 하며 독립적인 주방이 없는 경우 여러 가구가 공동으로 사용하는 공유주방으로 대체될 수 있다. 주택으로의 접근성은 걷는 데 어려움이 있는 사람들에게 적합해야 하며 기존 주택을 개조하여 제공되는 경우 특별한 경우를 제외하고 엘리베이터를 설치해야 한다.[9]

덴마크 노인주택은 국가와 지방자치단체가 보조금을 지원하며 지방자치단체, 비영리 주택협회, 비영리기관 또는 연금기금에서 건설할 수 있으며 소유권과 상관

---

9 「공공주택법」 제110조(https://danskelove.dk/almenboligloven/110)

없이 지방자치단체는 배분(할당)권을 가지고 있다. 노인은 각 지방자치단체에 노인주택을 신청하고 배정은 신청자의 필요성에 대한 평가를 바탕으로 한다(정세희, 2021). 노인주택의 신규 건설 및 공급 권한은 지방자치단체에 있기 때문에 사업주체는 신규공급량 및 위치 등을 지방자치단체와 협상을 통해 결정한다. 덴마크 사회주택의 사업구조는 대지구입과 건설비용의 10%는 지방자치단체의 보조금, 88%는 공공기관 보증을 통한 모기지대출, 2%는 입주자 부담으로 충당하고 있다. 모기지는 30년 만기 변동금리이며, 잔액은 매년 지역기금의 공동기금과 새로운 사회주택 건설을 위한 국가기금 등으로 재융자(Refinancing)된다. 임대료 산정방법은 비용 연동형으로 사업주체가 주택의 공급·운영 시 필요한 원가를 반영하여 임대료를 산정하고 임대료 수준은 시세 수준으로 결정된다. 임대료는 취득가액의 2.8%에 모기지론의 현재 기여도를 합하여 사회주택 취득가액의 약 3% 정도 수준이다(JuulSandberg, 2014). 수요자를 위한 금융지원은 임대료 지원과 보증금 대출이 대표적이며, GDP의 0.5% 정도를 주택수당으로 지원하고 있다.

2) 주거 지원제도

■ 보릴스테데(Boligstøtte)

주택수당은 임대료에 대한 보조금으로 임대주택의 거주하는 모든 사람들이 신청할 수 있으나 배우자나 동거인 등이 주택의 일부를 소유하고 있는 경우에는 신청할 수 없다. 가구 소득과 자산, 거주자 수, 임대료와 주택 규모에 따라 보조금은 달라지며, 지방자치단체에서 지정한 노인주택에 거주하고 있거나 심각한 이동 장애를 가지는 경우 더 많은 혜택을 받을 수 있다. 주택수당은 난방, 온수, 전기요금 등이 포함되지 않는 순수 임대료를 의미한다.

주택수당을 신청할 수 있는 임대료 기준은 연 103,800kr(공적연금수급자)를 초과할 수 없으며 국민연금 수급자가 받을 수 있는 월 최대 보조금은 4,563kr이다. 또한 주택규모에 상관없이 1인당 65m² 기준이며, 가구 구성원 1인당 20m²씩 추가로 포함된다. 예를 들어 100m² 규모에 1인이 혼자 사는 경우 주택수당 산정 시 임대료의 65/100로 계산하여 지원한다.

표 3 　월 최대 주택수당 금액(2024년 기준)

자녀 수	비연금 수급자	조기은퇴자(신규규정)	조기은퇴자(기존규정)	국민연금수급자
자녀 무	1,140kr	4,010kr	4,563kr	4,563kr
자녀 1~3명	4,010kr			
자녀 4명 이상	5,013kr	5,013kr	5,704kr	5,704kr

출처: https://www.borger.dk/bolig-og-flytning/Boligstoette-oversigt/soeg-boligstoette(2023년 11월 환율 기준, 1kr는 한화 약 188원)

표 4 　주택수당(2024년 기준)

	공적연금수급자 또는 2003년 이전 조기 연금을 받은 자	비연금 수급자 및 2003년 이후 조기 연금을 받은 자
연 최대 임대료 기준	103,800kr(월 8,650kr)	91,200kr(월 7,600kr)
연 최대 보조금	54,756kr(월 4,563kr)	48,120kr(월 4,010kr)
연 최소 본인부담금	19,600kr(월 1,633kr)	27,400kr(월 2,283kr)

출처: https://www.aeldresagen.dk/viden-og-raadgivning/vaerd-at-vide/b/bolig/boligstoette/generelt-om-boligstoette(2023년 11월 환율 기준, 1kr는 한화 약 188원)

■ 보증금 대출

공공임대주택(공적지원을 받은 비영리기관 소유 사회주택)에 거주하는 경우 지방 자치단체에 보증금 대출을 신청할 수 있다. 단, 임대주택이 1964년 4월 1일 이후 건설되거나 재건축되어야 한다. 지방자치단체는 가구 소득이 특정 한도 미만인 경우 '의무 대출'을 제공해야 한다. 아파트의 경우 가구의 총 소득이 연간 277,956kr(2024년 기준)을 초과해서는 안 되며 1인실은 가구의 총 소득이 연간 188,294kr를 초과해서는 안 된다. 즉 가구의 소득기준에 따라 보증금 대출이 가능하다. 대출 금액은 보증금 전액을 대상으로 주택조합이나 공공기관에 직접 지급된다. 원칙적으로 대출기간 중 최초 5년간은 대출에 대한 이자와 할부금을 납부하지 않아도 되며 아파트 거주자는 10년에 걸쳐 대출금을 상환해야 하고 1인실 거주자는 5년에 걸쳐 대출금을 상환해야 한다.

4 노인주택 유형[10]

덴마크의 노인주택은 5가지 유형으로 구분할 수 있다. 「서비스법」에 의한 프라이엠(Plejehjem)과 베스키테테보리(Beskyttedeboliger, 보호주택), 「공공주택법(사회주택법)」에 따라 공급되는 자립형 엘더보리(Ældreboliger)와 요양형 프라이에보리(Plejeboliger), 「민간요양원법」에 따라 공급되는 프리프라이에보리(Friplejeboliger)이다.

1) 자립형 주택, 엘더보리(Ældreboliger)

「공공주택법」에 의해 건설된 공공주택 기관, 지방자치단체 또는 사회주택협회가 소유하고 운영할 수 있는 자립형 노인주택으로 일반 주택개발지역에 위치한 공공주택이다. 노인과 장애인을 위해 휠체어 접근이 가능하도록 설계되어야 하며 주택의 접근과 배치가 보행의 장애가 있는 사람에게 적합해야 한다. 엘더보리는 일반주택과 동일하나 휠체어 등이 들어 갈수 있는 넓은 욕실과 화장실, 주방이 갖춰진 $50{\sim}65m^2$ 규모의 독립주택이다. 접수(안내) 창구도 없고 상주하는 직원도 없기 때문에 다른 사람의 도움 없이 생활할 수 있는 노인이 입주할 수 있으며, 개인관리 및 음식서비스 등 케어가 필요한 경우 재가 돌봄 서비스을 신청하여 계속 살아갈 수 있다. 일부 엘더보리는 간단한 케어를 제공하는 직원이 있거나 요양형 프라이에보리와 연계되도록 계획하기도 한다. 또한 단지 내 액티비티 하우스가 병설되어 함께 식사하거나 취미활동을 즐길 수 있다(석재은 외, 2016).

2) 요양형 주택, 프라이에보리(Plejeboliger)

프라이에보리는 자립생활이 어려운 정신적·신체적 장애가 있어 돌봄이 필요한 장애인 및 노인이 입주할 수 있는 주택으로, 요양 근로자를 상주시켜 24시간

---

10 덴마크 국가 백과사전(https://denstoredanske.lex.dk/%C3%A6ldrebolig) & 덴마크 노인협회(https://www.borger.dk/aeldre/Aeldre-og-bolig/Bolig-til-aeldre) 참고

서비스를 제공하는 시설과 동일한 기능을 가진 공공주택이다. 단위면적은 사생활을 충분히 보장받을 수 있는 40m² 규모(2인실은 60m² 이상)의 독립된 세대로 휠체어 사용이 가능한 7m² 이상의 욕실 및 화장실과 간이주방이 갖춰져 있다. 휠체어 사용자와 보행이 불편한 노인들을 위해 접근성을 고려해 설계되어 있으며 침실부터 화장실까지 보조용 리프트가 표준 장착되어 있다. '24시간 요양이 제공되는 노인주택'으로 불리며 치매그룹 홈도 여기에 해당한다. 자립을 지원하는 취지로 요양서비스를 서비스 영역에서 제공한다. 단지 내 직원실, 공동부엌과 거실, 헬스장 등 다양한 공용공간이 있으며, 물리치료와 재활서비스를 받을 수 있다. 프라이에보리는 자립생활이 불가능한 경우 의사나 가족, 본인이 신청할 수 있으며, 지방자치단체는 입주자의 신체적·정신적 기능 능력과 도움이 필요한 사항을 바탕으로 입주여부를 승인하고 승인 후 2개월 이내에 제공해야 한다.

3) 요양시설, 프라이엠(Plejehjem)

프라이엠은 지방자치단체나 지역에서 운영하는 양로원이나 보호시설을 의미한다. 1988년 이후 덴마크에서는 프라이엠[11]의 신규건설이 금지되었지만 기존 요양시설을 계속 이용하는 것은 인정되었기 때문에 단계적으로 폐쇄되거나 일부는 노인주택으로 개조 및 리모델링 후 운영되고 있다. 프라이엠은 특별한 보살핌과 지속적인 간호가 필요한 노인을 대상으로 하며, 일반적으로 시립 양로원으로 불리우며, 지방자치단체, 비영리기관 및 민간단체가 운영한다. 24시간 직원이 상주하여 언제든 필요한 도움을 받을 수 있으며, 전문 간호 및 의료 서비스를 제공하는 주거시설이다. 초창기에 지어진 프라이엠은 화장실과 부엌 등이 분리된 다인실로 이루어졌으나 최근에는 스스로 가능한 한 많은 일을 할 수 있도록 지원하는 데 중점을 두고 필요시 도움을 받을 수 있도록 독립된 화장실과 욕조를 갖춘 개인실이 있어야 하고 개인실은 최소 15m²의 넓이에 소형냉장고와 전동 침대가 설치되어 있고

---

11 보호주택은 24시간 관리인인 상주하여 호출시 간단한 서비스를 제공하는 주택으로 「서비스법」 제192조에 의한 보호시설이다.

거주자는 사용하던 가구와 물건을 이용해 개인실을 장식할 수 있다. 요양시설에는 모든 거주자가 이용할 수 있는 공동 라운지와 식당, TV 시청실, 운동실, 야외 정원 등 다양한 시설이 있으며, 물리치료실과 재활실 등 거주자를 위한 돌봄 및 서비스 공간이 있을 수 있다. 「서비스법」 제192조에 의한 프라이엠은 보증금이 없으며 임대료와 전기세, 수도세 난방비와 식비 및 의약품 비용만 지불하면 된다. 치매가 있는 경우 전문 치매센터를 신청할 수 있으며, 치매센터는 요양시설보다 작고 관리하기 쉬운 소규모 그룹으로 일부 치매센터는 치매환자만 수용하기도 한다.

4) 민간요양원, 프리프라이에보리(Friplejeboliger)

2009년 민간 자금을 통해 설립·운영되는 「민간요양원법」[12]을 제정하여 프리프라이에보리를 구축하기 시작하였다. 민간요양원은 독립 기관, 연금 회사, 재단 등 민간기관에서 제공하는 요양형 주택으로 운영자는 덴마크 보건의약청(Danish Health and Medicines Authority)의 인증을 받아야 하고, 「사회복지법」에 따라 포괄적인 서비스를 제공해야 한다. 개별주택 외에 돌봄이 필요한 사람들을 위한 서비스 영역과 24시간 도움을 줄 수 있는 직원이 근무하고 있다. 민간요양원의 입주도 거주하는 지방자치단체의 민간요양원에 대해서만 평가를 받아 입주할 수 있으며, 다른 지역의 민간요양원을 선택할 권리가 있다.

---

12 「민간요양주택법」(https://www.retsinformation.dk/eli/lta/2017/1162)

그림 4 민간요양원 프리프라이에보리의 사업구조

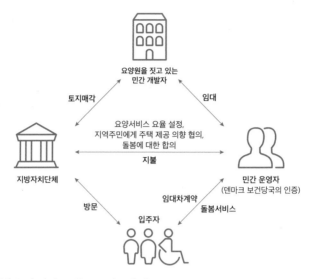

요양원을 짓고 있는
민간 개발자

토지매각   임대

요양서비스 요율 설정,
지역주민에게 주택 제공 의향 협의,
돌봄에 대한 합의

지불

지방자치단체   민간 운영자
                                                          (덴마크 보건당국의 인증)

임대차계약

방문   돌봄서비스

입주자

출처: Horten.(2023). Friplejeboliger: Hvem og hvordan?

5) 노인생활공동체, 부팰레스카베(Bofællesskaber)

부팰레스카베는 생활공동체, 주거공동체의 의미로 공동체를 중심으로 함께 생활하며 다른 사람들과 일상을 공유하는 코하우징을 의미한다. 사회활동과 함께 주민 전체의 커뮤니티를 지원할 수 있는 공동시설을 갖추어야 하며 일반적으로 공동식사와 사교 행사가 정기적으로 열리는 공동식당과 공동주방이 있는 경우가 많다. 노인생활공동체는 은퇴 후 경제적 상황뿐 아니라 이웃과 함께 살면서 고립감과 외로움을 극복하고 인간적인 존엄성을 유지하면서 스스로 자립적인 독립생활을 지속하여 요양원에 입주하는 기간을 최대한 늦출 수 있는 노후 세대를 위한 주거공동체이다. 노인생활공동체는 엘더보리에 해당하며 「공공주택법」에 의해 최소 5채 이상의 주택이 공동체를 형성해야 한다. 자녀가 없는 50세 이상의 사람들이 모여 공동체를 형성하고 각자의 거주자가 독립된 집을 가지고 휴게실이나 식당 등 공유공간에서 함께하는 활동을 통해 커뮤니티를 구축한다. 현재 덴마크에는 377개 노인생활공동체가 있으며 최소 5,500가구(10,055명)가 생활하고 있으며, 이 중 62%가 공공임대(사회주택)로 공급하고 있다.

1) 다양성과 세대통합, 제너레이션 하우스(Generationernes Hus, GH)

■ 개요

제너레이션 하우스(Generationernes Hus, GH)는 오르후스 지방자치단체 (Aarhus Kommune)에서 케어 시설의 필요성에 의해 노인을 위한 주택을 계획하려 하였으나 더 많은 사람들에게 필요한 공간을 제공하기 위해 아동 및 청소년부 (Børn og Unge, MBU), 건강 및 케어부(Sundhed og Omsorg, MSO), 사회문제 및 고용부(Sociale Forhold og Beskæftigelse, MSB), 브라브랜드 주택협회(Brabrand Boligforening) 등 4개 기관과 협업하여 다양한 연령층이 혼합된 여러 세대가 함께 거주하는 공동주택 단지로 개발되었다. GH는 엘더보리 100세대, 프라이에보리 100세대, 케어 주택 24세대(신체장애인 12세대, 뇌 손상자 12세대), 청년 주택 40세대, 가족용 주택 40세대가 거주할 수 있으며 150여 명의 어린이를 돌볼 수 있는 보육센터(유치원) 및 건강진료소, 체육관 등 다양한 커뮤니티 시설이 포함된 주거단지이다. 총 대지면적 7,110m², 연면적 27,605m²(지하 3,000m²)의 지하 1층 지상 7층 규모의 건물에 304세대, 약 494~614명(예상)이 거주하고 있으며, 약 87명의 직원이 근무하고 있다.

| 표 5 | 제너레이션 하우스 사례 개요 |

주소	Thit Jensens Gade 1, Aarhus Ø	
주택 형태	아파트	
준공 연도	2021	
층수 및 실	7층, 304세대(요양형 100세대, 자립형 100세대 등)	
계약조건	노인주택은 오르후스 시 건강 및 케어 부서에 신청	
개발회사	오르후스 지방자치단체와 브라브랜드 주택협회	

출처: https://taasingeelementer.dk/cases/generationernes-hus

■ 주택 및 주거지 특성

GH의 목표는 평생 동안 행복하게 살 수 있는 동네를 만드는 것으로 같은 지붕 아래 여러 세대가 함께 살아가는 전통 마을을 현대적으로 재해석하여 7층 규모의 건물을 8개의 작은 마을로 분할하고 이를 다시 혼합하는 방식으로 다양성과 세대 통합에 중점을 두어 설계하였다. 각 건물마다 사이 공간을 두어 다양한 뷰를 제공하여 거주자 간 일정 수준의 시각적 참여를 유도하고 세대 간 다양성을 반영하고자, 콘크리트, 슬레이트, 석조 등 다른 재료를 사용하여 외관을 구성하였다.

그림 5 제너레이션 하우스의 블록 구성 다이어그램

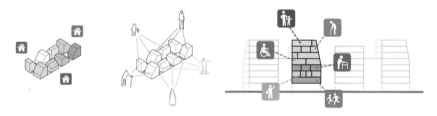

출처: https://housingourmatureelders.wordpress.com/2018/08/31/meeting-generations-house/#more-502

아파트는 노인, 청년, 일반 가족, 장애인 등 다양한 세대가 함께 거주하기 때문에 세대마다 다른 주택유형이 있으며, 다양한 세대를 통합하기 위해 각 층마다 작은 커뮤니티로 구분하여, 입주자는 이웃(Naboskab)과 생활공동체(Bofællesskab)라는 두 유형의 생활방식을 선택할 수 있다. 이는 주택을 선택할 때 주택의 크기뿐 아니라 다양한 수준의 사생활과 커뮤니티의 정도를 함께 선택할 수 있도록 한 것이다. 생활공동체는 사생활이 보장되는 개별 주택 외에도 커뮤니티 내 다른 거주자와 공유할 수 있는 거실, 식당 및 주방이 함께 배치되어 있다.

이웃 커뮤니티는 개별 세대의 주택으로 구성되어 있어 개인의 사생활을 중시하는 경우 선택할 수 있도록 하였고, 모든 입주자에게 개방되는 공용 공간과 시설만 이용할 수 있다. 개인이나 가족에게는 독립된 주택이 제공되지만, 더 큰 커뮤니티에 참여할 기회를 다양한 수준으로 제공하고 있다.

그림 6 제너레이션 하우스의 커뮤니티 구성방법 다이어그램

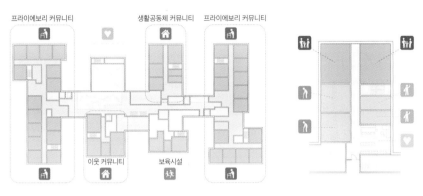

프라이에보리 커뮤니티　　　생활공동체 커뮤니티　프라이에보리 커뮤니티

이웃 커뮤니티　　보육시설

2층 커뮤니티별 다이어그램

세대융합 공동체 커뮤니티
(노인 2+가족 2+청년 2)

출처: https://www.rum.as/logbog/kan-maaden-hvorpaa-vi-bor-vaere-med-til-at-forebygge-ensomhed

그림 7 제너레이션 하우스의 3층 평면도

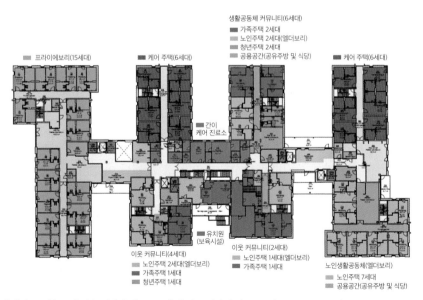

생활공동체 커뮤니티(6세대)
■ 가족주택 2세대
■ 노인주택 2세대(엘더보리)
■ 청년주택 2세대
■ 공용공간(공유주방 및 식당)

■ 프라이에보리(15세대)　　　　■ 케어 주택(6세대)　　　　　　　　　■ 케어 주택(6세대)

■간이
케어 진료소

유치원
(보육시설)

이웃 커뮤니티(4세대)
■ 노인주택 2세대(엘더보리)
■ 가족주택 1세대
■ 청년주택 1세대

이웃 커뮤니티(2세대)
■ 노인주택 1세대(엘더보리)
■ 가족주택 1세대

노인생활공동체(엘더보리)
■ 노인주택 7세대
■ 공용공간(공유주방 및 식당)

출처: https://www.brabrand-boligforening.dk/brabrand-boligforening/generationernes-hus

GH 내 노인주택은 엘더보리와 프라이에보리가 함께 있어 보살핌이 필요할 시 프라이에보리로 이주가 가능하다. 프라이에보리는 직원이 상주하여 돌봄을 받을 수 있기 때문에 24시간 보살핌과 간병인과의 긴밀한 접촉이 필요한 경우에만 입주를 신청할 수 있다. 프라이에보리는 14~15세대가 함께 생활하도록 계획되었고, 총 7개의 커뮤니티가 2~5층 양 끝 블록에 위치한다. 각 실은 전용면적 $43m^2$로 침실, 샤워실 및 화장실, 거실로 구성되어 있으며 비상호출 시스템이 갖추고 있다. 커뮤니티마다 다른 주민들과 공동으로 사용할 수 있는 전용 발코니, 주방, 거실, 전용 TV룸과 활동실이 마련되어 있다. 프라이에보리는 식사[13]가 제공되기 때문에 세대 내 간이(Plug-in) 주방이 있으나 요리를 직접 하지 않고 식사는 개인 아파트에서 혼자 또는 공동 거실에서 함께 먹는다.

건강상태가 양호한 노인은 엘더보리에 거주한다. 이웃 또는 생활공동체 커뮤니티 중에서 선택하여 입주할 수 있다. 공동체는 스스로 참여하기를 원할 때에 형성되기 때문에 이웃에 살 것인지, 다른 입주자와 함께 공동체 생활을 할 것인지 선택해야 한다. 주택의 크기는 선택한 생활방식에 따라 다르지만 모든 노인주택은 장애인을 위한 시설이 갖추어져 있다. 공동체형은 세대융합형과 노인생활공동체로 구분된다. GH에는 7세대가 함께 생활하는 4개의 노인생활공동체가 있고, 노인, 가족, 청년 등 다양한 세대가 혼합된 4개의 세대융합형 생활공동체가 있다. 생활공동체 엘더보리는 공동 현관문을 통해 진입할 수 있으며, 커뮤니티 내 다른 주민들과 공유할 수 있는 공유주방 및 식당, 거실이 있다. 개별세대는 전용면적 $43m^2$로 현관, 침실, 샤워실과 화장실, 간이주방이 있는 거실과 발코니로 구성되어 있다. 이웃형 엘더보리는 전용면적 $43~64m^2$로 개별 주택에는 현관, 침실, 욕실/화장실, 주방이 딸린 거실, 발코니로 구성되어 있다. 총 10개의 이웃형 클러스터가 있으며 청년, 가족, 노인 등 2~6세대가 혼합 구성되어 있다. 이웃형 엘더보리는 개인의 사생활을 존중하여 클러스터 내 공유 공간 없이 출입구만 함께 사용하기 때문에 개별세대 내 주방이 있다.

---

13 오르후스 지방자치단체에는 프라이에보리의 주방과 카페에 식사 담당 직원을 고용하여 식사를 제공하고 있다. 또한 시민의 영양 상태에 관한 전문직 간 작업을 지원하고 이에 참여하는 임상 영양사도 고용된다. 거주자를 위해 월별 체중측정이 제공되며, 계획되지 않은 체중 감소의 경우 영양 평가가 수행되고 올바른 영양 노력을 위한 계획이 수립된다.

그림 8 제너레이션 하우스의 노인주택 유형

프라이에보리(43m²)   공동체형 엘더보리(43m²)   이웃형 엘더보리(64m²)

출처: https://generationerneshus.aarhus.dk

그림 9 제너레이션 하우스의 공동 시설

1층 건강크리닉(Sundhedsklinik)   1층 멀티홀(Multisalen)

1층 세탁실 및 우편함   트레이닝 룸(Motorikken)   1층 라운지*

출처: https://generationerneshus.aarhus.dk/ & https://www.rum.as/projekter/generationernes-hus*

■ 커뮤니티 시설과 공용공간 특성

GH 건물 1층은 지역 주민이 이용 가능한 공동시설 및 공유공간이 위치하여 지역 커뮤니티 센터의 역할을 한다. 1층에는 인근주민을 포함해 모든 사람들이 이용할 수 있는 카페, 주민들 간 비공식 회의를 할 수 있는 회의실, 150명을 수용할 수 있는 다목적 홀, 건강 클리닉, 작업장, 세탁소 및 보육센터, 관리사무실 등이 배치되어 있다. 다목적 홀은 오르후스 시민들을 위한 투표소 역할을 하며, 어린이집 어린이와 노인들이 함께 노래하고 놀고 운동하고 즐거운 시간을 보내는 장소로 사용된다. 주민협회와 시민단체, 문화기관 등과의 이벤트 장소뿐 아니라 다른 자치단체 및 기관, 지역 협회에 임대해 주기도 한다.

그림 10 제너레이션 하우스의 공유 공간

2층 교육용 주방(Kabyssen)

5층 공유 주방(Det søde køkken)

5층 활동실(Spirekassen)

3층 음악실(Musikken)

3층 공용 주방 및 거실(Fyrtårnet)

5층 미니 영화관(Hulen)

7층 휴게실(Forsamlingshuset)

8층 오렌지 온실(Orangeriet)

출처: https://generationerneshus.aarhus.dk/til-beboere/lokaler

4층까지는 공공시설이 있는 1층과 개방형 계단으로 연결되어 있다. 저층부의 공용 공간 및 건물 사이의 연결을 통해 이동 중에 이웃을 만날 수 있도록 설계되어 노인뿐 아니라 장애인 세대도 고립되지 않도록 계획되었다. 각 층마다 개별주택과 근접한 클러스터 전용 모임공간이 제공되며, 각 층에도 도시 공동체로 간주되는 광장이 있고, 1층과 수직적으로 연결되어 있다. 또한 2~4층에 '간이 케어 진료소(Pit stops)'를 분산 배치하여 필요에 의한 요양형 주택 및 장애인 주택 관리와 노인세대를 위한 통합 케어 서비스를 지원하고 있다.

GH 거주자는 건물 내 다양한 공용공간을 예약 후, 무료로 이용할 수 있다. 입주민 전체 사용 및 예약 가능한 식당과 주방은 5개로 각 블록과 장소가 겹치지 않도록 배치되어 있고, 각 층마다 다양한 활동실과 엑티비티 공간이 있다. 각 층의 휴게실과 라운지는 예약 없이 이용 가능하며, 3~4층의 소규모 회의실은 직원 퇴근 후 예약하여 사용할 수 있다. 또한 GH를 방문한 친척이나 친족을 위한 게스트룸(4개)이 있어 예약 후 이용할 수 있다.

■ 주거서비스 및 운영관리

GH는 4개 기관의 협업으로 계획되어 각 주택 및 시설에 대한 소유권도 각기 다르다. 장애인을 위한 주택 40채는 MSB(사회문제 및 고용부), 노인을 위한 주택 200채는 MSO(건강 및 케어부), 청년 및 가족을 위한 주택 80채는 브라브랜드 주택협회, 영유아 통합 보육시설은 MBU(아동 및 청소년부)가 각각 소유하고 관리하고 있다. 건물소유에 대한 지분은 MSO 70%, 브라브랜드 주택협회 17%, MSB 8%, MBU 5%로 건물관리체계는 각기 소유자협회(MSO, MBU, MSB)와 브라브랜드 주택협회 이사회가 있다. 건물의 유지관리 및 운영은 MSO와 주택협회가 함께 관리하고 있으며, MSO 소속 직원이 1층 관리사무실에서 근무하고 있다.

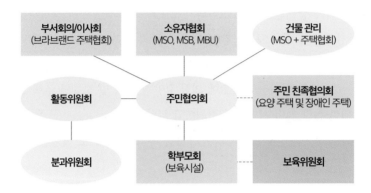

그림 11 제너레이션 하우스의 관리 조직

부서회의/이사회
(브라브랜드 주택협회)

소유자협회
(MSO, MSB, MBU)

건물 관리
(MSO + 주택협회)

활동위원회

주민협의회

주민 친족협의회
(요양 주택 및 장애인 주택)

분과위원회

학부모회
(보육시설)

보육위원회

출처: https://generationerneshus.aarhus.dk

　　노인들이 GH에 입주하기 위해서는 MSO에 신청해야 한다. MSO는 노인주택에 대한 입주 자격이 있는지 평가[14]한 후 입주를 결정한다. 집의 크기와 생활방식에 따라 보증금과 임대료는 달라지는데 엘더보리는 보증금 31,570~41,910kr에 월 7,423~9,855kr이고, 프라이에보리는 보증금 37,550kr에 월 8,831kr이다. 노인주택은 주택수당 신청이 가능하기 때문에 엘더보리와 프라이에보리 모두 임대료 보조를 받을 수 있으며, 보증금 대출도 신청할 수 있다. 프라이에보리는 식사가 제공하기 때문에 식비는 개인이 부담[15]해야 한다. 식사는 보건당국의 요양원 노인을 위한 음식 권장사항을 바탕으로 제공하며 MSO에서 고용한 요리사가 직접 조리하여 제공하고 있다.

---

14 여부를 평가할 때 전체 생활 상황, 신체 능력 및 일반적인 웰빙, 배우자(있는 경우)를 살핀다.

15 요양형 주택은 음식이 제공되며, 음식에 대한 자기 부담금이 있다. 가격은 정식에 대한 고정 가격이며 매년 조정된다. 이는 음식 구매, 주방 직원급여 및 주방과 관련된 기타 도구가 포함된 금액으로 가격 차별화는 불가능하며, 2023년 시의회는 요양원의 전체 식비를 월 3,985kr로 결정하였다.

노인주택 보조금(68m², 2023년 기준)

수입/월	주거 보조금	본인부담금	계약금 포함 본인부담금
13,800kr	6,388kr	1,870kr	2,210kr
20,000kr	5,548kr	3,155kr	3,495kr
25,000kr	4,423kr	4,280kr	4,620kr

출처: https://generationerneshus.aarhus.dk/boliger/aeldrebolig/praktiske-oplysninger(2023년 11월 환율 기준, 1kr는 한화 약 188원)

GH에는 매주, 매월마다 진행되는 정기적인 다양한 모임이 있다. 커뮤니티 활동은 강제적 참여가 아닌 자율적인 참여를 바탕으로 한다. 매월 첫째 주 수요일에 정기적으로 열리는 공동식사가 있으며, 주택의 운영관리는 2달에 1회 주민협회의 회의를 통해 결정한다. GH 내 프라이에보리의 돌봄 서비스는 보건당국의 인증을 받은 민간운영자가 운영하고 있으며, 재가 돌봄 서비스는 입주자가 별도 오르후스시에 신청하면 시민상담사의 평가 후 제공받을 수 있다.

그림 12 제너레이션 하우스의 주민 자치활동 및 모임

매주 목요일 커피 클럽

뜨개질 클럽

합창 그룹

매월 공동식사(1층 카페)

공동식사 준비(커뮤니티)

보육센터 아동과 주민과의 놀이(매주)

출처: https://generationerneshus.aarhus.dk & Generationernes Hus Facebook

2) 노인생활공동체, 이비헤이븐(Ibihaven)

■ 개요

이비헤이븐(Ibihaven)은 덴마크 슬라겔스(Slagelse)의 해안 마을에 지어진 노인을 위한 주거공동체로 민간개발사 테트리스(Tetris A/S)가 덴마크 전역에 노인을 위한 주거공동체를 건설하고자 아고라하베르네(Agorahaverne)[16] 개념으로 계획하였다. 처음부터 그린 빌딩(DGNB Gold) 인증을 목표로 계획한 친환경 주택이다. 1980년대 초에 지어진 하나의 큰 지붕 아래 공동생활을 하는 코하우징 위스트럽 제제소(Jystrup Savværk)처럼 중앙의 아고라 정원에서 만나서 함께 식사하고, 공통의 취미를 추구할 수 있는 모듈식 구조의 노인주택 커뮤니티로 발전시켜 개발하였다. 입주연령은 자녀가 없는 50세 이상의 노인으로 상한 연령의 제한은 없지만 스스로 부양할 수 있어야 한다.

표 7 이비헤이븐 사례 개요

주소	Lysningen 1-177, 4200 Slagelse Sjælland	
주택 형태	아파트	
준공 연도	2020년 10월	
층수 및 실	76세대(2층의 목조 건물)	
계약조건	자녀가 없는 50세 이상 중·장년층 (+70대)	
개발회사	Tetris A/S	

출처: https://ppnordica.dk/en/bygningstyper/bolig-og-etagebyggeri

---

16 Agorahaven(Agora Gardens)은 지역의 노인주택 커뮤니티를 만들기 위한 목적으로 민간 개발사 Tetris A/S에 의해 만들어진 브랜드이다. 사회 공동체가 이 개념의 핵심이며, 주민 간의 회의와 사회적 관계를 창출하도록 설계된 넓은 공용 공간을 제공하는 것으로 지붕이 덮인 넓은 아트리움 주변에 아파트를 배치하고 입주민의 자발적이고 계획된 커뮤니티 활동을 위해 녹지 공간을 조성한 개념으로 환경적, 사회적, 경제적 지속 가능성을 기반으로 만들었다 (https://urgent.agency/agorahaverne/).

■ 주택 및 주거지 특성

이비헤이븐은 중앙의 아트리움을 중심으로 커뮤니티를 형성한 노인생활공동체로 1,520m² 면적의 중앙 아트리움은 투명한 폴리카보네이트로 지붕을 덮어 충분한 채광과 환기가 가능하도록 설계되었고, 경제적으로 유지관리가 가능하도록 태양전지를 설치하였다. 재활용성이 높고 친환경재료인 목재를 사용하고, 빗물을 재사용하는 등 친환경적인 지속가능한 주택이다.

아파트는 조립식 집성재(Cross Laminated Timber, CLT) 모듈로 1인실 C형 (53~56㎡)부터 2인실 A, B형(76~79m²)까지 3가지 타입이 있다. 욕실과 화장실, 빌트인 식기 세척기가 설치된 주방이 있으며 침실과 거실은 구분되어 있고, 거실은 발코니 또는 테라스로 연결되며, 모든 아파트의 출입구는 아트리움 정원을 향해 배치하고 있다.

그림 13 이비헤이븐의 개별 아파트 유형

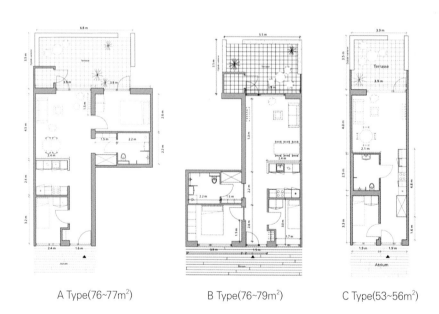

A Type(76~77m²)   B Type(76~79m²)   C Type(53~56m²)

■ 커뮤니티 시설과 공용공간 특성

중앙의 아트리움은 입주민의 화합을 위한 다양한 커뮤니티 공간으로 사용하고 있는데 입주민들의 자발적이고 무질서한 만남을 허용하는 지붕이 있는 도시공간이라 할 수 있다. 모든 주택은 중앙의 아트리움과 직접 연결된 반 사적 공간이 있어 개인의 취향에 따라 가구와 식물을 배치하고 이웃과의 소통의 장소로 사용할 수 있도록 하였다. 모든 공간은 휠체어로 접근 가능하도록 설계되었고, 거동이 불편한 노인이나 2층 입주자를 위해 아트리움 중앙에 엘리베이터가 설치되었다. 아트리움을 둘러싸고 집들을 배치하여 개별 주택의 프라이버시를 유지하면서 커뮤니티가 활발히 이루어질 수 있도록 배치되어 중앙 아트리움 정원은 통로 이상의 기능을 가지며 개인의 관심에 따라 이웃과 함께 커뮤니티를 형성할 수 있다.

그림 14 이비헤이븐의 평면도

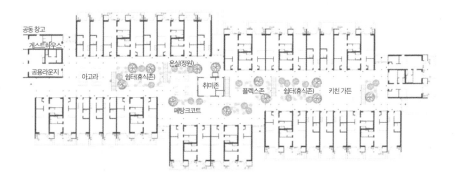

출처: https://agorahaverne.dk/om-agorahaverne

서쪽 건물 1층은 가족들의 숙박을 위한 2개의 게스트하우스와 현대적인 주방 시설이 완비된 공용 라운지가 위치하고 있으며, 외부 테라스와 연결된 세탁기와 건조기가 구비된 공동 창고가 있다. 공용 라운지는 30여 명이 앉을 수 있는 테이블과 의자가 있어 공동식사를 하거나 공간을 빌려 사적인 모임장소로 사용할 수 있다. 중앙의 아트리움은 여러 구역으로 구분되는데 가장 큰 공간을 차지하는 아고라는 모든 입주자가 모일 수 있는 광장으로 정원용 테이블과 의자를 배치하여 공동 회의, 저녁식사, 이벤트 등을 위한 공간으로 사용하고 있다. 그 옆으로 휴식을 위한 공간이 조성되어 조용히 산책을 하거나 책을 읽거나 사색에 잠길 수 있다. 온실은 이웃과 함께 휴식을 취할 수 있는 라운지이고, 취미존 1층에는 작업실이 있고 2층에서 취미활동을 즐긴다. 아트리움 전체 녹지공간을 조성하고 의자를 비치하여 휴식을 취할 수 있으며, 페탕크코트(운동존)와 키친 가든(텃밭)도 있다. 또한 입주민의 편의를 위해 전기자동차도 공유하고 있다.

그림 15 이비헤이븐 중앙의 아트리움 및 공용 공간

| 공용 라운지 | 아트리움 | 주택 전면의 반사적 공간 |
| 아고라* | 취미존* | 페탕크코트(Petanquebane)* |

출처: https://www.rumsans.dk/artikler/ibihaven & https://juliliving.dk/ibihaven*

임대료는 매월 선납으로 보증금은 계약 시 지불하는 1개월치 선불 임대료와 입주 1개월 전에 지불해야 하는 3개월치 임대료이다. 월임대료는 6,675~9,975 kr로 난방비와 수도요금 900~1,500kr도 선불로 지불해야 하며 임대 취소는 3개월 전에 통지를 해야 한다. 개별 면적보다도 외부에 면한 발코니 면적에 따라 월임대료가 달라지며 소득과 자산 기준에 따라 주택수당과 보증금 대출을 신청할 수 있다. 아트리움 및 모든 공용 공간의 정원관리는 정원사가 관리하고 공용공간의 공과금과 정원사 비용은 임대료에 포함되어 있다.

표 8 이비헤이븐의 월임대 비용

Type	면적	보증금	월임대료	공과금 (난방+수도)	주택 수당	기타
A	76~77m²	3개월 치 임대료 + 1개월 치 선불임대료	8,925~9,975kr	1,500kr(900+600kr)	최대 4,045 kr/월	주택 내 금연, 애완동물 금지
B	76~79m²		8,925~9,975kr	1.500kr(900+600kr)		
C	53~56m²		6,675~7,230kr	900kr(350+550kr)		

출처: https://juliliving.dk/ibihaven(2023년 11월 환율 기준, 1kr는 한화 약 188원)

■ 주거서비스 및 운영관리

주택은 민간개발사인 테트리스(Tetris A/S) 소유로 건물의 유지관리도 담당하고 있으며, 운영·관리는 주민협회가 담당하고 있다. 이비헤이븐에 입주를 하면 자동으로 주민협회의 회원이 되며, 주민협회는 협회의 재정과 이익을 관리하는 이사회를 선출하고 정기적으로 주민회의를 열어 크고 작은 문제를 논의한다. 테트리스는 입주자들이 선택할 수 있는 다양한 작업 그룹(Arbejdsgrupper)을 조직하고 설립하는 데 도움을 주고 있다. 입주민들의 공동식사는 입주민 회의를 통해 결정하고 주 1회 실시하고 있다.

그림 16 이비헤이븐의 커뮤니티 활동

취미활동(요가)

게임활동(Petanque)

정원 가꾸기

취미활동(뜨개질)

플리마켓

출처: https://www.facebook.com/agorahaverne.dk

3) 예술과 문화를 함께하는, 외레스타드[17] 요양센터(Ørestad Plejecenter)

■ 개요

외레스타드(Ørestad)는 코펜하겐 중심부에서 칼베보드 펠레드(Kalvebod Fælled) 자연 보호구역까지 약 5km 뻗어 있는 지역으로 코펜하겐의 신도시개발지역이다. 특히 외레스타드 남부는 공동주택이 밀집된 지역으로 코펜하겐 지방자치단체는 외레스타드에 새로운 케어센터를 설립하여 남녀노소를 위한 공간을 조성하여 활기차고 다양한 동네를 만들고자 하였다. 2008년 공개경쟁을 통해 AKB 주택협회가 개발 및 운영자로 선정되었고, 보건의료위원회는 지하철역과 가까운 지역에 프라이에보리(Plejeboliger) 건설을 요구했으며, 건물은 보건청의 전문가 그룹이 건물의 기능과 레이아웃에 대한 정보를 제공하고 사용자 그룹과 함께 협력하여 노인세대를 위한 프라에보리를 계획하였다. 2012년 공모를 통해 JJW 건축 스튜디오가 설계를 진행하였고, 「사회주택법」에 따라 자금지원도 받았다. 기존 프라이엠이 아닌 집과 같은 편안함과 안락함을 줄 수 있도록 계획하여 114개의 개별 주택(6개 커플룸)과 약 2,000m² 서비스 공간을 갖추고 있다.

표 9 외레스타드 요양센터 사례 개요

주소	Asger Jorns Allé 5. 2300 Copenhagen S.	
주택 형태	프라이에보리(요양형 주택)	
준공 연도	2012년	
층수 및 실	7층(114세대)	
계약조건	돌봄과 지원이 필요한 노인	
계획	코펜하겐 지방자치단체, JJW Arkitekter 설계	

출처: https://www.byggeplads.dk/byggeri/foto/oerestad-plejecenter/42914

---

17 외레스타드(Ørestad)는 덴마크 코펜하겐과 스웨덴 남부 사이에 있는 Sound 지역에 위치하고 있다. 외레스타드는 1992년 개발을 시작하여 1995년 마스터플랜에 대한 설계경기를 진행하였고 운하와 지하철 등을 고려한 친환경적 마스터플랜을 세워 계획한 도시이다. 외레스타드 요양센터는 외레스타드 남쪽에 위치하고 지역개발번호 398, IIIC 하위 지역에 해당한다.

코펜하겐 시에는 9개의 특별 요양원이 있는데, 이 특별 요양원은 동일한 관심 사를 가진 사람들끼리 모여 외로움을 예방하는 데 도움이 된다. 외레스타드 요양 센터는 예술과 문화에 중점을 둔 특별 요양원 중 하나로 입주자가 예술과 문화를 보고, 듣고, 경험하며 삶의 행복을 느끼는 공동체를 형성하도록 계획되어 입주노 인들은 일상생활 속에서 예술과 문화를 보고 듣고 경험할 수 있다.

■ 주택 및 주거지 특성

외레스타드 요양센터는 도심과 자연 보호구역인 아마게르 팰레드(Amager Fælled)의 중심에 위치해 있으며, 주변에 베스타마거(Vestamager) 지하철역과 버스정류장이 있어 직원과 노인세대, 요양센터에 찾아오는 방문자들의 접근에 유리하여 방문의 편의를 제공하고 있다. 코펜하겐 중심에서 지하철로 약 12분 거리이며 주변에 대형 쇼핑센터인 필드스(Field's), 로얄 아레나(Royal Arena), 영화관, 카페, 레스토랑이 위치해 도시생활의 장점도 누릴 수 있다.

그림 17 외레스타드 요양센터의 평면도

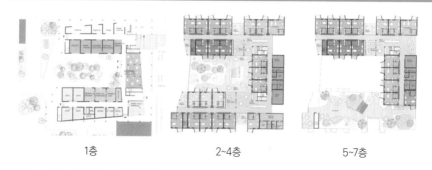

| 1층 | 2~4층 | 5~7층 |

출처: https://www.kk.dk/sites/default/files/agenda/b90637e7ff1ac0ef392c9805f488b7e7e59cf42d/6-bilag-2. PDF

건물 전체의 구조와 구성에 있어서도 거주자들이 항상 안전하다고 느낄 수 있도록 남쪽의 안뜰을 둘러싼 ㄷ자형으로 배치하였다. 전통마을의 거리와 골목길, 광장을 모티브로 작은 단위로 건물을 세분화하였다. 각 건물은 수직으로 분할하여 파사드를 강조하였고, 요양센터가 고립되고 폐쇄되지 않게 다양한 공간에서 거주자와 도시민의 만남을 촉진하기 위해 건물사이 공용 발코니를 배치하여 주변지역과 원활히 소통할 수 있도록 하였다. 인원이 적을수록 사회적 통합이 쉽게 이루어지고 노인이 안정감을 느끼기에 주택의 조합을 작은 단위로 구분하고, 함께 모일 수 있는 개방형 공용공간을 배치하였다. 공용 휴게실과 식당은 필요에 따라 결합하거나 분리할 수 있고 주방은 노인들이 음식 만들기에 참여할 수 있도록 개방형구조로 설계되었다. 각 층의 복도는 외레스타덴의 주변 거리 이름으로 불리고, 복도가 짧고 넓게 계획되어 노인들이 개방형 공용공간을 쉽게 찾을 수 있으며, 밝은 조명과 밝은 색상을 사용하여 집과 같은 편안함을 조성하였다.

외레스타드 요양센터의 개별 세대 면적은 발코니를 제외하고 $42m^2$(공용공간 포함 $67m^2$)의 1인실과 $58m^2$의 2인실(6세대)이다. 독립적인 생활이 가능한 규모로 거실과 침실은 미닫이문으로 분리되며, 모든 주택에는 비상 전화, 케이블 TV, 무선 인터넷 등이 설치되어 있고, 전기레인지를 빌려 직접 요리도 할 수 있다. 장애인 친화적인 욕실($2.7 \times 2.8m$)은 휠체어 사용자를 위해 높이 조절이 가능한 세면대와 보조원과 간병인을 위한 공간을 확보하기 위해 벽걸이형 양변기가 설치되어 있다.

그림 18 외레스타드 요양센터의 단위 세대 평면도

1인실($42m^2$)   2인실($58m^2$)

출처: https://boligertilaeldre.kk.dk/plejehjem/find-plejehjem/oerestad-plejecenter/praktisk-information

그림 19 외레스타드 요양센터의 장애인 친화적 욕실

출처: https://www.byggeplads.dk/byggeri/foto/oerestad-plejecenter/42921

외레스타드 요양센터는 강렬한 컬러의 발코니가 특징으로 비대칭적인 퇴창 형태로 태양을 차단하고 일광이 들어올 수 있도록 디자인 되었다. 여러 방향으로 기울어진 다양한 형태의 발코니는 고강도 콘크리트로 제작되어 현장에서 조립한 것이다. 건물의 미적 측면에도 효과적이나 바람이 많이 부는 외레스타드에서 주택의 거실이나 침실에 야외 공간을 추가하여 프라이버시와 쉼터를 제공하는 기능적인 효과도 부여하고 있다.

그림 20 다양한 형태의 발코니

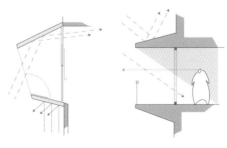

출처: https://boligertilaeldre.kk.dk/plejehjem/find-plejehjem/oerestad-plejecenter/galleri

■ 커뮤니티 시설과 공용공간 특성

외레스타드 요양센터는 7층 높이의 개방형 아파트로 1층은 이웃 주민들도 이용할 수 있다. 거주자들이 도시 내의 생활을 목표하기보다는 도시생활에 통합되는 기능을 공유하고자 1층에는 치과, 간호 클리닉, 방문자 센터와 같은 서비스 시설과 도서관, 댄스홀, 체육관, 스튜디오 등 공동 활동을 위한 공간과 카페, 미용실, 레스토랑 등의 상가로 계획되었다. 1층 카페는 컴퓨터, 피아노, 수족관, 벽난로, 당구를 칠 수 있는 공간이 있으며, 안뜰(중정)과 외부 운하와 연결되어 있다. 2층부터 주거공간으로 계획하여 안뜰과 내부공간과의 연결성은 떨어지나 층 마다 야외 발코니를 배치하여 시각적 연결을 시도하고 있다.

그림 21 1층 카페 라운지 및 안뜰

| 1층 카페 | 1층 라운지 | 안뜰 |

출처: https://www.jjw.dk/projekt/indretning-orestad-plejecenter & https://boligertilaeldre.kk.dk/plejehjem/find-plejehjem/oerestad-plejecenter

2층부터 7층까지 주거공간으로 11~13가구가 공동체를 형성하도록 각층마다 공용 휴게실이 배치되어 있다. 공용 휴게실은 넓은 발코니를 갖추고 식사를 하거나 휴식을 취하고, 다양한 활동을 즐길 수 있는 공간으로 활용할 수 있도록 가구와 스마트 보조 장치를 갖추고 있다. 24시간 직원이 상주하기 때문에 건물의 북쪽 중앙에 직원실이 있고, 정규직 직원 약 50여 명과 학생 등 자원봉사자 포함 총 80여 명의 직원이 근무하고 있다.

그림 22 1950~1960년대 이미지의 층별 휴게실

| 공용 휴게실* | 공용 거실 | 개방형 주방 | 공용 식당* |

출처: https://www.jjw.dk/projekt/indretning-orestad-plejecenter* & https://boligertilaeldre.kk.dk/plejehjem/find-plejehjem/oerestad-plejecenter/galleri

공용 휴게실의 가구 및 텍스타일은 1950~1960년대 대표 아티스트의 작품으로 구성되어 있는데, 이는 이 시기 가족을 이루고 집을 꾸민 노인세대의 친근함과 식별성을 반영한 것이다. 각 층의 복도 색상도 덴마크 전통건축 색상인 나이보더(Nyboder)를 재해석하여 아늑하고 집과 같은 편안함과 안락함을 느끼게 한다.

그림 23 층마다 다른 색상의 복도

출처: https://danskstatsborger.com/plejehjem/amager-vest/orestad-plejecenter/#google_vignette

■ 주거서비스 및 운영관리

프라이에보리는 일상생활에 도움과 보살핌이 필요한 노인이 입주할 수 있기 때문에 외레스타드 요양센터에 거주하기 위해서는 코펜하겐 지방자치단체에 입주 신청을 해야 한다. 지방자치단체는 도움과 지원이 필요한지 평가한 후 10일 이내 승

인 여부를 결정하지만 외레스타드 요양센터는 코펜하겐의 특별요양원으로 평균 대기시간이 3.3개월이 소요된다. 외레스타드 요양센터는 시에서 운영하나 AKB 주택협회[18] 소유로 AKB 주택협회가 운영·관리하고 있어 주택협회와 임대 계약서를 작성해야 한다. 입주비용은 보증금과 임대료, 전기, 수도, 난방 등 공과금을 지불해야 한다. 보증금은 32,408~42,416kr에 임대료는 7,479~9,435kr이고 공과금은 1인실 기준으로 958kr이다. 임대료에 청소비가 포함되어 있고 주택수당과 보증금 대출을 신청할 수 있다. 주택에는 전동식 침대와 옷장, 천장 리프트가 설치되어 있어 전동식 침대를 사용하지 않을 경우 개인침대와 필요한 가구 및 가전제품, 이불 및 베개 등을 직접 가져와야 한다.

입주 시 입주면접을 받고 개인마다 필요한 도움과 관리가 무엇인지 담당자와 상의 후 지원서비스를 제공한다. 외레스타드 요양센터는 지역에 소속된 의사가 일주일에 한 번씩 방문하여 요양원 내에서 진료를 받을 수 있다. 또한 신체적 또는 정신적으로 일반치과에 갈 수 없는 경우 요양원 내 치과진료소(Omsorgstandpleje)에서 치아 유지 관리 및 기본적인 치과 진료도 받을 수 있다.

코펜하겐의 요양원 거주자는 일상생활에 필요한 음식, 세탁, 청소 등 다양한 서비스가 포함된 패키지를 구매할 수 있다. 서비스에 관해서는 해당 층에 배정된 서비스 직원에게 문의할 수 있다. 식사는 아침 8시, 점심 12시, 저녁 6시에 제공되며 서비스 구매 후 식사할 수 있다. 가족이나 손님 방문 시 2일 전에 식사를 신청하면 함께 식사할 수 있으며, 직접 비용을 지불하면 된다. 주방에서는 신선하고 유기농 재료로 음식을 준비하고 입주민의 메뉴 제한도 받고 있으며, 매주 식단은 주 출입구 안내 화면과 각층 게시판에 공고하고 있다. 외레스타드 요양센터에서는 6주에 한 번씩 1층 카페에서 식생활 조언 회의가 열리며, 이곳에서 주방 직원들과 만나 음식과 식사, 파티 등에 대해 이야기를 나누고 있다. 또한 질병이 있는 경우 특별식을 요청할 수 있으며, 일부 식단에 대해서는 의사 처방에 따라 제공된다.

---

18 AKB 코펜하겐은 코펜하겐 전역에 9,000개 이상의 주택을 소유한 사회주택협회이다(https://akb-kbh.dk/oerestad-plejecenter).

표 10 **코펜하겐 요양원의 패키지 서비스와 가격**

구분	서비스	가격(kr)	내용
음식	1일 식사	135/일	비용지불을 원치 않을 경우 2일 전 취소, 직원은 쇼핑(음식재료)과 요리를 도와주지 않음
	따뜻한 메인 코스, 비렛(전식/디저트)과 스낵 2개	58/일	
세탁	개인 옷 세탁	269/월	일주일에 1번씩 수거하여 기계 세탁 후 배달
	전용 린넨 세탁	115/월	주 1회 외부 세탁소에서 침구와 수건 등을 세탁 후 배송
	린넨 대여 및 세탁	163/월	침구와 수건 대여 및 외부 세탁소에서 세탁
청소	세면도구*	117/회	샴푸, 비누, 칫솔, 치약, 의치 세정제, 휴지 등
	청소용품*	110/회	일반 세척제 및 청소용 천, 청소용품, 비닐 등
	창문 청소	44/회	3개월에 1번씩 창문 안팎 청소(외부 업체)

* 서비스를 신청하지 않을 시 직접구매해야 함. 이때 해당 상품이 산업 보건 및 안전 법규를 준수하는지 확인해야 하고 청소용품의 경우 Swan 라벨이 부착되어야 하고 주택에 이용 가능한 제품이어야 함

출처: https://boligertilaeldre.kk.dk/plejehjem/servicepakke

　요양원 거주자는 복지바우처(Klippekort)가 있어 주당 30분의 추가 도움과 지원을 받을 수 있다. 산책과 같은 사회 활동, 카페 방문, 콘서트 가기, 미용, 건강, 웰빙을 위해 요양원 내부 및 외부의 경험을 선택하여 사용할 수 있으며, 바우처의 시간은 저장할 수 있어 평일 및 주말에 직원과의 예약을 통해 오후 10시까지 사용할 수 있다.

　요양원 입주자는 자동적으로 외르스 베너(ØRS Venner)[19]의 회원이 된다. 요양원 내에서는 게임(Will), 의자 체조, 음악 및 노래교실, 산책, 예배, 페탕크, 요리, 퀴즈, 금요일 댄스 및 유치원 방문 등의 다양한 주간활동이 있으며, 계절과 희망사항에 따라 대규모 이벤트도 진행한다. 정기적인 신체 활동과 훈련에 참여하여 체력 증진에 도움을 주고, 감각을 자극한 기억력 증진 활동도 진행한다. 자연 속에서 산책하고 야외 활동을 즐길 수 있는 프로그램도 운영하고 있다.

---

[19] 요양원 입주자는 자동적으로 협회 회원이 된다. 외르스 베너(ØRS Venner)의 멤버십 비용은 연간 150kr로 입주자는 회비를 납부하지 않는다. 다른 사람들도 가입할 수 있는 지원단체로 음악행사나 와인 및 기타 물품의 일부 비용을 지불하여 삶을 아름답게 만드는 데 도움을 주고 있다.

6 시사점

제너레이션 하우스와 이비헤이븐, 외래스타드 요양센터는 덴마크의 노인주거 특성을 잘 드러내는 사례로 이웃과 함께 어울려 살아갈 수 있는 공동체 문화를 형성하고 있어 몇 가지 중요한 시사점을 갖는다.

1) 세대 간 돌봄이 가능한 세대통합 공동체

제너레이션 하우스는 세대통합형 공동체 주거 모델로 아동, 청년, 가족, 노인, 장애인 등 다양한 연령과 세대가 통합되어 세대 간 돌봄이 가능하다. 다양한 세대가 함께 생활함으로써 다양한 주제를 공유할 수 있고, 다양한 세대에서 나오는 '다양성'이 그 안에서의 생활을 더욱 재미있고 활기차게 만들어간다. 노인들은 같은 건물 내 어린이와 젊은 청년들을 보면서 활기를 찾고 아이들은 사회화 및 공감 등 정서적 안정감을 배울 수 있다. 다양한 연령대의 세대가 공동체에 소속되어 세대 간 상호 돌봄이 이루어지고 있다. 그러나 커뮤니티 가입을 강요하지 않고 삶의 방식에 따라 원하는 주거 선택의 자율권을 보장한다. 다양한 세대 간의 친밀감을 조성하기 위해 여러 커뮤니티로 나누고 각 개별세대는 원하는 생활방식을 선택할 수 있다. 자신이 속한 커뮤니티에 한정해서 이웃과 소통하는 것이 아니라 다른 커뮤니티의 사람들과도 함께 소통할 수 있는 정기적인 모임과 활동이 있으며, 입주민들끼리 주기적인 만남을 가질 수 있다. 공동체 활동의 참여는 개인의 선택이며 필수가 아니다.

제너레이션 하우스와 같은 시도는 'Aging In Place'와 '평생거주' 개념을 실현할 수 있다. 노인은 개인의 상황에 맞게 단지 내에서 주거 이동을 할 수 있다. 가족이 함께 살다 나이가 들어 엘더보리로 이주하고 건강악화로 24시간 돌봄 서비스를 받아할 경우 같은 건물 내 프라에보리로의 이주가 가능하기 때문에 익숙한 곳에서 안전하게 평생을 거주할 수 있다.

2) 민간주도형 노인생활공동체

덴마크 노인주택은 정부의 노인부양 책임을 이웃과 함께 스스로 해결해 나가는 노인생활공동체가 증가하고 있다. 최근 공급하는 노인생활공동체는 공동체의 가치프로그램을 바탕으로 위치, 자금조달, 사전설계를 민간개발업자가 결정하고 입주자를 모집하는 '하향식 공동체' 방식을 취하고 있다. 노인생활공동체의 가장 큰 장점은 이웃들과 사회적 관계를 보다 친밀하고 쉽게 맺을 수 있어 같은 공동체에 속해 있다는 소속감을 가지고 노인의 사회문제인 '외로움'을 해결하는 것이다. 공동생활은 '건강하고 활동적인 노인'들이 자발적인 커뮤니티 참여로 이루어진다. 그러나 노인생활공동체의 단점은 입주 후 주민들의 고령화가 진행되면 공동체 전체가 활기를 잃을 수 있다는 점이다. 이를 해결하고자 노인생활공동체의 연령도 +55세에서 +50세로 조정되었고, 노인뿐만 아니라 다양한 세대가 함께 살아가는 세대통합형 생활공동체도 조성하고 있다.

3) 사생활이 보호되지만 외롭지 않은 요양 주택

노인은 가능한 한 오랫동안 자신이 원하는 삶을 최대한 자율적으로 살아야 하며 돌봄과 지원도 노인 개인의 의사가 중요하게 고려되어야 한다. 덴마크 노인복지는 개인의 자율성을 기본으로 한다. 법으로 자유선택권이 확립되어 있어 삶의 방식에 따라 원하는 노인주택을 선택할 수 있도록 개인의 자율성을 중시하는 지원 정책을 펼치고 있다. 일찍부터 '노인 중심'의 커뮤니티 케어로 전환되어 자신의 집에서 가능한 한 오랫동안 자립적으로 거주할 수 있도록 지원하고 있다. 노인주택은 노인이 살던 곳에서 가능한 한 오랫동안 살 수 있는 'Aging In Place' 원칙에 의해 운영되고 노인들이 인간의 존엄성을 지키며 삶의 질을 향상시키고 있다. 케어가 필요한 경우 돌봄을 지원하는 요양 주택에 거주하면 된다. 요양 주택도 자립적으로 자기 집에서 살면서 필요한 돌봄을 제공받으며, 여럿이 함께 어울려 생활을 할 수 있도록 계획되어 있다. 따로 살지만 함께 유기적으로 활동하는 공동체 생활이 기본이다.

참고문헌

• Bente, L. (1997). Housing and service for the elderly in Denmark. Ageing International, 23, 115-132. https://doi.org/10.1007/s12126-997-1009-y
• Danmarks Almene Boliger. (2023). Boliger til hele livet. BL(Danish Federation of Non-profit Housing Providers). https://bl.dk/media/15496/16064-bl-rapport-boliger-til-hele-livet-295677_1_1.pdf
• Horten. (2023). Friplejeboliger: Hvem og hvordan?. https://www.horten.dk/viden/artikel2023/friplejeboliger-hvem-og-hvordan
• Juul-Sandberg, J. (2014). TENLAW: Tenancy Law and Housing Policy in Multi-level Europe-National Report for Denmark. https://core.ac.uk/download/pdf/50696633.pdf
• Københavns Kommune. (2009). Støtte til opførelse af 110 plejeboliger i Ørestad Syd. https://www.kk.dk/sites/default/files/agenda/8888825af21f6813911532cf86 3d6cc3bc2aaddb/13-bilag-1.PDF
• Københavns Kommunes. (2009, June 25). Fællesindstilling Plejeboliger Ørestad Syd. Bilag 1-Til indstilling on støtte til opførelse af 110 almene plejeboliger i Ørestad Syd. https://www.kk.dk/sites/default/files/agenda/b90637e7ff1ac0ef392c9805f48 8b7e7e59cf42d/6-bilag-2.PDF
• Social-, Bolig- og Ældreministeriet. (2023). Analyse af håndtering af udlejningsvanskeligheder i almene ældreboliger. https://www.sm.dk (ISBN: 978-87-7601-426-1).
• Social-, Bolig- og Ældreministeriet. (2024). Redegørelse om ældreområdet 2024. https://www.sm.dk (ISBN: 978-87-7601-434-6)
• Steno. C. (2023, August 31), Specialenhed sætter skub i digitalisering af hjemmeplejen. https://itchefer.dk/article/specialenhed-saetter-skub-i-digitalisering-af-hjemmeplejen
• Tine, R. (2020). 덴마크 공식 돌봄 및 비공식 돌봄 변화. 국제사회보장리뷰, 12, 5-16.
• 건강보험신문. (2023년 2월 13일). 필수의료, 정의란 무엇인가? 주요국(네덜란드/덴마크) 건강보험 제도를 통한 정책방안 모색, https://m.blog.naver.com/gunbo-blog/223011716913
• 보건복지부. (2019년 12월 5일). 노르딕 국가와 지역사회통합돌봄 정책협력 강화한다 [보도자료]. https://www.korea.kr/briefing/pressReleaseView.do?newsId=156364708
• 석재은, 박소정, 권현정, 최선희. (2016). 장기요양 재가서비스 개편방안. 보건복지부.

- 정세희. (2021). 덴마크 노르후스 주거단지 배치계획 특성 분석. 대진대학교 석사학위논문.
- 최시원. (2022). 덴마크 노인복지주택 건축 특성 분석 연구. 대진대학교 석사학위논문.
- 최연지. (2023년 10월 17일). 복지 선진국 덴마크의 '에이징 인 플레이스(Aging In Place)' 는 무엇이 다를까?. 요양뉴스. https://www.yoyangnews.co.kr/news/articleView. html?idxno=20624
- 최정신, 이언 폴손. (2015). 스칸디나비아의 시니어 코하우징. 서울: 어문학사.

- AKB 코펜하겐 사회주택협회(https://akb-kbh.dk/oerestad-plejecenter).
- H. Allen Brooks 블로그(https://housingourmatureelders.wordpress.com/2018/08/31/ meeting-generations-house/#more-502).
- JJW 건축사사무소(https://www.jjw.dk/projekt/indretning-orestad-plejecenter).
- RUM 디자인 스튜디오(https://www.rum.as/logbog/kan-maaden-hvorpaa-vi-bor-vaere-med-til-at-forebygge-ensomhed).
- Taasinge Elementer 주식회사(https://taasingeelementer.dk/cases/generationernes-hus).
- 덴마크 국가 백과사전(https://denstoredanske.lex.dk/%C3%A6ldrebolig).
- 덴마크 노인협회(Ældre Sagen, https://www.aeldresagen.dk).
- 덴마크 법률정보시스템(https://www.retsinformation.dk).
- 덴마크 복지국(https://www.borger.dk/bolig-og-flytning/Boligstoette-oversigt/ soeg-boligstoette).
- 덴마크 사회, 주택 및 노인부(https://english.sm.dk/responsibilities-of-the-ministry/ senior-citizens).
- 덴마크 연금청(http://www.atp.dk).
- 덴마크 통계청(https://www.statistikbanken.dk).
- 보건부 요양원 개요(https://plejehjemsoversigten.dk/da).
- 브라브랜드 주택협회(https://www.brabrand-boligforening.dk/brabrand-boligforening/generationernes-hus).
- 아고라헤븐 페이스북(https://www.facebook.com/agorahaverne.dk).
- 아고라헤븐(https://agorahaverne.dk/om-agorahaverne).
- 오르후스 시 노인협의회(https://aeldreraad.aarhus.dk/aeldreraadet-i-aarhus-kommune).
- 올보르대학교 Rumsans(https://www.rumsans.dk/artikler/ibihaven).
- 제너레이션 하우스(https://generationerneshus.aarhus.dk).
- 쥴리 리빙(https://juliliving.dk/ibihaven).
- 코펜하겐시 노인을 위한 주택(https://boligertilaeldre.kk.dk).
- 헬스케어 덴마크(https://healthcaredenmark.dk/national-strongholds/elderly-care).

독일, 주민주도형 세대융합 공동체

김현주

독일 정부도 고령화 사회에 대응하기 위해 다양한 주거정책과 지원제도를 마련하고 있으며, 특히 국비 지원 프로그램을 통해 노인을 위한 새로운 주거유형 개발을 독려하고 있다. 최근에는 다양한 개발자에 의해 여러 형태로 진행되는 '세대융합형 공동체 주택'이 주목받고 있다. 그중에서도 소규모 은퇴자 그룹이 주도적으로 사업을 구상하여 다른 입주자들을 모으고 지자체의 지원을 받아 주택사업을 성공시키는 사례가 많다. 이러한 사례들은 사업을 구체화하고 관여자들이 힘을 모을 수 있는 배경에 연방정부, 주정부, 지자체, 지역사회의 지원과 협력이 필요함을 보여주고 있다. 또한, 공동체의 에이지 믹스(Age Mix)와 소셜 믹스(Social Mix)가 지속가능하게 유지되려면, 입주자와 사업 관여자들의 역할이 중요함을 일깨워 준다.

1 노인인구의 현황과 특징

1) 인구구조의 변화

인구 통계 포털이 제시한 독일 인구 예상 추계를 보면 노년층 비율의 상승 추이가 지속할 것으로 나타난다. 1960년에 주민 8명 중 1명이 65세 이상이었다면,

2021년에는 5명 중 1명, 2040년에는 4명 중 1명 이상이 된다. 80세 이상의 고령자 비율도 증가하고 있다. 2021년 독일 전체 인구에서 80세 이상이 차지하는 비율은 1960년 대비 3.5배로 증가하여 7%를 기록하고 있다. 통계청 자료에 따르면 40년 후에는 독일 인구 10명 중 1명이 80세 이상이 될 것이다.

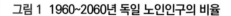

그림 1 1960~2060년 독일 노인인구의 비율

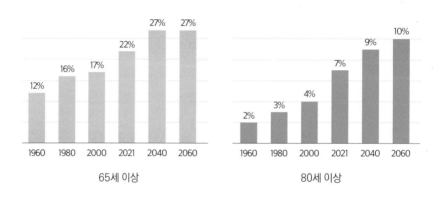

출처: 독일 인구통계청(2023), https://www.demografie-portal.de(2024.5.30. 검색)

이러한 변화의 배경으로는 지난 수십 년간의 낮은 출산율로 인한 젊은 연령층의 감소, 그리고 고령화 사회로 인한 노년층 비율의 증가를 언급할 수 있다. 독일 국민의 수명은 꾸준히 늘어나고 있는데, 평균적으로 65세 독일 남성은 16년을, 65세 독일 여성은 20년을 더 살 수 있다는 연구보고서가 있다.

2) 노인인구의 주거환경과 모빌리티(Mobility)

독일 연방 통계청에 의하면, 현재 65세 이상의 독일인 중 96%가 자가소유주택 또는 임대주택에서 독립적인 주거생활을 하고 있으며, 이들은 평균적으로 주방, 욕실, 복도 외에 1인당 2.5개의 방을 가지고 있다. 그러나 노인의 모빌리티(Mobility)를 조사한 독일 노인학센터(Deutsches Zentrum fuer Altersfragen, DZA)의 통계에 따르면, 2017년 65세 이상 노인 7명 중 1명(15%)이 계단 이용에 심각한 제한을 받는 것으로 나타났다. 나이가 들수록 그 비율은 증가하는데, 이들 중

약 3분의 1만이 무장애 주택에 살고 있고, 보행 보조기구를 사용하는 노인의 약 65%는 욕조나 샤워실의 문지방이나 샤워실 바닥이 높아 일상적 개인위생에 큰 장벽이 된다고 말했다. 가구뿐만 아니라 주거지 환경도 노인의 자립적 생활에 매우 중요하다. 운전하기 어렵거나 대중교통 이용에 장애가 있는 사람들의 29%가 거주지 인근 주변에 상업시설, 의료시설, 약국 등이 부족하다고 보고했다.

표 1 65세 이상 노인의 모빌리티 조사

(단위: %)

연령대	계단 이용에 제한을 받음	보행 보조기구 필요함	집 밖에서 이동할 때 심각한 제한을 받음
65세 이상 전체	15	15	8
65~79세	13	9	6
80세 이상	23	34	13

출처: 독일 노인학센터의 통계(1996~2021), https://www.dza.de(2024.5.30. 검색)

표 2 모빌리티에 제한을 받는 65세 이상 노인들의 생활 조건

(단위: %)

설문 내용	계단 이용에 제한을 받는 사람	보행 보조기구가 필요한 사람	집 밖에서 이동할 때 심각한 제한을 받는 사람
현재 무장애 주택에서 생활함	31	30	28
욕조, 샤워실에 단차 또는 턱이 있음	64	65	59
집 근처에 병원, 약국이 부족함	21	22	29

출처: 독일 노인학센터의 통계(1996~2021), https://www.dza.de(2024.5.30. 검색)

전반적으로, 건강상 모빌리티에 제한을 받는 65세 이상 노인들의 생활 조건 관련 수치는 노인들의 거주환경이 그들의 니즈(Needs)를 반영하지 못한다는 것을 말해준다. 그러나 설문에 응답한 노인 대다수는 자신의 거주환경을 다소 긍정적으로 평가하며 새로운 주택으로 이사하는 것을 원하지 않았는데, 그 이유는 자신의 주택에서 지낸 추억, 동네에 대한 애착 등 물리적 환경에 대한 정서적 연결이 현 상황에 대한 노인들의 주관적 평가에 큰 영향을 미치기 때문이다. 다른 한편으

로는 연령대를 고려한 주택공급의 부족, 높은 주택 가격, 임대료 상승 추세로 인해 이미 주택담보대출을 갚은 노인들에게 '이사'는 크게 매력적이지 않은 것이다. 반면 현재 임대주택에서 거주하는 노인들(80세 이상의 42%)에게는 주거비 부담이 점점 가중되고 있다.[1] 게다가 향후 몇 년 동안 주택 가격 상승세와 임대료 상승세가 지속될 전망인데, 그 이유는 '베이비붐 세대' 은퇴자들을 위한 노인 친화적 주택 수요가 급증하게 되고, 동시에 노년층의 빈곤[2] 증가, 이민자 증가로 인해 적당한 가격대의 주택 부족 현상은 이어질 전망이기 때문이다. 따라서 노인들이 가능한 한 오랫동안 기존 주거지에 머물 수 있도록 주택의 무장애 리모델링에 독일 정부의 더 많은 지원이 필요하다.

3) 노인인구의 요양 현황

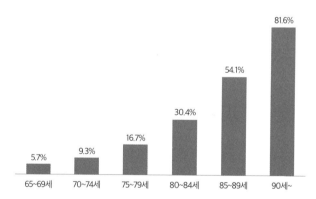

그림 2 2021년 나이별 요양이 필요한 노인의 비율

출처: 독일 인구통계청(2023), https://www.demografie-portal.de(2024.5.30. 검색)

---

1 노인가구는 평균적으로 소득의 23% 정도를 주거비용으로 지출하는데, 주택 소유자와 임차인은 상당한 차이를 보였다. 일반적으로 주택 소유자는 주택담보대출을 모두 갚았고, 소득의 19% 정도만 운영비로 지출한다. 노년층 세입자는 평균 소득의 30%를 주택(임대료 + 관리비)에 지출하는 것으로 나타났다.

2 연금을 너무 적게 받아 빈곤선 이하로 떨어지는 노인들의 수는 수년 동안 증가하고 있다. 독일에서는 독신으로 연간 약 €13,628(2024년 6월 환율 기준, €1는 한화 약 1,459원) 미만을 보유한 사람을 위험에 처한 것으로 간주하는데, 연방 노동부의 수치에 따르면 65세 이상 연금 수급자 5명 중 1명은 위의 금액보다 낮은 연금을 수급하고 있다.

독일 노인들이 80세 이후가 되면 요양에 의존할 가능성이 커지는데, 2021년 통계에 따르면, 65~69세의 노인층의 5.7%가 요양이 필요하다면, 80~84세 그룹에서는 30.4%가 필요하다. 90세 이상 노인 5명 중 4명(81.6%)은 이미 의료서비스에 의존하고 있다. 전체적으로는 독일에서 요양이 필요한 사람 중 절반 이상(55%)이 80세 이상이다. 요양이 필요한 노인들 가운데 대부분은 집에서 요양서비스를 받고 있는데, 그중 절반 이상이 가족이나 친척에 의존하고 있다.

4) 노인인구의 특징

독일 연방 통계청에 따르면, 2020년 기준 65세 이상 노인 약 590만 명이 혼자 사는데, 이는 이 연령대에서 3명 중 1명(34%)에 해당한다. 나이가 증가할수록 혼자 사는 노인의 비율이 증가하게 되는 이유 중 하나로 배우자 사망을 들 수 있다. 독일 노인학센터의 설문조사에 의하면 나이가 들수록 노인의 사회적 네트워크가 다소 줄어들긴 하지만, 노인들의 사회적 고립에 대한 위험도가 높다는 증거는 없다. 설문 조사에서 노인 2명 중 1명이 가까운 이웃과 교류를 하고 있다고 답했으며, 노인의 약 60%는 동네에서 무슨 일이 일어나고 있는지 알고 있고, 이에 대해 이웃과 얘기하는 것으로 나타났기 때문이다. 독일 노인학센터는 현재 젊은 노인들이, 이전 세대보다 훨씬 더 건강하고 기대 수명도 길어졌기 때문에, 자신의 노후를 자신의 개성, 요구와 동기에 맞게 설계하려는 욕구가 강하다고 설명하고 있다(독일 노인학센터, 2022).

베를린 인구개발연구소(Berlin Institute for Population and Development)도 위의 내용과 연관된 지적을 하고 있다. 즉, 은퇴자들을 위한 대안적 주거형태는 동네 주민들과의 접점 공간까지도 고려해야 한다는 것이다. 1960년대에 출생한 세대는 1940년대에 출생한 세대보다 더 오래 일하고 사회 봉사활동에도 더 자주 참여하며 여성 소득률도 훨씬 더 높다. 따라서 이들은 기존 노인들의 모임에서 볼 수 있는 전통적 교류방식보다는 적극적인 참여를 유도하고 교류, 창의성, 학습 및 새로운 아이디어를 제공하는 자유로운 분위기의 모임에 더 관심을 가진다는 것이다.

최근 독일 은퇴자들은 노후에도 최대한 독립적인 생활을 누리고 싶은 욕구가 있지만, 경제적 문제, 상실로 인한 외로움, 노화로 인한 건강 악화에 대한 우려로 인해 '세대융합 공동체 주거'에 관심을 가지기 시작했다. '세대융합 공동체 주거'란, 과거 가족 구성원이 했던 역할을 함께 사는 입주민들이 대체하는 형태이다.

2 노인을 위한 국비 지원 프로그램

1) 주제 1 – '친숙한 환경에서의 노년기'

2020년에 시작된 이 프로그램은 도움이 필요한 노인도 친숙한 생활환경에서 자기가 스스로 결정하며 독립적으로 살아갈 수 있도록 지원하는데 목표를 두고 있으며, 이를 위해 '디지털 기술 장치 지원', '공동생활 유도', '지역사회 참여기회 마련' 등의 주제를 다루는 혁신적인 사업을 지원하고 있다. 구체적으로 주택 마련 지원, 주택 리모델링 지원, 공동체 주거환경 지원 등이 있다.

■ 주택 마련 지원

소득과 가족 구성원 수에 따라 결정되는 일종의 주택 보조금이다. 여기에는 저소득층 은퇴자가 임대료 수당을 받는 형태의 소득 중심 기금 모델(EOF)이 있다. 또는 중앙정부, 주정부 차원에서 주택 개발자와 주택 소유자에게 주택 가격에 대한 대가로 시장 금리보다 훨씬 낮은 저금리 대출 형태로 보조금을 제공할 수 있다. 보조금을 받은 주택 개발자와 소유자는 저소득층 세입자에게 최소 15년 동안 임대할 의무가 있으며, 임대료는 지역 평균 임대료를 초과할 수 없다.

■ 주택 리모델링 지원

기존 주택의 욕실, 주방 등을 무장애(Barrier Free) 구조로 개조하거나 주거침입 보호 장치, 엘리베이터 설치를 위해 보조금을 제공한다. 또한, 공동주택의 1층에 있는 기존 주거공간을 커뮤니티 공간으로 개조하거나, 아니면 주거동 전체를 공동체 주택으로 개조할 때도 보조금을 받을 수 있다. 그밖에도 지방정부와 지자체는 지방주택공사, 교회 봉사단체, 대학 등과의 협업을 통해 기존 주거공간을 디지털 기술 장치가 설치된 노인 친화적 환경으로 개조할 수 있도록 연구하며, 모델 하우스도 건설하여 시연 및 상담을 통해 지원하고 있다.

예를 들어, 켐텐 대학(Hochschule Kempten)의 AAL Living Lab은 노인주택 단지의 주거동을 임대하여 교육 및 연구 아파트로 개조했다. 이 아파트는 연령대가 높거나 건강상의 제약이 있는 사람들이 자신의 집에서 독립적으로 생활할 수 있도록 다양한 기술지원시스템을 갖추고 있는 주거 모델이다. 대학은 정기적으로 아파트 투어를 진행하며, 대중에게 기술 지원 시스템의 가능성과 한계를 알리고 있다.

그림 3 다양한 기술지원시스템을 소개하는 AAL Living Lab

| 주방 | 욕실 | 침실 |

출처: 켐텐 대학의 AAL Living Lab 홈페이지(https://www.hs-kempten.de/fakultaet-soziales-und-gesundheit/labore/aal-living-lab)

■ 공동체 주택 지원

독일 연방정부는 2009년부터 국비 지원 시범 사업 선정을 통해 공동체 주택 사업의 혁신적인 접근 방식을 유도하기 시작했다. 선정된 시범 사업 가운데 가장 많이 개발된 주거형태는 바로 다양한 연령대, 다양한 가구 형태가 함께 살아가는 '세대융합 공동체 주택(Mehrgenerationen Wohnen)'이다. 노령 거주자가 돌봄이 필요할 시점에도 자신의 생활 방식을 유지할 수 있는지, 거주자의 자기 주도적 결정 의지를 얼마나 잘 지원하는지가 주요 선정 조건이다. 그밖에도 유니버설 디자인 적용, 입주민 주도적 계획 및 실행력, 공동체 정신, 세대 간 상호지원, 시민단체의 참여도, 지역 활성화 기여도 등이 선정을 위한 평가 기준이 된다. 특히 사업 설계 및 개발에 지자체의 적극적인 참여가 있어야 한다는 조건이 있다.

2015년에서 2019년까지는 36개의 시범 사업을 지원했는데, 2009년의 지원

사업과는 다르게 지역사회 오피스(Neighborhood Office),[3] 돌봄 서비스, 의료 서비스와 같은 추가 요소들이 포함된 형태의 사업이다. 즉, 입주자는 물론이고 동네 주민 모두를 위한 다양한 의료 및 간호서비스, 가사 지원 서비스도 함께 개발하자는 취지에서 시작된 프로그램이다.

삶의 다양한 단계, 다양한 처지에 있는 사람들이 모여서 서로 협조하며 사회적 네트워크를 발전시킬 수 있는 세대융합 공동체 형태는 인구구조 변화, 라이프스타일 변화, 가족관계에 대한 의식 변화로 인해 점점 인기를 끌고 있으며 주택개발회사나 지방정부도 새로운 사업을 지속적으로 개발하고 있다.

2) 주제 2 – '활동적인 노년기'

노인 대부분은 가능한 한 오랫동안 독립적인 삶을 살고, 사회생활에 활발하게 참여하며 경험을 쌓기를 원한다. 이를 위해 독일 연방정부와 주정부는 다양한 지원 프로그램을 마련하고 있다. 이 중 두 가지를 언급하자면 다음과 같다.

■ 디지털 기술 교육

독일 연방 노인부(Federal Ministry for Senior Citizens)의 목표는 성별, 교육 수준, 소득, 주거지 위치 또는 장애 여부와 무관하게 모든 노인에게 디지털 생활을 위한 교육의 기회를 제공하는 것이다. 이에 다양한 시민단체, 봉사단체, 협회 등과 협력하여 스마트폰, 태블릿, 컴퓨터와 관련된 강좌를 현지 노인들에게 제공하고 있다. 또는 집으로 직접 방문하거나 전화통화로 도움을 주기도 한다.

---

3 '지역사회 오피스'는 동네나 도시 지역에서 지역사회 문제해결, 공공서비스, 행사, 정보 교류를 위한 접점으로 이용되는 장소이다. 지자체, 사회기관 또는 시민단체가 운영하는 경우가 많고, 지역 내 소통과 협력을 촉진하는 데 목적이 있다.

■ 노년기를 위한 AI

노인을 대상으로 하는 AI 기술 교육을 지원하거나, 노인을 위한 AI 연구사업을 지원하는 프로그램이다(독일 안전네트워크 협회-Deutschland sicher im Netz e.V., 2024). 이러한 연구사업으로, 2020년부터 2023년까지 일멘나우 공대(TU Ilmenau)에서 성공적으로 실행했던 'MORPHIA' 프로젝트가 있다. 돌봄이 필요한 노인의 일상생활을 지원하는 모바일 로봇을 개발하여 장기간 테스트했던 사업이다.

그림 4 디지털 기술 교육 프로그램, 노년기를 위한 AI 프로그램

이동하는 Info-box

방문 및 체험교육

프로젝트 'MORPHIA'

출처: 독일 연방 노인단체 연합 홈페이지(https://ki-und-alter.de/morphia-ein-roboter-fuer-aeltere-menschen) & 독일 안전네트워크 협회의 디지털 천사 프로젝트 홈페이지(https://www.digitaler-engel.org)

3) 주제 3 – '함께, 서로를 위해'

노인뿐만이 아니라 사회적 약자, 외국인, 피난민 등 사회적으로 고립될 수 있는 사람들을 지역사회에 통합하기 위한 정책인데, 대표적으로 커뮤니티 공간 지원 프로그램이 있다. 이웃과의 공존의식을 강화하는 커뮤니티 공간 구축 사업으로, 지역의 다양한 연령대, 다양한 문화권 사람들의 교류를 위한 프로그램 개발도 함께 이루어진다. 이러한 사업을 성공적으로 이끈 사례를 살펴보면 봉사하는 주민들의 재능 기부가 큰 역할을 하고 있다.

3 노인주택 유형

독일의 다양한 노인주택 유형 중 '세대융합 공동체 주택'에 대해 설명하고자 한다.

1) 세대융합 공동체 주택의 개념

세대융합 공동체 주택은 노유 친화적 콘셉트를 가지고 있으면서, 다양한 연령대와 다양한 삶의 단계에 있는 가구들이 함께 생활하는 공동체 주택이다. 주거 공동체 협회(Das FORUM Gemeinschaftliches Wohnen e.V.)에 의하면 현재 독일에는 약 4,000~5,000개의 세대융합 공동체 주택이 있다. 거주자는 가족과 같은 소셜 네트워크를 통해 상호 지원하며, 여가활동을 함께 구상하고, 필요한 경우 일상생활에서 다른 거주자의 도움을 받을 수 있다. 이웃 간의 정기적인 교류, 일상생활에서의 상호지원은 공동체 생활의 자연스러운 일부이다. 거주자의 자기주도적 결정 범위, 공동 결정 범위, 참여 권리와 범위는 공동생활 방식의 법적 구성에 따라 달라진다.

2) 세대융합 공동체 주택사업의 유형

일반적으로 세대융합 공동체 주택사업은 개발자, 추진자에 따라 주민 주도형, 비영리단체 주도형, 공공기관 주도형, 민간 개발자 주도형으로 구분할 수 있다. 주민 주도형, 민간 개발자 주도형의 경우 주로 자가소유 주택사업 또는 임대와 자가소유 혼합형으로 개발된다. 비영리단체, 공공 주도의 사업은 주로 임대형으로 개발되고 있다.

표 3 세대융합 공동체 주택사업의 유형

사업 유형	개발자, 추진자
주민 주도형	주민들이 자발적으로 협동조합, 단체나 재단을 결성하여 사업을 계획하고 운영하는 형태
비영리단체 주도형	비영리단체나 사회적 기업이 주도하여 사회적 문제해결을 위해 저소득층 및 다양한 세대가 함께 거주할 수 있는 주택을 제공하는 형태

공공기관 주도형	지방정부의 주도하에 민·관이 협력하여 사업이 개발되는 형태
민간 개발자 주도형	부동산 개발업자, 시행사에 의해 기획, 판매 또는 임대하는 형태

국비 지원으로 추진되는 공동체 주택사업의 대부분은 여러 기관이 협력하여 공동으로 개발된다. 예를 들어 지자체와 주민 단체가 공동으로 사업을 추진하거나, 또는 주민 단체가 협동조합이나 부동산회사 또는 개인 투자자의 지원을 받아 「민법」상 단체(Gesellschaft buergerlichen Rechts, GbR) 형태로 사업을 실현하는 경우가 많다(Reimer, R., Roeder, S., & Kaiser, M., 2023).

3) 세대융합 공동체 주택사업의 운영 및 관리

대부분의 세대융합 공동체 주택은 자체적으로 운영되며 사업 구성원 또는 입주자들에게 업무를 분배하는 방식으로 진행된다.

표 4 세대융합 공동체 주택의 운영 및 관리업무

사업관리 영역	구체적 업무
사회적 영역	그룹의 목표 설정, 합의, 갈등 처리
문화적 영역	공동 행사, 공동 활동의 계획 및 실행
기술적 영역	건물 및 관련 시설의 운영, 유지 관리
경제적 영역	경제 행정의 모든 문제 관리(연간 재무제표, 운영 비용, 임대 관리, 사업 계획 등)
지역사회 영역	지역 활성화, 지역개발 기여 프로그램 기획 및 추진

출처: Romy Reimer 외(2023). 「공동체 주거형태의 가능성-평가」, 포럼 공동체주거협회, pp.13-85

4) 세대융합 공동체의 공동생활 콘셉트

현재까지 진행된 다양한 세대융합 공동체 주택사업을 공동생활 콘셉트의 기준으로 살펴보면 지역 커뮤니티 창출, 세대융합 공동체 +@, 생태학적 지속가능성, 통합과 다양성이라는 4개의 범주가 있다.

표 5 세대융합 공동체의 공동생활 콘셉트

콘셉트	세부내용
지역 커뮤니티 공간 창출	• 주요 목적은 정치적, 사회적 참여, 문화 및 예술을 위한 공공 공간 창출 • 공동체 주택은 보완적인 구성 요소
세대융합 공동체 +@	일반적인 세대융합 공동체 주택 + 여러 다른 옵션과 공간의 통합
생태학적 지속가능성	• 공간과 자원을 보존(예: 지역의 건축자산으로 등록된 건물 집합체 개조 및 생활 공간으로 전환) • 신재생에너지 생산 및 사용(예: 열병합 발전소, 태양열 에너지, 태양광 발전, 열 회수 및 지열 저장을 통한 에너지 생산 및 공급) • 다양한 공유요소들(도구, 자동차, 자전거, 경작지로서의 넓은 정원 등)
통합과 다양성	다양한 사회적, 문화적 배경을 가진 사람들도 주거 공동체에 통합하는 방식(예: 장애인, 지원이 필요한 사람들, 특히 빈곤 노인, 빈곤 청년, 이주자, 난민도 통합함)

출처: Romy Reimer 외(2023). 「공동체 주거형태의 가능성-평가」, 포럼 공동체주거협회, pp.13-85

그림 5 세대융합 공동체 주택 +@ 옵션

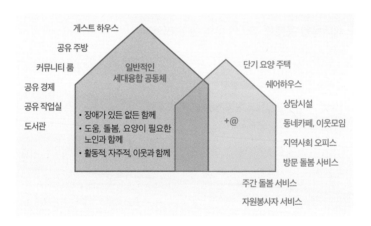

이들 가운데 '세대융합 공동체 +@' 유형은 일반적인 세대융합 공동체 주택에 노년기 생활이나 주거생활에 대한 특별한 요구 사항, 예를 들어 교육, 돌봄, 요양 지원이 필요한 경우를 반영하여 공동생활의 범위를 확장한다. 거주자의 공동생활이 여가 프로그램 개발, 보육 시설 제공, 돌봄 서비스 제공, 요양 생활공동체 구축, 지역사회 오피스 구축과 연계되며, 이로 인해 입주자는 물론이고, 마을 주민들까

지 광범위한 의료 혜택, 돌봄 서비스를 받을 수 있다. 노인들이 삶의 가장 취약한 단계에서도 익숙한 주거지를 떠나지 않고도 사회적 공동생활에 참여할 수 있으며, 지역 전체도 혜택을 받기 때문에 연방정부 및 지방정부가 적극적으로 지원하는 추세이다(Reimer, R., Roeder, S., & Kaiser, M., 2023).

2015~2019년까지 선정된 시범 사업 중 18개가 +@ 옵션을 통합하였는데, 돌봄 쉐어하우스와 이웃 모임을 위한 동네 카페가 가장 많이 채택되었다.

표 6   +@ 옵션의 선정 빈도

	+@ 옵션 프로그램	선정된 수
독일 혼합 공동체 주택 +@ (34개의 시범 사업 중 총 18개의 사업에 해당)	동네 카페, 이웃 모임	10
	돌봄 쉐어하우스	9
	상담시설	8
	자원봉사자 서비스	6
	주간 돌봄 서비스	6
	도움 서비스 주택	3
	쉐어하우스	3
	단기 요양 주택	1

출처: Romy Reimer 외(2023), 「공동체 주거형태의 가능성-평가」, 포럼 공동체주거협회, pp.13-85

+@ 옵션을 주택사업에 통합하기 위해서는 관련자들 간의 협력이 중요하다. 예를 들어, 부동산 개발사 또는 시민 재단이 투자자로서 주택사업을 추진하는 경우가 많은데, 이들은 사회·경제 분야의 전문 서비스 제공자, 해당 지역의 시민단체와 협력적 관계를 형성하며 사업을 진행하기도 한다. 지자체와 시민 재단이 시작한 사업에서도 자금 조달을 위해 위와 같은 협력적 관계를 찾아볼 수 있다. 예를 들어, 외래환자 공유 아파트가 계획된 경우 외래환자 서비스를 제공하는 전문기관과 협력한다. 이웃 돕기, 동네 모임 및 여가활동을 계획하는 경우 지역의 시민단체와 함께 지역사회 오피스 구축을 통해 실현하는 경우가 많다.

4 사례

1) 세대융합 공동체 +@와 통합과 다양성, 슈피겔파브릭(Spiegelfabrik in Fuerth, Germany)

표7 슈피겔파브릭 사례 개요

주소	Johann-Zumpe street 10, 90763 Fuerth	
주택 형태	아파트(소유+임대) – 세대융합, 사회통합 공동체	
준공 연도	2021년	
층수 및 실	건물 1동, 7층, 57세대(41~171m²)	
계약조건	사업 추진자, 주택 소유자, 공공지원 조합원으로 구성된 '슈피겔파브릭 민법상 건축단체'에 가입해야 함	
임대료 구입비	• 일반 조합원으로 가입: 출자금(건축비의 1/3) • 공공지원 조합원으로 가입: 가입비(€1,000 지원금+€100 셀프), 주택 이용료	
개발회사	슈피겔파브릭 민법상 건축단체(Die Spiegelfabrik Baugenossenschaft GbR)	

출처: 슈피겔파브릭 공동체 홈페이지(https://www.spiegelfabrik-fuerth.org)(2024년 4월 환율 기준, €1는 한화 약 1,465원)

■ 개요

위치는 독일 퓌르트(Fuerth)시 남동쪽에 있는 과거 유리공장 대지이다. 여기에 슈피겔파브릭 건축단체가 57세대를 위한 주거유닛, 지역사회 오피스, 커뮤니티 작업실, 공유 정원, 공유 세탁실 등을 갖춘 세대융합 및 사회통합 공동체 주택을 건설하였다. 목표는 저소득층 노인, 학생, 난민, 지적 장애인도 통합할 수 있는 임대주택과 자가소유주택을 균형 있게 혼합하는 것이었다. 이 사업은 다양한 계층의 주민들에게 다양한 공간을 제공하며, 동시에 도심 활성화를 보여주는 모범적 사례로서 2022년 독일 건축주상[4]을 수상하였다.

■ 사업 배경 및 절차

19세기 퓌르트는 유리산업의 중심지로 발전하였지만, 이후 점점 쇠퇴하여 결국 2015년에 유리공장이 문을 닫았다. 이후 5명의 은퇴 예정자들이 모여 기능을 잃어버린 공장부지의 재생방법을 논의하면서 주택사업이 본격적으로 시작되었다. 이들은 사업협력자와 다른 입주자들을 끌어들이기 위해 자가소유주택 외에 공공 보조금을 받을 수 있는 임대주택도 함께 개발하기로 하였다. 이후 입주 예정자들은 공동으로 건축단체를 설립하였고, 하이데와 폰베커라트(Heide & von Beckerath) 건축사사무소와의 협업하에 2021년 드디어 건물을 준공할 수 있었다. 8개의 임대세대 중 4개는 난민이 이용할 수 있게 하였고, 나머지는 지역사회단체와 PEN 클럽(망명한 작가들에게 거주공간을 제공하는 클럽)에게 임대하였다. 1층에는 입주민들과 지자체 직원이 공동으로 운영하는 지역사회 오피스가 설치되어 지역사회의 상호작용과 협력을 촉진하는 '동네 커뮤니티 프로그램(Neighboorhood network)'[5]을 관리하고 있다.

■ 주택 및 주거지 특성

퓌르트시 남동쪽에 있는 대지 주변은 다양한 시기에 건설된 이질적인 건물들과 여기저기 비어있는 공터가 많은 매력 없는 구역이었다. 예전 산업지가 슈피겔파브릭 주택사업으로 인해 생태적이며 노유자 친화적인 지역사회 통합장소로 재생되면서 주변 구역도 서서히 바뀌기 시작했다.

---

4 '독일 건축주상(German Client Prize for Building)'은 독일 주택 건설 분야에서 매우 중요한 상으로, 적정한 비용으로 높은 품질을 이루어낸 프로젝트에 수여된다. 경제성, 건축디자인, 생태학적 측면, 도시적 맥락, 사회적 기여 등이 평가된다. 독일 주택 및 부동산 기업 연합, 독일 연방 건축사협회, 독일 도시협의회가 공동으로 주관하는 상이다.

5 주로 지역사회의 다양한 이해관계자들 간의 협력을 증진하고 지역발전을 위한 프로젝트를 추진한다.

외부 복도에서 함께 가꾸는 화초   레벨 차이를 연결하는 외부계단이   마당이 보이는 공용 세탁방
                           입주민들의 이벤트 공간으로 활용됨

출처: Heide & von Beckerath Architects 홈페이지(https://heidevonbeckerath.com)

약 3,400m² 대지에 건설된 선형의 긴 주택건물의 양쪽 면은 각각 다른 도로를 향해 있다. 이 두 도로는 한 개 층 정도의 레벨 차이가 있는데, 이를 넓은 계단이 연결하고 있으며, 이 계단은 거주자, 마을 주민들이 앉을 수 있는 쉼터 또는 이벤트 공간으로 이용되고 있다. 유리공장 건물 중 철거되지 않은 시설은 리모델링을 통해 목재, 도자기를 다루는 공유 작업실로 활용되고 있으며, 세대를 연결하는 외부 복도, 마당과 옥상 테라스는 놀이터, 커뮤니티 공간으로 이용된다. 입주자 연령대는 30세 이하, 31~49세, 50세 이상이 각각 1/3 정도의 비율로 구성되어 있다. 정기적 조합 회의 외에도 친목 모임, 게임 이브닝 등 거의 매일 다양한 커뮤니티 활동이 자발적으로 이루어지고 있다. 입주 후 2년이 지난 현재, 아파트 주민들의 피드백을 들어보면, 대부분이 위와 같은 공동체 생활이 때로는 약간 피곤할 수도 있지만, 현대 사회에서는 중요하다고 답하고 있다.

57세대 중 55세대가 베리어프리 공간으로 건축되었고, 임대아파트, 자가소유 아파트, 학생들이나 소규모 공동체를 위한 쉐어하우스 아파트로 구성되었다. 이렇게 다양한 공간구성과 배치, 설비 계획은 프리캐스트 강화 콘크리트 구조와 경량 벽체를 이용하여 구현할 수 있었다. 공간구성은 추후 주거유닛이 합쳐지거나 분리될 수 있는 유연성을 가지고 있다.

건물 외벽은 80%가 조립식 목재 패널로 만들어진 하이브리드 건축물이며, CHP(Combined Heat and Power)와 태양광 발전기를 통합한 설비시스템은 필요한 전력의 60%를 공급하고 있다. 이러한 '지속가능성'을 중요시하는 철학은 건물의 설계, 건설, 운영은 물론 이웃과의 생활 속에서도 나타난다. 슈피겔파브릭 공동체는 도구, 세탁기, 자동차는 물론 시간, 지식, 문화적 활동까지 공유하는 Sharing Community의 콘셉트로 계획되었다. 즉, 모든 입주자는 지역사회의 공동체 의식 강화를 위해 자신의 재능을 기부하는 일을 하고 있다. 퓌르트시와 지역 시민단체, 봉사단체도 사업의 구상단계부터 투입되어 협력하였으며, 주택 완공 후에는 지역 커뮤니티 프로그램 운영에 참여하고 있다.

그림 7 기준층 평면도 – 다양한 세대 구성

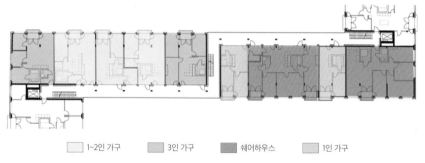

| | 1~2인 가구 | | 3인 가구 | | 쉐어하우스 | | 1인 가구 |

출처: Heide & von Beckerath Architects 홈페이지(https://heidevonbeckerath.com)

그림 8 1층 지역사회 오피스의 활동

시니어 댄스 워크숍   아트(Art) 워크숍   댄스 워크숍

출처: 슈피겔파브릭 공동체 홈페이지(https://www.spiegelfabrik-fuerth.org)

■ 재원 마련

주택 소유 예정자, 개인 투자자 그리고 주정부의 공공지원을 받는 협동조합이 특별한 법적 형태의 '슈피겔파브릭 민법상 건축단체(Die Spiegelfabrik Baugeno- ssenschaft GbR)'를 공동 설립하여 연대 자금 조달 방식으로 건축비를 충당하였다. 총 58세대 중 17세대(쉐어하우스 형태와 독립된 형태의 단위세대)가 공공지원 협동조합의 소유이며, 저소득층 세대, 난민을 위한 주거공간도 여기에 속해 있다. 이들은 '임대료'가 아닌 '주택 이용료'를 건축조합에 지급한다. 지역사회 오피스 건축, 프로그램 개발 및 운영에는 지자체의 보조금을 받았는데 이는 슈피겔파브릭 공동주택 사업이 연방정부의 '함께 살기, 독립적으로 살기' 프로그램의 지원모델로 선정되었기 때문이다. 그밖에도 독일 연방정부 금융기관(Kreditanstalt fuer Wiederaufbau, KfW)의 '에너지 효율적인 건물 구축 보조금'도 재원의 일부를 구성했다.

2) 생태학적 지속가능성, 리틀 코하우징(Little-Cohousing)

표 8 리틀 코하우징 사례 개요

주소	Auf dem Stahlseil 7, 50733 Koeln Nippes	
주택 형태	아파트(분양) - 시니어 코하우징 중심의 세대융합 공동체	
준공 연도	2019년	
층수 및 실	• 4층+지하층, 11세대 • 시니어 코하우징 세대: 48~56m² • 그 외 세대: 39~119m²	
계약조건	입주민 공동체에 가입해야 함	
분양가	• 약 €3,800/m² - 쾰른 시세의 약 66% • 시니어코하우징 세대 약 €2,600/m² (일반 세대별 적용되는 금융비용의 1/4만 할당됨)	
개발회사	분쉬나흐바른 민법상 건축단체(=입주민 공동체)	

출처: 분쉬나흐바른 건축단체 홈페이지(https://wunschnachbarn.de)(2024년 4월 기준, €1는 한화 약 1,465원)

■ 개요

'분쉬나하바른 민법상 건축단체(Wunschnachbarn GbR)'는 구 산업 황무지에 총 11세대로 구성된 세대융합 주거 공동체를 실현하였다. 특히 노인들의 공동생활을 위한 혁신적인 접근 방식으로 한 개의 층이 4개의 원룸 주거(침실, 욕실, 소규모 주방시설 포함)와 공동 주방 및 공동 식사공간으로 구성된 코하우징 세대로 구성되었다. 코하우징 입주자들은 일상생활 속 상호지원과 요리, 식사 등의 공동체 생활이 가능하며, 동시에 개인의 프라이버시도 가질 수 있다. 다른 층은 다양한 형태의 가구를 위한 개별 단위세대로 구성되어 있다.

■ 사업 배경 및 절차

학생 시절 쉐어하우스에서 지냈던 즐거운 기억을 가진 4명의 시니어(58~66세), 그리고 그 외 공동체 주택에서 살기 희망한 다양한 가구들로 구성된 분쉬나하바른 건축단체가 힘을 모으기 시작했다. 시니어 코하우징 세대와 독립형 세대가 혼합된 형태의 공동주택을 구하기는 쉽지 않았기 때문에, 새로운 건축설계가 필요했다. 특히 공동소유 공간과 개인 소유 공간이 구분되는 코하우징 단위세대 유형에 대한 특별한 허가절차도 필요했다. 2015년 연방정부의 국비 지원 프로젝트로 선정되면서 지자체 소유의 대지를 낮은 가격으로 낙찰받은 후, 건축사업은 본격적으로 추진되었다. 분쉬나하바른 구성원들은 입주민이면서 동시에 사업개발자이기 때문에 사업 관련 모든 부분을 직접 결정해야 했다. 그리고 이는 고도로 구조화된 합의 중심 프로세스에 따라 이루어졌다.

■ 주택 및 주거지 특성

'리틀 코하우징' 주택이 건설된 대지는 과거 고무공장이 있었던 '클라우드 웍스(Clouth Works)'에 위치하는데, 고무공장 철거 후 오염물이 제거된 대규모 도시재생 사업지에 속한 구역이다. 이 도시재생 사업지는 쾰른 도심 북쪽에 위치하며, 미래에 약 1,000채 규모의 새 아파트 단지가 건설될 예정이다. 양질의 대중 교통망, 활기 넘치는 쇼핑 거리, 이웃 주거지와 광장, 다채로운 바와 레스토랑 등 좋은 거주환경을 가지고 있다. 고무공장 건물 중 몇 개는 철거되지 않고 공공주택과 빵집,

카페 등이 있는 공공시설로 재생될 예정이며 놀이터를 갖춘 넓은 공공녹지도 '리틀 코하우징' 대지 인근에 조성되었다.

* '리틀 코하우징' 아파트는 도시재생사업을 통해 새로운 주거지로 바뀐 구 산업단지 중심에 건설되었다.

출처: 분쉬나흐바른 건축단체 홈페이지(https://wunschnachbarn.de)

그림 10 3층 콘셉트 스케치와 평면도

콘셉트 스케치   평면도

출처: 분쉬나흐바른 건축단체 홈페이지(https://wunschnachbarn.de)

'리틀 코하우징'의 입주자는 노인, 자녀가 있는 가족, 청년 등 총 25명이다. 건물 1층, 2층, 4층은 층별 2~3개의 단위세대로 구성되어 있고, 3층에는 5세대가 코하우징 형태로 거주할 수 있는 1개의 주거유닛이 있다. 이 아파트는 현재 전용 주방, 전용 욕실과 전용 발코니를 갖춘 4개의 원룸 주거(40~48㎡)와 1개의 공유 주

방 및 식사공간, 공유 복도(공유공간 면적 총 34m²)를 가지고 있다. 현재는 1인당 48~56m²의 전용면적으로 분양가를 계산하여 거주하고 있다. 3층 평면을 보면, 북동쪽에 4층과 연결된 복층 세대(2명의 자녀가 있는 가족)의 공간이 위치하는데, 추후 아이들이 자라서 독립하면 이 공간을 다섯 번째 원룸으로 개조할 수 있도록 미리 문틀까지 설치해두었다.

그림 11 1층 평면도, 4층 평면도

| □ 세대 1 | ■ 세대 2 | ■ 커뮤니티룸, 게스트룸 | □ 세대 7 | ■ 세대 8 | ■ 공용 테라스 |

1층 평면도   4층 평면도

출처: Mein EigenHeim(2023). "Neues Wohnen in Koeln-Nippes-Gemeinsam im Quartier", 「Mein EigenHeim-Bauen Wohnen Leben」, 4월호, pp.11-15

지상 1층에는 게스트룸, 공유 주방이 있는 커뮤니티 공간이 배치되어 있고, 여기에 공유 테라스와 공유 정원이 연결되어 있다. 공유 정원은 야채와 과일 등을 재배하는 공간이지만, 부분적으로는 어린이 놀이터, 쉼터로 활용된다. 지하층에는 공유 세탁실, 공유 수리 및 작업실, 지하주차장이 있다. 건물의 운영 및 관리는 입주민들이 공동으로 담당하고 있다.

건물은 복합단열시스템, 열회수 시스템의 기계식 환기 등을 이용하여 패시브하우스로 구축되었으며, 파사드 녹지화를 위해 구조체가 마련되었는데, 현재 그곳에 6개의 포도나무가 자라고 있다. 거주자들은 포도를 수확하여, 와인, 주스로 가공하거나, 옥상 테라스의 소규모 벌꿀 양봉장에서 수확한 벌꿀과 함께 상품으로

도 출시할 예정이다. 그밖에도 공동체는 카쉐어링 시스템, 전기자동차 충전소, 대여 가능한 전동 보조식 화물 자전거 등 지속가능하고, 친환경적인 모빌리티를 위해 노력하고 있다.

그림 12 정원과 커뮤니티룸

| 정원 | 정원과 연결된 커뮤니티룸 | 수확물 |

출처: 분쉬나흐바른 건축단체 홈페이지(https://wunschnachbarn.de)

■ 재원 마련

이 사업은 2015년에서 2019년까지 연방정부의 '함께 살기, 독립적으로 살기' 프로그램의 지원사업으로 선정되었고, 이를 통해 받은 보조금 €30,000(2023년 4월 환율 기준, €1는 한화 약 1,450원)은 시니어 코하우징 계획에 집중적으로 투입되었다. 그밖에 패시브 하우스 건설을 위한 지원금, 독일 연방정부 금융기관의 저금리 대출금, 그리고 공동체에 속한 각 세대의 자본금으로 재원이 마련되었다.

3) 통합과 다양성, 갈리아 3(Galia 3, Saarbrücken) 공동주택

■ 개요

'갈리아 3'은 2013년 설립된 갈리아 협회가 자르브뤼켄 지역에 건설한 세 번째 세대융합 주택사업이다. '노인과 젊은이가 함께 - 사회적 통합과 착한 임대료'를 목표로 했던 이 세 번째 사업은 저소득층 노인 유입에 중점을 두었다.

표 9	갈리아 3 사례 개요

주소	Im Knappenroth 6-4, Saarbrücken
주택 형태	저소득층 노인 중심 세대융합 + 사회통합 공동체
준공 연도	2018년
층수 및 실	공공아파트 단지 내 주거동 1개, 5층, 17세대(68~103m²)
계약조건	사업 추진자, 세입자로 구성된 '갈리아(Galia) 비영리 협회'에 가입해야 함
임대료	1~4층: €11/m², 5층: €13/m²(난방비 포함, 주차장 사용료 €50/월 별도)
개발회사	'갈리아(Galia) 비영리 협회' + 민간 부동산개발업자

출처: 갈리아 공동체 홈페이지(https://www.galiasaar.de)(2024년 4월 기준, €1는 한화 약 1,465원)

■ 사업 배경 및 절차

50대에서 70대 사이의 열정적이고 헌신적인 중·장년층들이 2013년 '갈리아 비영리 협회(Galia e.V.)'를 공동으로 설립하여 본인들을 위한 주택사업을 추진하였는데, 이를 통해 갈리아 협회의 첫 번째 세대융합 공동체 주택이 실현되었다. 21개의 단위세대로 구성된 이 아파트는 한 건물에 분양세대와 임대세대가 혼합된 공동주택이다. 이후 2015년에 건축된 '갈리아 2' 공동주택은 청년층과 노년층을 혼합한 31세대와 커뮤니티 공간이 있는 건물로 갈리아 1에서 그리 멀지 않은 장소에 건설되었다. 두 건물의 입주자들은 영화, 연극, 교육 강좌 등 공동으로 참여할 수 있는 다양한 프로그램을 기획하고 실행에 옮겼다.

이러한 입주민들의 좋은 반응에 힘을 얻은 갈리아 협회는 2018년 세 번째 주택사업으로 저소득층 노인의 사회적 통합을 목적으로 한 '갈리아 3' 공공주택사업을 추진하였다. 기존 갈리아 건물 인근에 건설 중이었던 공공주택단지의 개발업자를 설득하여, 단지 내 주거동 1개를 갈리아 3 주거동으로 건축할 수 있었다. 건물 1층 한 부분은 협회 차원에서 임대하여 입주민들이 커뮤니티 공간으로 활용할 수 있도록 디자인하였다.

그림 13 갈리아 1과 갈리아 3 공동주택

갈리아 1   갈리아 3

출처: 갈리아 공동체 홈페이지(https://www.galiasaar.de)

■ 주택 및 주거지 특성

그림 14 갈리아 3의 공동주택 평면도

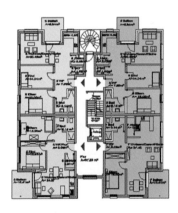 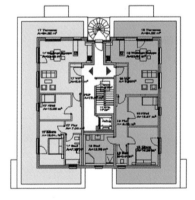

기준층 평면도   펜트하우스 평면도

출처: 갈리아 공동체 홈페이지(https://www.galiasaar.de)

'갈리아 3' 공동체는 2018년 상점, 대중교통, 병원, 학교 및 지역 휴양지가 도보로 가까운 거리에 있는 임크나펜로트(Im Knappenroth) 지구의 공공주택 단지 내 주거동에 입주하였다.

건물은 1층에서 4층까지 층별 4개의 단위세대로, 5층은 2개의 펜트하우스로 구성되어 있다. 모든 세대는 발코니 또는 테라스를 갖추고 있다. 2023년 11월 기준 3~83세 나이의 입주민 28명이 거주하고 있다.

갈리아 협회는 지상 1층에 있는 단위세대 1개를 커뮤니티 공간으로 변경하였는데, 이곳에서는 정기적 아침 식사와 놀이, 교육 외에도 입주민 공동체 의식을 강화할 수 있는 다양한 활동(크리스마스 공예, 재림절 축하 파티, 청어 저녁 식사, 옥토버페스트, 새해 전야 파티와 같은 각종 민족행사)이 이루어지고 있다. 또한, 정기적인 입주자 회의를 통해 운영과 관리 방안이 논의되기도 한다. 입주자들은, 갈리아 협회 차원의 공식적 활동 외에도 자발적으로 영화관 방문, 사이클링 및 하이킹 투어, 볼링, 축구, 전시회 방문 등을 계획하여 단체활동을 추진하는 경우가 많다. 이밖에도 동네의 다른 사회적 공동체와 협업하여 행사를 개최하면서 공동체 개발에 대한 오랜 경험을 주변에 전수하고 있다. 독일 건강보험공단(Allgemeine Ortskrankenkasse, AOK)에서 매년 지역별로 건강한 이웃 관계 증진을 도모한 혁신적인 공동체를 선발하여 수상하고 있는데, 자르브뤼켄(Saarbruecken) 지방에서는 2021년에 갈리아 공동체가 수상하였다.

그림 15 갈리아 1, 2, 3의 주거 공동체

입주자 놀이 1

입주자 놀이 2

크리스마스 파티

| 연극 모임 | 합창 모임 | 아침 식사 매월 1회 |

출처: 갈리아 공동체 홈페이지(https://www.galiasaar.de)

■ 재원 마련

갈리아 협회의 첫 번째 사업은 당시 입주민이었던 협회 설립자들의 자금으로 추진되었지만, 다른 두 사업은 민간 부동산 개발사(BAu Immobilien GmbH)의 자금 조달로 이루어졌다. 또한, 비영리 건축협동조합이 건축계획 및 건설에 참여하였으며, 연방정부의 '친숙한 환경에서의 노년기' 프로그램의 모델 사업으로 선정되어 1층 세대를 커뮤니티 공간으로 개조할 수 있었다. 갈리아 3의 세입자들은 부동산 개발사와 직접 임대계약을 체결하고 있으며, 저소득층 노인가구는 임대료와 공용 면적에 대한 비용을 부분적으로 면제받고 있다.

5 시사점

지금까지 독일의 노인들을 위한 다양한 주택 유형 중 국비 지원사업 모델로 선정되었던 세대융합 공동체 주택에 대해 알아보았다. 사례들은 모두 주민 주도형 사업이며, 개발 과정에서 정부와 지자체의 지원, 지역사회와의 협력, 부동산 개발사의 자본 등이 사업 구체화에 큰 역할을 하였다.

1) 도시재생과 지역 활성화를 위한 허브 역할

독일의 국비 지원 '세대융합 공동체' 개발에는 지역의 장기적 도시재생 전략, 예를 들어 구 산업지를 생태적 주거환경으로 재생하거나, 쇠퇴하는 도심의 물리적 밀도를 높이고 사회적, 경제적 활성화를 이루는 지자체의 전략이 반영되고 있다. '리틀 코하우징' 프로젝트는 20세기 산업지를 생태적, 친환경적 구역으로 바꾸는 역할을 하였고, '슈피겔파브릭' 프로젝트도 해당 지역의 역사적 상징성을 가진 장소에 구현되어 지역의 정체성 확립에 도움을 주고 있다. 또한, 지상 1층에 설치된 지역사회 오피스나 커뮤니티 공간은 해당 주민공동체뿐만이 아니라 지역사회에도 서비스를 제공하며 커뮤니티 허브 역할을 할 수 있는 잠재력을 가지고 있다.

2) 재원 확보에 촉매 역할을 하는 정부와 지자체의 지원금

정부나 지자체의 지원금은 사업 자금을 추가로 확보하는데 촉매 역할을 할 수 있다. '리틀 코하우징'에서는 소규모 주민 단체가 시작한 개발 구상이 국비 지원사업에 선정되면서 실제 자금을 투자하는 입주예정자, 사업 추진자들을 추가로 확보할 수 있는 길이 열리기 시작했다. '슈피겔파브릭 건축조합'도 주정부의 저소득층 협동조합 구현 모델에 선정되면서 연대자금조달 방식을 선택할 수 있었다.

3) 공동체 유지를 위한 입주민의 참여와 공공 서비스 지원

독일 사례는 세대융합 공동체를 지속적으로 유지하기 위한 프로그램 개발에 입주민의 자발적 참여와 공공의 지원이 필요함을 보여준다. 사례에서 입주자 단체는 정기적으로 공동식사 자리, 행사 자리를 마련하고 있으며, 이웃 주민들도 함께 참여할 수 있는 워크샵, 레크리에이션 프로그램을 지자체와 공동으로 개발하고 운영한다.

공동체 내 개개인은 함께 사는 이웃들의 도움 외에도, 지역사회의 비영리단체가 운영하는 서비스의 지원도 필요하다. 이러한 니즈를 충족시키는 지역사회의 교육, 직업 훈련, 건강보조 등의 프로그램이 지속적으로 개발되고 유지되기 위해서 국비 지원 프로그램들이 큰 역할을 하고 있다.

참고문헌

- Baugemeinschaft Wunschnachbarn WEG. (2023). Housing project. https://wunschnachbarn.de
- Bundesarbeitsgemeinschaft der Seniorenorganisationen e.V. (2023). MORPHIA: Ein Roboter für aeltere Menschen(TU Ilmenau). https://ki-und-alter.de/morphia-ein-roboter-fuer-aeltere-menschen
- Deutsches Zentrum fuer Altersfragen. (2022). Deutscher Alterssurvey 1996-2021. https://www.dza.de/fileadmin/dza/Dokumente/Forschung/FDZ_DEAS-Doku/DEAS_Variablendokumentation_1996-2021.pdf
- Deutschland sicher im Netz e.V. (2024). Digitaler Engel. https://www.digitaler-engel.org, https://ki-und-alter.de/morphia-ein-roboter-fuer-aeltere-menschen
- Deutsche BauZeitschrift. (2022, May). Spiegelfabrik-Fuerth. https://www.dbz.de/artikel/dbz_spiegelfabrik_fuerth-3761226.html
- Galia e. V. (2023). Housing projects. https://www.galiasaar.de
- Heide & von Beckerath Architects. (2021). Spiegelfabrik. https://heidevonbeckerath.com
- Hochschule Kempten. (2024). AAL Living Lab. https://www.hs-kempten.de/fakultaet-soziales-und-gesundheit/labore/aal-living-lab
- Mein EigenHeim-Bauen Wohnen Leben. (2023). Neues Wohnen in Koeln-Nippes-Gemeinsam im Quartier. Mein EigenHeim-Bauen Wohnen Leben, 2023(4). 11-15.
- Reimer, R., Roeder, S., & Kaiser, M. (2023). Potenziale Gemeinschaftlicher Wohnformen - eine Bilanz. FORUM-Gemeinschaftliches Wohnen e.V. Bundesvereinigung.
- Spiegelfabrik e.V. (2023). The cooperative principle. https://www.spiegelfabrik-fuerth.org
- The Demographic Portal - Federal and State Governments in Germany. (2023). Aeltere Bevoelkerung. https://www.demografie-portal.de/DE/Fakten/aeltere-bevoelkerung.html
- The Federal Ministry for Family Affairs, Senior Citizens, Women and Youth. (2023). Policy for senior citizens. https://www.bmfsfj.de/bmfsfj/meta/en/older-persons

- The Federal Ministry for Family Affairs, Senior Citizens, Women and Youth. (2023). Aging at home – Shared or communal housing projects. https://www. serviceportal-zuhause-im-alter.de/english/lighthouse-projects.html
- The Federal Statistical Office. (2023). Statistics for population of Germany. https://www.destatis.de/DE/Themen/Gesellschaft-Umwelt/Bevoelkerung/ Bevoelkerungsstand/Tabellen/bevoelkerung-altersgruppen-deutschland.html

CHAPTER

03

지역사회 연계형

싱가포르, 지역과 함께하는
세대공존형 노인주거단지
최윤경

　싱가포르는 인구구조의 급격한 변화로 2018년 고령사회에 진입하였으며, 2030년에는 초고령사회로 진입할 것으로 전망되고 있다. 이러한 사회적 변화에 대응하여 싱가포르는 고령자들의 생활 및 주거안정을 위해 다양한 정책과 주택유형을 제공하고 있다. 특히 싱가포르의 주거정책은 고령자들이 경제적, 사회적, 의료적 측면에서 지원을 받을 수 있는 통합된 환경을 조성하는 데 초점을 맞추고 있다. 이 장에서는 고령자를 위한 구체적인 주거정책 및 유형을 살펴보고, 싱가포르의 첫 복합형 노인복지주택인 캄풍 애드미럴티(Kampung Admiralty)와 첫 커뮤니티 케어 아파트인 하모니 빌리지@부킷 바톡(Harmony Village@Bukit Batok)의 사례를 통해 고령층을 위한 다양한 주거정책의 실제적 적용과 성과를 확인하고자 한다. 이들 사례는 단순히 노인주택을 제공하는 것을 넘어서 주거와 관련된 통합 서비스를 제공하여 고령자들의 삶의 질을 향상시키고, 그들의 지역사회에서의 사회적 고립을 방지하며, 자립적으로 생활할 수 있도록 지원하는 싱가포르의 고령자 주거정책의 방향성을 잘 보여주고 있다.

1 노인인구의 변화

1) 인구구조의 변화

싱가포르의 인구는 2023년 기준 591.7만 명으로, 중국인 74.0%, 말레이 13.5%, 인도인 9.0%, 기타 인종 3.4% 등으로 구성된 작지만 다양한 문화적 배경을 가진 다민족 국가이다. 총 인구는 591.7만 명이지만 그중 싱가포르 시민권자와 영주권자는 414.9만 명으로 나머지 약 30%에 해당하는 인구가 외국인으로 구성되어 있는 것이 특징이다. 인구밀도는 8,058명/km²으로 서울(15,551명/km²)과 비교하면 낮지만 수도권(2,195명/km²)과 비교하면 약 3.7배 높은 수준이다. 우리나라와 마찬가지로 기대수명 연장과 출생률 감소 등으로 싱가포르의 인구 고령화가 빠르게 진행되어 65세 이상의 고령인구가 지속적으로 증가하고 있다. 싱가포르 통계청(2023)에 따르면 65세 이상 고령인구는 지난 10년간 빠르게 증가하여 2013년에는 약 40.4만 명으로 전체 인구의 10.5%에 해당하는 수준에서 2018년에는 약 54.8만 명으로 증가하며 전체 인구의 14.4%를 차지하며 고령사회에 진입하였다. 2023년 기준으로는 약 71.8만 명까지 증가하여 65세 이상의 고령인구는 전체 인구의 17.3%를 차지하고 있다.

그림 1 **싱가포르 연령대별 인구구성**

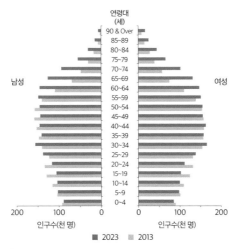

출처: 싱가포르 통계청(2023), Population Trends 2023, Singapore Department of Statistics, p.3

이러한 증가 추세는 지속될 것으로 예상되어 싱가포르 국가인구재능부(2023)에 따르면 2030년에는 싱가포르 시민권자 4명 중 1명이 65세 이상 고령인구인 초고령사회로 진입하여 전체 인구의 24.1%를 넘어설 것으로 전망되고 있다. 또한 80세 이상의 노인인구도 2013년 약 8.2만 명에서 2023년 약 14만 명으로 증가하여 지난 10년 동안 1.7배 증가하였다. 싱가포르 거주자의 출생 시 기대수명은 2022년 83세로 지난 10년에 비해 여성과 남성의 기대수명이 모두 증가했으며, 여성의 기대수명이 남성의 기대수명보다 4.5년 높은 것으로 나타났다. 경제협력개발기구(OECD) 평균 기대수명은 2021년 80.5세(OECD, 2023)인 것과 비교했을 때 싱가포르의 기대수명은 높은 수준으로 볼 수 있다. 싱가포르 거주자의 중위연령도 2013년 38.9세에서 2023년 42.4세로 상승하였으며, 시민권자의 중위연령 또한 같은 기간 동안 40세에서 43세로 상승하여 고령화가 계속 진행되고 있음을 확인할 수 있다.

2) 노인인구의 거주현황

가구주 연령이 65세 이상인 노인가구 중에서 배우자와 미혼자녀와 함께 거주하는 가구형태가 가장 많이 나타나 2022년 기준 전체 가구의 33.7%를 차지했다. 다음으로 자녀 없이 배우자와 같이 거주하는 경우가 27.3%, 단독으로 거주하는 노인 1인 가구형태가 23.1% 순으로 높게 나타났으며, 65세 이상의 가구주가 고령의 편부모를 부양하며 함께 사는 경우도 5.2%로 나타났다. 연령이 낮은 다른 가구주들의 가구형태와 비교했을 때 자녀의 독립, 배우자의 사별, 혹은 비혼 등으로 혼자 사는 단독노인가구의 형태가 가장 높은 것으로 나타났으며, 자녀와 함께 거주하는 비율은 현저히 낮은 것으로 나타났다. 특히 다른 연령대의 1인 가구들과 비교했을 때 35세 미만의 청년 1인 가구가 전체 청년가구의 16.4%로 나타난 것에 비해 노인 1인 가구는 전체 노인가구의 23.1%로 높은 비율을 차지하고 있음을 알수 있다. 지난 10년 동안 자녀를 둔 가구의 비율이 전반적으로 감소하고 1인 가구의 비율은 증가한 것으로 보아 출산율의 감소 추세와 연관성이 있다. 이러한 추세는 고령인구의 비율이 계속해서 증가할 것임을 의미하며, 특히 1인 노인가구의 빠른 증가에 대응한 지원이 마련되어야 함을 시사한다.

그림 2 가구주 연령에 따른 가구구성 비율

(단위: %)

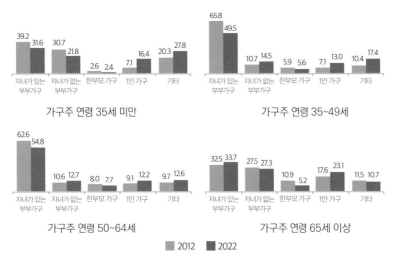

가구주 연령 35세 미만

가구주 연령 35~49세

가구주 연령 50~64세

가구주 연령 65세 이상

■ 2012 ■ 2022

출처: 싱가포르 통계청(2023), Population Trends 2023, Singapore Department of Statistics, p.23

싱가포르 주택개발청(Housing and Development Board, HDB)에서 65세 이상의 노인인구와 55세부터 64세 사이의 예비노인인구를 대상으로 실시한 2018년 가구조사에 따르면 일상생활지원이 필요한 노인이 되었을 때 가장 이상적이라고 생각하는 거주형태는 자신의 집에서 가족구성원의 부양을 받거나 가사도우미의 도움을 받아 거주하기를 희망하는 비율이 노인인구는 46.2%, 예비노인인구는 41.2%로 가장 높게 나타났으며, 이러한 선호도는 2013년에 비해 증가하는 추세를 보였다. 자녀의 집으로 들어가 거주하는 것을 선호하는 노인인구(25.5%)와 예비노인인구(31.4%)의 응답이 그다음으로 높게 나타났으나, 2013년과 비교했을 때 이러한 선호는 감소한 것으로 나타났다. 반면 요양기관으로 입주하거나 자신의 집에서 전문적인 지원을 받는 거주형태를 선호하는 노인인구(17.4%)와 예비노인인구(14.5%)는 2013년 대비 증가한 것으로 나타나 자녀세대에게 부양의 책임을 지우기보다 전문적인 지원 서비스를 이용하고자 하는 인식의 변화가 일어났음을 알 수 있다. 하지만 여전히 가족의 돌봄을 받으며 거주하는 것을 이상적인 거주형태로 생각하는 인식이 강하게 남아있으며, 이는 싱가포르 보건부의 정책 기조인 노후에 대한 책임은 개인에서부터 시작해야 하며, 이를 달성하기 위해서는 가족의 돌봄과 지원이 최우선적으로 고려되어야 하고 정부와 지역사회는 이를 돕기 위한 지원적 역할을 수행해야 한다는 정책적 방향과 일치하는 모습을 보여준다.

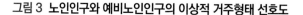
그림 3 노인인구와 예비노인인구의 이상적 거주형태 선호도

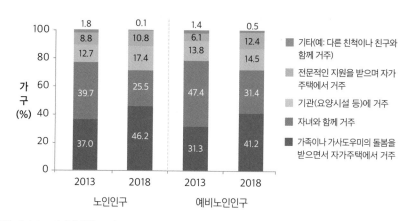

출처: 싱가포르 주택개발청(2021), Public Housing in Singapore: Social Well-Being of HDB Communities and Well-Being of the Elderly, HDB Sample Household Survey 2018, Housing and Development Board, p.183

싱가포르의 자가점유율은 2023년 기준 89.7%이며, 현재 전체 인구의 약 77%가 주택개발청에서 공급하는 공공주택(HDB)[1]에 거주하고 있다. 대다수의 노인인구는 HDB에 거주하고 있는데 2023년 기준 65세 이상 노인인구의 HDB 거주비율은 80.7%로 나타나 2000년 82.3%에 비해 소폭 감소하는 추세를 보이고 있으나, 2000년 이후 전반적으로 80%대의 거주비율 수준을 유지하고 있다. 노인인구

---

1 싱가포르는 공공의 목적을 위한 대규모 토지획득을 위해 1966년 「토지수용법」을 제정하였다. 제정 당시 전체 국토의 40%였던 국유지 비율은 현재 90% 이상으로 증가했으며, 토지소유권 확보로 주택개발청을 통한 공공주택(HDB)을 공급하고 있다. HDB는 규모에 따라 여러 형태로 구분되는데 2실형 HDB는 1개의 침실과 1개의 욕실, 거실 및 식사공간, 부엌, 방공호(Household Shelter)를 포함하고 있으며, 3실형 HDB는 욕실이 딸린 마스터 침실을 포함하여 총 2개의 침실과 거실 및 식사공간, 부엌, 화장실, 방공호로 구성되어 있다. 4실형 HDB는 3실형에서 1개의 침실과 서비스 야드(Service Yard)가 추가된 형태이며, 5실형 HDB는 4실형과 같은 구성이나 거실공간에 스터디공간으로 쓸 수 있도록 면적이 더 추가된 형태이다. 고급형 HDB(Executive HDB)도 5실형과 유사한 구성이나 면적이 더 큰 형태이다.

의 주택유형별 거주비율은 2023년 기준 방의 개수가 4개인 4실형 HDB가 30.8% 로 가장 많은 비중을 차지하고 있고, 이어서 5실형과 고급형 HDB(22.7%), 3실형 HDB(19.3%), 콘도미니엄과 아파트(8.9%), 2실형 이하 HDB(8%), 단독주택(7.9%), 기 타 주택유형(2.5%) 순으로 분포하고 있다.

HDB에 거주하는 고령인구의 비율은 주택 규모에 따라서 변화의 차이를 보였 는데, 4실형, 5실형, 고급형에 대한 고령인구의 거주비율은 2000년 이후 지속적 으로 증가한 반면, 3실형의 거주비율은 감소하였다. 싱가포르의 고령자들은 배우 자 및 자녀와 함께 거주하는 비율이 아직까지 가장 높기 때문에 세대 간의 동거가 편리한 4실형 이상 규모의 큰 주택에 대한 수요가 지속적으로 나타난 것으로 해석 할 수 있다. 2실형 이하 소형주택의 고령인구 거주비율은 2010년까지는 감소하는 추세를 보였으나 그 이후 소폭 증가하였다. 콘도미니엄, 아파트, 단독주택 등의 민 간주택에 거주하고 있는 고령인구의 비율은 조금씩 상승하여 2023년에는 19.7% 로 나타났으며, 이는 주로 콘도미니엄과 아파트에 거주하는 고령인구가 늘어나면 서 발생한 것으로 보여진다. 반면 단독주택에 거주하는 고령인구의 비율은 2000 년 이후 지속적으로 감소하고 있어 단독주택에 대한 고령인구의 선호가 줄어든 것 을 확인할 수 있다.

표 1 **65세 이상 노인인구 주택유형별 거주현황**

(단위: %)

주택유형	2000	2005	2010	2015	2020	2023
전체 HDB	82.3	81.9	81.3	80.9	80.6	80.7
2실형 이하 HDB	9.0	7.9	7.2	7.4	7.7	8.0
3실형 HDB	26.7	25.2	24.4	22.1	20.2	19.3
4실형 HDB	28.8	29.4	29.5	30.0	30.6	30.8
5실형 & 고급형 HDB	17.3	19.1	19.9	21.2	22.1	22.6
기타 HDB	0.5	0.3	0.3	0.2	0.0	0.0
콘도미니엄 & 아파트	4.4	5.5	6.1	7.4	8.4	8.9
단독주택	10.2	9.8	9.4	9.0	8.4	7.9
기타	3.1	2.8	3.2	2.7	2.6	2.5

출처: 싱가포르 통계청(2023), https://tablebuilder.singstat.gov.sg/table/TS/M810381(자료에 근거하여 저자 작성)

주택 규모와 관련하여 고령인구의 거주현황을 살펴보면 2023년 65세 이상 노인인구 중 120m² 이상의 주택에 거주하는 비율(28.5%)이 가장 높게 나타났으며, 동일한 규모에 거주하는 전체 인구의 비율(28.0%) 또한 비슷하게 나타났다. 싱가포르의 평균 가구원수가 2023년 기준 3.11명²인 것을 고려하면 기존의 큰 규모의 주택을 유지하는 현상이 이어지는 것을 알 수 있다. 그 다음으로는 소폭의 차이로 80m² 이하의 주택에 거주하는 비율(27.2%)이 높은 것으로 나타났다. 특히 노인인구가 80m² 이하의 주택에 거주하는 비율은 전체 거주인구의 비율(19.4%)보다 높게 나타났는데, 이는 고령의 거주자들이 비교적 작은 규모의 주택에 거주하는 것을 선호하는 것으로 해석할 수 있다. 특히 퀸스타운(Queenstown)과 아우트램(Outram) 등과 같은 싱가포르의 일부 지역에서는 80m² 이하의 주택에 거주하는 고령인구의 비율이 50%가 넘는 것으로 나타나 작은 규모의 주택에 거주하는 노인인구 분포는 지역적으로 큰 차이를 보이고 있다.

그림 4 전체 거주인구와 노인인구의 거주면적 비율(2023년)

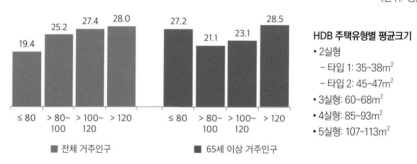

(단위: 명)

출처: 싱가포르 통계청(2023), Population Trends 2023, Singapore Department of Statistics, p.16

---

2 싱가포르의 평균 가구원수는 우리나라 평균 가구원수(2022년 기준 2.2명)보다 높은 수준이다.

그림 5 80m² 이하 주택에 거주하는 65세 이상 고령인구 비율

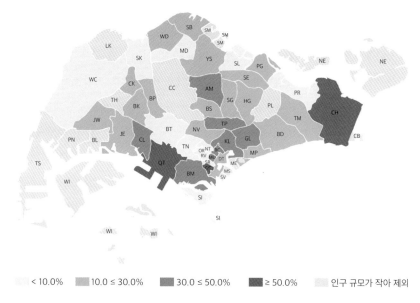

< 10.0%   10.0 ≤ 30.0%   30.0 ≤ 50.0%   ≥ 50.0%   인구 규모가 작아 제외

출처: 싱가포르 통계청(2023), Population Trends 2023, Singapore Department of Statistics, p.16

2 고령화 대응 정책 및 지원제도

　　싱가포르는 고령자를 위한 다양한 주거정책을 시행하여 그들의 생활 및 주거안 정성을 증진하고자 노력해 왔다. 중앙적립기금(CPF)을 통해 자가소유를 위한 주택 자금을 지원하며, 실버 주택 보너스와 임대 환매 제도를 통해 고령층의 주택매각 시 혜택을 제공하여 노후에 필요한 생활비로 사용할 수 있도록 하고 있다. 주택 보 조금과 입주우선권 제도를 통해 고령자의 지역사회 계속 거주(Ageing In Place)를 지원하고 있다. 주택개조 지원사업은 주거환경을 개선하여 노인친화적인 주거환경 조성을 지원하고 있으며, 재가노인을 위한 복지정책은 자택에서 건강하고 안정적으 로 생활할 수 있도록 다양한 홈케어 서비스를 제공하고 있다. 이러한 종합적인 지원 책은 고령자들이 더 나은 삶을 영위할 수 있도록 돕는 데 초점을 맞추고 있다.

1) 주택정책

■ 중앙적립기금(Central Provident Fund, CPF)

중앙적립기금은 싱가포르 사회보장 시스템의 주요 제도로써 처음 도입되었을 때는 싱가포르 시민권자와 영주권자의 은퇴 이후의 안정적인 삶을 위한 노후대비 자금 마련을 목적으로 운영된 의무저축 프로그램이다. 이후 자가소유를 위한 주택자금지원, 의료비 지원 기능 등이 추가되어 복합적인 종합 사회보장제도로 자리잡아 싱가포르 시민은 의무적으로 가입해야 한다. 중앙적립기금은 주택구입, 교육, 투자 등에 사용 가능한 일반계좌(Ordinary Account), 의료비 지출을 위한 의료저축계좌(Medisave Account), 노후 자금용인 특별계좌(Special Account) 등 세가지의 계좌에 나누어서 불입된다. 각 계좌는 관리가 별도로 이루어지지만, 계정 간의 이체가 가능하다. 일반계좌의 자금을 활용하여 공공주택이나 민간주택을 구입할 수 있으며, 초기 계약금(Downpayment) 지급이나 매월 원리금 상환액으로 사용가능하다. 공공주택 구입에 중앙적립기금을 활용하는 경우에는 가구보호제도(Home Protection Scheme)[3] 가입이 요구된다.

55세가 되면 일반계좌와 특별계좌가 합산되어 은퇴계좌(Retirement Account)가 생성이 되며, 55세 미만에는 최대 연 5%의 이자가 주어지고, 55세 이후에는 최대 연 6%까지 이자를 받을 수 있다. 65세 이후에는 은퇴계좌자금을 이용하여 평생연금(CPF Lifelong Income For the Elderly, CPF LIFE)을 구입할 수 있으며, 해당 프로그램을 통해 사망 시까지 매월 수령할 수 있는 연금으로 지급받게 된다. 평생연금의 저축액은 정부에 의해 보장이 되고 있다. 연금 수령 금액에 따라 저축되어야 하는 금액이 정해져 있는데, 평생연금의 기본플랜을 바탕으로 계산했을 때 은퇴 후 매월 S\$1,510~1,620의 연금 수령을 희망한다면 65세 시점에 은퇴계좌에 적어도 약 S\$300,000 이상이 저축되어 있어야 한다. 만약 55세에 은퇴계좌에 약 S\$200,000가 저축되어 있다면 CPF의 최대 6%의 이자율을 활용하여 복리로 저

---

3 가구보호제도는 중앙적립기금 가입자들을 대상으로 하는 저당감소 보험제도로, 중앙적립기금을 이용하여 주택개발청이 공급하는 공공주택을 구입한 가구가 사망하거나 영구적인 장애 등 예기치 못한 상황으로 주택대출금을 상환하기 어려울 때 중앙적립기금 위원회가 잔액을 대신 지불해주는 보험으로 민간주택에는 적용되지 않는다.

축금을 늘리는 것이 가능하다. 따라서 더 이른 나이에 충분한 저축액을 확보한다면 더 적은 금액으로 희망하는 연금수령액을 받을 수 있다.

표 2 평생연금(CPF LIFE) 연금 수령액

(단위: S$)

65세 이후 희망하는 매달 수령액	65세까지 저축되어야 하는 금액	60세까지 저축되어야 하는 금액	55세까지 저축되어야 하는 금액
540~570	97,300	75,900	60,000
820~870	154,500	123,000	99,400
960~1,030	184,400	147,500	120,000
1,510~1,620	298,800	241,600	198,800
2,210~2,370	443,100	360,200	298,200

출처: 싱가포르 중앙적립기금 위원회(2023), https://www.cpf.gov.sg/member/retirement-income/monthly-payouts/cpf-life(2023년 12월 환율 기준, S$1은 한화 약 980원)

■ 실버 주택 보너스(Silver Housing Bonus, SHB)

노인가구가 기존 주택을 처분하고 소규모 주택으로 이동하는 주택 다운사이징(housing downsizing)을 장려하기 위해 보너스를 지급하는 제도이다. 55세 이상의 노인가구를 대상으로 하고 있으며, 가구구성원의 최소 한 명 이상은 싱가포르 시민권자이어야 한다. 월 가구소득이 S$14,000 이내인 가구를 대상으로 하여 저소득 노인가구의 은퇴 후 생활을 지원하고 있다. 현재 소유하고 있는 공공주택아파트나 S$13,000 이하의 개인주택을 처분하고 3실형 이하의 아파트를 구입하는 경우 실버 주택 보너스 제도를 통해 은퇴 소득을 보충할 수 있다. 해당 제도의 혜택을 받으려면 노인가구는 기존 주택을 판매하고 발생한 수익금의 일부를 중앙적립기금의 은퇴계좌에 입금하고 평생연금에 가입해야 한다. 필요한 입금액은 수익금에 따라 달라지며, 최대 S$60,000까지 입금할 수 있다. 은퇴계좌에 최대 금액을 입금하게 되면 실버 주택 보너스를 통해 가구당 최대 S$30,000의 현금 보너스를 지급받을 수 있다. 납입금이 최대 금액 미만일 경우에는 입금액 S$2마다 S$1의 현금 보너스를 지급받게 된다.

■ 임대환매 제도(Lease Buyback Scheme, LBS)

저소득층 노인가구의 노후생활 안정을 위해 현재 거주하고 있는 99년 임차를 조건으로 하는 공공주택아파트의 잔여 임대기간을 계산하여 해당하는 주택가격을 주택개발청에 다시 판매하는 제도로 현재 주택에 계속 머물면서 매각한 수익금을 노후에 필요한 생활비로 사용할 수 있도록 하여 소득 여건을 개선하려는 목적을 가지고 운영되는 제도이다. 임대 환대 제도는 월 가구소득이 S$14,000 이하이며, 65세 이상의 싱가포르 시민권자를 대상으로 하고 있으며 1가구 1주택에 한하여 지원이 가능하다. 또한 기존 주택에서의 최소거주기간이 5년 이상이어야 하며, 주택개발청에 판매할 주택의 잔여 임대기간이 최소 20년 이상이어야 한다.[4] 취득한 수익금 중 일부는 의무적으로 중앙적립기금의 은퇴계좌에 입금해야 하며, 만약 추가 납입액이 S$60,000 이상인 경우 판매주택의 크기에 따라 다른 수준의 보너스를 지급받게 된다.[5] 임대 환매 제도는 노인가구들이 현 거주지에서 계속 거주할 수 있지만 제한된 임대기간으로 미래의 주거 안정성을 보장하기 어려운 단점이 있다.

표 3 임대 환매 제도 지원사항

가구주 나이(세)	임대유지기간(년)	1인가구 CPF 입금액(S$)	2인 이상 가구 CPF 입금액(S$)
65~69	30 또는 35	205,800	102,900
70~74	25 , 30 또는 35	195,800	97,900
75~79	20, 25, 30 또는 35	195,800	97,900
80세 이상	15, 20, 25, 30 또는 35	185,800	92,900

* 임대환대제도를 통해 취득한 금액은 CPF 계좌에 입금해야 하며, 2인 이상 가구의 경우 각 가구구성원은 본인들의 계좌에 해당 금액을 각각 납입하여야 함

출처: 싱가포르 주택개발청(2023), https://www.hdb.gov.sg/residential/living-in-an-hdb-flat/for-our-seniors/monetising-your-flat-for-retirement/lease-buyback-scheme

---

4 거의 모든 주택유형에 대해 지원 가능하지만 단기 임대주택, 고급형 콘도미니엄 등은 제외된다. 또한 도심공공주택(Prime Location Public Housing, PLH)일 경우에는 최소 10년 이상의 거주기간을 충족시켜야 임대 환매 제도에 지원가능하다.

5 의무적으로 중앙적립기금에 입금해야 하는 취득금액 이외에 추가 입금액이 S$60,000 이상인 경우, 주택 크기에 따라 S$30,000(3실 이하), S$15,000(4실), S$7,500(5실 이상)의 보너스를 지급받게 된다. 추가 입금액이 S$60,000 미만인 경우에는 입금액 S$2당 S$1(3실 이하), S$4당 S$1(4실), S$8당 S$1(5실 이상)의 보너스가 지급된다.

■ 주택 보조금 및 입주우선권 제도

싱가포르는 지역사회 계속 거주(Ageing In Place)를 강조하여 고령자가 자신이 살아온 지역에서 계속 거주할 수 있도록 지원해주는 정책방향을 원칙으로 하고 있다. 고령사회에 대한 정부의 기조는 노인인구의 요양을 위한 시설 보호를 최후의 수단으로 간주하고 있으며, 가족이 고령인 부모를 부양하고 돌보는 데 중요한 역할을 할 수 있도록 장려하고 있다. 주택개발청에서 제공하고 있는 근접 주택 보조금(Proximity Housing Grant, PHG)도 이러한 배경에서 2015년에 도입된 제도 중 하나이다. 재판매 공공주택을 구입 시 부모 혹은 자녀와 함께 거주하려고 하는 경우 S$30,000를 지원해 주고, 4km 이내 근거리에 거주하려는 경우에는 S$20,000를 지원하여 부모와 자녀가 서로 도우면서 살 수 있도록 적극적으로 지원하고 있다.

싱가포르의 입주우선권 제도(Priority Schemes)도 같은 맥락에서 도입되어 가족과 함께 거주하려고 하거나 4km 이내의 가까운 곳에 거주하고자 하는 경우 새로운 아파트에 입주 신청 시 우선순위를 부여하는 제도이다. 대상과 주택유형에 따라 여러 입주우선권 제도가 마련되어 있는데 노인인구와 관련해서는 노인가구 입주우선권(Senior Priority Scheme, SPS)을 통해 노인이 자녀와 함께 또는 가까이 거주하고자 2룸 플렉시 주택을 구입하는 경우 우선 입주할 수 있도록 지원하고 있다. 2룸 플렉시 주택의 약 40%는 노인가구를 위해 할당되어 있으며, 이 중의 약 절반 정도는 입주우선권의 자격을 갖춘 노인가구들에게 우선적으로 할당되고 있다. 이와 같은 제도들을 통해 독거 노인가구를 최소화하면서 고령인구들이 지역사회에서 계속 거주할 수 있는 환경을 조성하고자 하고 있다.

■ 주택개조 지원사업

싱가포르 정부는 65세 이상 노인가구 또는 60세에서 64세 사이의 이동, 목욕, 식사, 배변 등 일상생활 활동에 지원이 필요한 가구구성원을 대상으로 하는 주택개선 지원사업(Enhancement for Active Seniors, EASE)을 운영하고 있다. EASE 사업은 주택 내의 이동성과 안전성을 향상시키기 위해 안전 바, 미끄럼 방지 바닥재, 주택내부 경사로, 벽걸이 접이식 샤워의자, 핸드레일, 욕실 출입구 확장, 휠체어 리프트 등의 시설 설치 및 공사비용을 지원한다. 개선항목의 비용은 주택유형에 따라 차등 지원되며, 최소 87.5%에서 최대 95%까지 지원받을 수 있다. 주택 내부에서의 노인생활 지원뿐만 아니라 지역사회에서 노인들이 독립적으로 일상생활을 수행할 수 있도록 이동성을 증진시키는 노인 이동지원 기금(Seniors' Mobility and Enabling Fund, SMF)을 운영하여 지역사회에서 노인들이 계속해서 거주할 수 있도록 종합적인 지원을 제공하고 있다. 지원 대상은 월 가구소득이 S$2,000를 넘지 않는 60세 이상의 노인들을 대상으로 하고 있으며, 자산조사를 통해 노인들의 이동성을 지원할 수 있는 지팡이, 보행보조기, 휠체어, 스쿠터, 안경, 청력 보조기 등의 보장구(Assitive Devices) 구입에 대한 비용을 최대 90%까지 보조해주고 있다.[6] 일상생활이 어려운 노인이 요양시설이 아닌 집에서 돌봄서비스를 받기 원하는 경우에도 의료용품 및 소비재 등에 대한 구입비용을 지원해주고 있다.

2) 재가노인을 위한 복지정책

싱가포르는 노인가구가 시설에서 입주하는 것보다 기존의 주택에서 계속 생활할 수 있도록 주택을 직접 방문하여 다양한 의료 및 복지서비스를 지원하고 있다. 엔티유씨 헬스 협동조합(NTUC Health Co-operative Limited)은 싱가포르 정부와 협력하여 고령자를 위한 통합케어모델을 개발한 사회적 기업으로, 일상생활 지원서비스, 가정간호, 홈테라피, 홈메디컬, 임시 간병인 서비스, 장애평가, 온라인 활동 프로그램 등의 다양한 서비스를 집에서 제공받을 수 있도록 하고 있다. 퇴원 후 집에서 재활치료 등의 관리가 필요하거나 치매 예방, 보호자 혹은 가족구성원이 잠시 집을 비워야 하는 경우 등에 큰 도움이 될 수 있으며, 싱가포르 시민권자와 영주권자들은 정부 보조금을 신청할 수 있어 더 저렴한 홈케어 서비스를 제공받을 수 있다.

---

6 월 가구소득이 S$1,200 이하인 노인가구는 비용의 90%를 보조받을 수 있으며, 월 가구소득이 S$1,201 이상 S$2,000 이하인 노인가구의 경우 비용의 75%를 보조받을 수 있다.

| 표 4 | 홈케어 서비스 종류와 비용 | |

서비스 종류	내용	비용
Home Personal Care	식사, 목욕 등 일상생활 지원	시간당 S$6.80
Home Nursing	상처관리, 영양튜브 교체, 약물투여, 바늘제거 등	1회 방문 S$8.20
Home Therapy	보행보조기 사용 교육, 일상생활활동 향상을 위한 운동, 재활치료 등	1회 방문 S$29.80
Home Medical	병원왕복이 어려운 경우 자택방문 및 전화진료	1회 방문 S$54.80
Interim Caregiver Service	주 간병인이나 가족구성원이 부재중일 때 임시 간병인 지원	6일간 S$316.80
Disability Assessment	장애정도 평가지표 측정	1회 S$250
DayCare+	신체적, 정신적 기능 유지를 위한 온라인 활동 프로그램	매월 S$199

출처: NTUC 헬스 협동조합(2023), https://ntuchealth.sg/elderly-care/services/home-care/home-care-services

3 노인주택유형

　싱가포르는 고령자를 위한 여러 주택유형을 제공하여 고령층의 주거안정과 편의를 도모하고 있다. 3세대 가족형 주택은 여러 세대가 함께 생활할 수 있도록 계획되어 가족 간의 돌봄을 가능케 하는 주택유형이다. 단기 임대 2룸 플렉시 주택은 고령자들의 경제적 부담을 줄이기 위해 유연하게 임대기간을 설정하여 거주할 수 있도록 선택지를 제공하며, 커뮤니티 케어 아파트는 고령자들이 의료와 복지서비스를 결합한 주거환경에서 자립적으로 생활할 수 있도록 지원하고 있다. 이러한 주택유형의 공급은 고령자들이 각자의 필요와 상황에 맞는 주거형태를 선택할 수 있도록 돕고 있다.

1) 3세대 가족형 주택(Three-Generation Flat)

2013년 처음 도입된 3세대 가족형 주택은 대가족 세대를 지원하기 위해 주택개발청이 공급하기 시작한 공공주택의 한 종류이다. 규모는 약 115m^2[7]로 제공되며, 4개의 침실과 3개의 욕실로 구성되어 있다. 전 세대의 사생활을 고려하여 3개의 욕실 중 2개는 침실에 포함된 형태로 제공된다. 그 외의 거실, 식당, 주방, 서비스 야드, 방공호 등을 포함하고 있다. 5실형 HDB(110m^2)보다 크게 제공되는 크기이고, 고급형 HDB(130m^2)보다는 작은 규모이다. 하지만 고급형 HDB가 3개의 방과 2개의 욕실로 구성되어 있는 데 비해 3세대 가족형 주택은 방과 욕실의 개수가 하나씩 더 제공되고 있다. 특히 방 하나는 좌측 끝에 배치되어 세대 안에서도 부모와 자녀세대가 보다 독립적으로 생활할 수 있도록 설계되었다.

2023년 5월 사전신청공급제도(Build-To-Order, BTO)를 통해 판매를 시작한 베독 사우스 블라썸스(Bedok South Blossoms) 공공주택아파트에서는 99년 임대형 3세대 가족형 주택을 포함하고 있는데 주택가격은 S$605,000부터 시작하고 있으며, 자격을 갖춘 경우에 한해 S$30,000의 주택보조금을 지원하고 있다. 3세대 가족형 신축주택(HDB BTO) 혹은 재판매주택(HDB Resale)을 구입하려는 가족은 몇 가지 자격요건이 필요하다. 기혼자녀 또는 결혼 예정인 부부와 그 부모이거나 자녀를 키우는 한부모와 조부모로 구성된 다세대 가족만이 입주할 수 있으며, 부모 중 한 명은 싱가포르 시민권자이거나 영주권자이어야 한다. 신규공급되는 3세대 가족형 주택에는 월 가구소득이 S$21,000를 초과하는 경우 신청할 수 없으며, 재판매주택은 소득제한 없이 지원 가능하다.

---

7 에어콘 실외기 공간 포함 시 주택의 총 면적은 120m^{2}에 해당한다.

그림 6 3세대 가족형 주택 평면도

출처: 싱가포르 주택개발청(2022), https://assets.hdb.gov.sg/residential/buying-a-flat/finding-a-flat/sales-brochure/23MAYBTO_pdf_selection/bedok_south_blossoms.pdf

2) 단기 임대 2룸 플렉시 주택(Short-lease 2-room Flexi Flat)

2룸 플렉시 주택은 주택개발청의 HBD 유형 중 하나로 다양한 시장 수요를 충족하기 위해 이름에 명시된 것처럼 유연하게 설계된 유형으로 구매자의 요구에 따라 임대기간과 나이제한이 조정되는 특징을 가지고 있다. 일반 2룸 플렉시 주택은 다른 HDB 유형들과 마찬가지로 99년 임대기간으로 제공되고 있는 반면, 단기 임대 2룸 플렉시 주택은 노인가구들을 위해 일반유형보다 상대적으로 짧은 15년에서 45년 사이의 임대기간을 제공하고 있으며 5년 단위로 선택이 가능하다. 임대기간은 노인가구주 혹은 배우자가 95세에 이르기까지 보장되며, 비교적 짧은 임대기간으로 일반 2룸 플렉시 주택보다 노인가구들에게 저렴하게 주택을 제공할 수 있다는 장점이 있다. 단기 임대 2룸 플렉시 주택은 구입자와 그 배우자가 모두 55세 이상이어야 지원 가능하며, 주택 보조금을 2번 이상 받은 경우 지원할 수 없다. 단기 임대 2룸 플렉시 주택은 일반 2룸 플렉시 주택과는 달리 주택을 재판매하거나 다른 사람에게 임대할 수 없으며, 임대기간이 끝나면 주택은 다시 주택개발청의 소유로 돌아간다. 임대기간을 마치지 못할 경우 잔여 임대기간에 해당하는 비용을 주택개발청에서 지급하게 된다. 주택유형은 36m²와 46m²의 두 가지로 제공되어 에어콘 실외기 공간 포함 시 각각 $2m^2$가 추가된다. 일반적으로 1개의 방과 1개의 욕실, 거실/식당, 주방, 방공호(Household Shelter)로 구성되어 있다.

3) 커뮤니티 케어 아파트(Community Care Apartment)

커뮤니티 케어 아파트는 노인들이 독립적으로 생활하면서 미래의 요양 필요에 대비할 수 있도록 설계되었다. 입주희망자와 배우자가 모두 65세 이상인 경우에 신청자격이 주어지며, 주택 보조금을 두 번 이상 받은 경우 지원이 불가하다. 임대기간은 15년에서 최대 35년까지 5년 단위로 조정이 가능하며, 신청자와 배우자 중 적어도 한 명의 거주자가 식사, 화장실 이용, 보행, 이동 등 일상생활에 지원이 필요한 정도일 경우 우선적으로 입주가 가능하다. 하지만 고도의 의료지원 및 간병서비스가 필요하거나 심각한 정신질환이 있는 경우는 적합하지 않은 주택유형이다. 입주자들에게는 기본 서비스 패키지가 제공되며, 주택구입가격에 추가로 서비스 비용이 부과된다. 추가 비용을 지불하여 이용이 가능한 서비스들도 제공되고 있어 선택적으로 추가하여 이용할 수 있다. 커뮤니티 케어 아파트는 재판매가 불가한 주택으로 퇴소하거나 거주자격을 상실한 경우에는 다시 주택개발청의 소유로 돌아가며, 남은 잔여 임대기간에 대한 가치를 감가상각에 기반하여 환불해주는 시스템을 가지고 있다. 각 세대는 내부 평면 면적이 $32m^2$인 개방적인 구조로 계획되었으며, 세대 내부에는 노인 친화적인 디자인 요소와 필요 설비가 설치되어 제공된다. 욕실은 대형 휠체어 이용이 가능하도록 계획하였으며, 비누걸레와 손잡이를 설치하고, 미끄럼 방지 바닥재를 사용하여 마감하였다. 내장형 옷장과 수납장 등이 구비되어 노인가구들이 바로 입주가 가능하도록 계획하였다.

| 표 5 | 노인주택유형 비교 |

구분	3세대 가족형 주택	단기임대 2룸 플렉시 주택	커뮤니티 케어 아파트
공급주체	HDB	HDB	HDB
규모	115m^2	유형 1: 36m^2, 유형 2: 46m^2	32m^2
평면구성	방 4, 욕실 3, 거실/식당, 주방, 서비스야드, 방공호	방 1, 욕실 1, 거실/식당, 주방, 방공호	방 1, 욕실 1, 거실/식당/주방
임대기간	99년	5년 단위로 15~45년	5년 단위로 15~35년
월가구소득 상한	S$21,000	S$14,000	S$14,000
대상	다세대 가족	55세 이상	65세 이상
소유권	국내 또는 해외 사유 부동산을 소유하거나 지분이 있는 경우 지원하기 30개월 혹은 15개월 전에 해당 부동산을 처분해야 함. HDB를 소유하고 있는 경우 주택 구매 후 6개월 이내에 해당 부동산을 처분해야 함	국내 또는 해외 사유 부동산을 소유하거나 지분이 있는 경우 주택 구매 후 6개월 이내 해당 부동산을 처분해야 함	
이전 주택 보조금 관련	이전에 2개 이상의 주택 보조금을 이용한 경우 구입이 제한됨		
CPF 주택보조금	CPF를 처음 이용하는 경우 Enhanced CPF Housing Grant(Families or Singles) 가능		
주택 규모 조정	–	현재 주택을 S$13,000 이하로 매도하고 3실형 이하의 주택 구입 시 실버 주택 보너스(SHB) 신청 가능	

출처: 싱가포르 주택개발청(2023), https://www.hdb.gov.sg/residential/buying-a-flat/finding-a-flat/types-of-flats; https://www.hdb.gov.sg/residential/buying-a-flat/understanding-your-eligibility-and-housing-loan-options/flat-and-grant-eligibility/seniors; https://www.hdb.gov.sg/cs/infoweb/residential/buying-a-flat/understanding-your-eligibility-and-housing-loan-options/flat-and-grant-eligibility/couples-and-families?anchor=multi-gen#multigen-housing-subsidies

4 사례

1) 캄풍 애드미럴티(Kampung Admiralty)

■ 개요

캄풍 애드미럴티는 싱가포르에서 처음 시도한 첫 복합형 노인복지주택(Integrated Senior Housing)으로 노인들을 위한 주거시설과 다양한 여러 시설 및 서비스를 통합하여 복합적으로 개발하였다. 원스탑 허브(One-stop Hub)로서의 복합기능을 강조한 이 프로젝트는 전통적인 말레이 마을을 상징하는 '캄풍'이라는 단어와 해당 주택이 위치한 지역의 이름인 '애드미럴티'를 결합하여 전통적인 마을을 되살리고 지역사회의 공동체 의식을 장려하여 사회적 결속과 유대감을 강화하고자 하는 의미를 내포하고 있다. 주택개발청(HDB), 보건부(Ministry of Health), 국가환경청(National Environment Agency), 국립공원위원회(National Parks Board), 국토교통청(Land Transport Authority), 유아개발기구(Early Childhood Development Agency), 이순 건강 캠퍼스(Yishun Health Campus) 등 여러 기관이 협력하여 개발한 다부처 협력사업으로, 노인 생활에 영향을 미치는 다양한 기관들이 협력하여 노인들의 주거, 건강 및 사회적 요구에 대응하는 개발을 목표로 하였다.

표 6 캄풍 애드미럴티 사례 개요

주소	676 Woodlands Drive 71, Singapore	
주택 형태	복합형 노인복지주택(HDB)	
준공 연도	2018년	
층수 및 실	지상 11층 2개동 104세대	
계약조건	55세 이상	
임대료 (노인주택)	30년 임대 S$91,000~115,000	
개발회사	HDB	

출처: 싱가포르 주택개발청(2023), https://www.hdb.gov.sg/cs/infoweb/residential/where2shop/explore/woodlands/kampung-admiralty

캄퐁 애드미럴티는 55세 이상의 노인부터 입주가 가능한 총 104세대의 노인 전용 아파트로 계획되어 2017년 완공되었으며, 2018년 5월 공식적으로 개장하였다. 이 프로젝트는 36m²와 45m² 크기의 두 가지 평면으로 구성되어 있으며, 2룸 플렉시 플랫 형태로 제공되고 있다. 싱가포르의 다른 공공주택과 마찬가지로 99년 임대 기반으로 판매되고 있다. 가격은 30년 임대 기간을 기준으로 연간 S\$91,000에서 S\$115,000 사이로 책정되어 있으며(Toh, 2017), 입주자는 최소 95세에 이를 때까지 유연한 임대 기간을 가질 수 있다. 캄퐁 애드미럴티는 노인을 위한 주택으로 개발되었음에도 불구하고 지난 몇 년 동안 국내외에서 여러 상을 수상하였다. 싱가포르의 건축디자인 회사인 WOHA가 설계를 맡아 2018년에는 세계 건축 페스티벌(World Architecture Festival)에서 '올해의 세계 건축상(World Building of the Year)'을 수상하였고, 2021년에는 국제도시부동산학회(Urban Land Institute)에서 '글로벌 우수상(Global Excellence Award)'를 수상하며 최우수 부동산 개발 프로젝트에 선정되는 등 계획과 디자인을 포함한 여러 방면에서 우수한 주택개발의 사례로 손꼽히고 있다.

■ 주택 및 주거지 특성

캄퐁 애드미럴티는 싱가포르 북부에 위치한 우드랜즈(Woodlands)라고 불리는 신도시에 개발되었다. 우드랜즈는 말레이시아 조호 바루(Johor Bahru)와 인접한 지역으로 주로 주거지역으로 개발되어 공공주택인 HDB 단지들이 많이 위치하고 있으며, 싱가포르 내에서 공공주택아파트에 거주하는 비율이 가장 높은 지역으로 전체 주민의 90% 이상이 공공주택아파트에 거주하고 있다. 싱가포르 도시철도(MRT) 북남선(North South Line)의 애드미럴티(Admiralty)역 바로 앞에 위치하고 있어 역세권이라는 좋은 교통 접근성을 가지고 있다. 싱가포르에서 처음으로 시도된 복합형 노인복지주택으로 노인들의 자립생활을 촉진시키기 위한 은퇴주거단지(Retirement Community)의 개념으로 계획되었으며, 노인을 위한 주거시설, 상업시설, 의료시설, 커뮤니티 시설, 편의시설 등을 한 건물에 통합하여 개발하였다. 약 9,000m²의 부지에 주거시설과 여러 커뮤니티 시설들을 수직적으로 배치한 형태로 조성하여 토지 이용의 효율성을 극대화하고자 한 것이 큰 특징이다. 이는 싱가포르의 한정된 국토면적과 고령화에 대한 대응으로 노인들의 주거시설로 부터 다양한 시설과 서비스에 효율적으로 접근할 수 있는 기회를 제공하여 노인들 의 삶의 질을 향상시키고 노인 돌봄, 어린이 돌봄, 의료 및 웰빙시설을 혁신적으로 통합하여 지역사회의 다른 세대들과도 융합할 수 있는 포용적인 커뮤니티 허브를 만들고자 하였다.

2개의 11층짜리 타워형 건물로 이루어진 캄퐁 애드미럴티는 최대 45m 높이 를 가지며 수직적 개념을 도입하여 하층부, 중층부, 상층부로 나누어 건물의 용 도를 구분하였다. 1층과 지하층에 커뮤니티 플라자 및 상업시설이 위치하고 있 고, 중간층에는 거주자들과 지역사회를 위한 다양한 커뮤니티 시설들이 자리하 고 있으며, 4층부터 최상층인 11층까지는 주거시설과 옥상 커뮤니티 가든으로 구 성되어 있다. 주거시설은 각 동마다 52세대로 계획되어 총 104세대가 1인 노인가 구 혹은 부부노인가구를 위한 아파트 형태로 공급되었다. 평면계획으로는 36m^2 와 45m^{2}의 두 가지 평면이 각각 48세대와 56세대로 제공되었으며, 4층에서 11층 사이에 각 층마다 두 타입이 혼합되어 배치되었다. 가로축은 45m^2 평면, 세로축 은 36m^2 평면이 십자형의 형태로 배치되었으며, 층별로 6~8세대가 공급되었다. 해당 평면은 에어컨 실외기 설치공간을 제한 면적이며, 이를 포함하면 각각 47m^2, 38m^{2}이다.

세대평면은 자연 환기와 최적의 일조량을 고려하여 배치되었으며, 인접한 세 대의 현관문은 서로 마주보고 열리도록 계획되어 이웃 간의 사회적 활동을 촉 진하고 서로 돌봄을 용이하게 하였다. 또한 두 현관문 사이에는 버디벤치(Buddy Bench)라 불리는 공용벤치를 설치하여 복도 공간에서 이웃 간의 소통을 위한 자 리로 마련하였으며, 각 층마다 설치되어 노인가구들 간의 사회적 결속을 높이고자 하였다. 각 세대는 유니버설 디자인과 무장애 설계원칙에 따라 계획되어 노인 거 주자를 위한 현관 경사로, 미끄럼 방지 바닥재, 안전 손잡이, 알림 경보 시스템, 안 전설비 등이 설치되었고, 화장실에는 휠체어 접근이 가능한 욕실로 사전 제작된 모듈을 현장으로 운반해 조립하였다. 또한 입주자는 부엌 수납공간의 높이를 선택 할 수 있어 기본 치수 혹은 휠체어 이용자의 요구에 따라 맞춤형 주택을 계획하여 제공하였으며, 아파트 창문은 휠체어 사용자가 외부 정원이나 거리를 내다볼 수 있도록 낮은 높이로 설계되었다. 내장형 옷장 및 수납공간 등 빌트인 가구들도 제공되어 입주자들이 바로 사용이 가능하도록 계획되었으며, 화재의 위험을 줄이기 위해 인덕션을 설치하였다.

자연광과 환기를 활용하는 것뿐만 아니라 건물 관리 소프트웨어를 활용하여 건물의 전기와 수도 사용의 효율을 극대화하였으며, 자연적인 대류현상을 이용한 패시브 냉각(Passive Cooling)과 옥상의 정원조성으로 인한 온도 유지 등의 자연친화적 특징들도 갖추고 있어 싱가포르의 녹색건물 인증제도에 따라 거주용 부문에서는 골드 플러스, 비거주용 부문에 있어서 최고 등급인 플래티늄 그린마크 인증을 받았다. 그린마크 인증제는 환경친화적인 건물의 건설과 운영을 촉진하기 위해 2005년부터 싱가포르 건설청(Building and Construction Authority)에서 도입하여 운영하고 있는 제도로 건물의 성능과 환경에 대한 영향을 에너지 효율성, 수자원 효율성, 환경 보호 노력, 건물 실내 환경성능, 그린 기술 채택 및 적용성 등 다섯 가지의 평가 기준에 따라 그린마크 인증(Certified), 골드(Gold), 골드플러스(Gold Plus), 플래티넘(Platinum)의 4단계 등급으로 구분하여 건축물의 등급을 부여하는 제도이다.

그림 7 캄풍 애드미럴티의 각 층 평면도

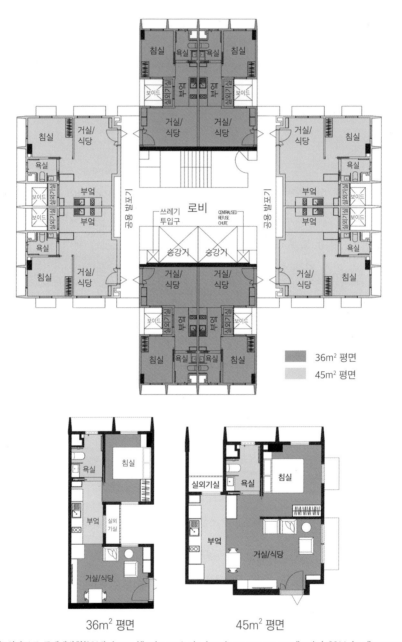

침실 · 욕실 · 욕실 · 침실
거실/식당 · 거실/식당
침실 · 거실/식당 · 거실/식당 · 침실
욕실 · 부엌 · 부엌 · 욕실
부엌 · 보이드 · 보이드 · 부엌
욕실 · 로비 · 욕실
쓰레기 투입구 · CENTRALISED REFUSE CHUTE
침실 · 거실/식당 · 승강기 · 승강기 · 거실/식당 · 침실
거실/식당 · 거실/식당
침실 · 욕실 · 욕실 · 침실

■ 36m² 평면
■ 45m² 평면

36m² 평면

욕실 · 침실 · 부엌 · 실외기실 · 거실/식당

45m² 평면

실외기실 · 욕실 · 침실 · 부엌 · 거실/식당

출처: 싱가포르 주택개발청(2014), https://btohq.sgp1.cdn.digitaloceanspaces.com/bto/jul-2014-bto/kampung-admiralty.pdf

■ 커뮤니티 시설 및 공용공간 특성

캄풍 애드미럴티는 지역 커뮤니티와 노인 거주자들 간의 사회적 상호작용을 촉진하여 노인가구의 적극적이고 독립적인 생활을 유도할 수 있는 장소를 조성하고자 하였다. 캄풍 애드미럴티는 여러 커뮤니티 시설들이 수직적으로 적층되어 계획되어 있는데, 지역사회 내의 사회적 교류를 촉진하기 위해 다양한 연령층을 유인할 수 있는 시설들로 구성되어 있다. 지하층에는 싱가포르에서 공적자본으로 세워진 가장 큰 마켓 체인 중 하나인 엔티유씨 페어프라이스(NTUC FairPrice)가 입점해 있어 거주자들이 필요한 생필품을 쉽게 구입할 수 있고, 지역주민들에게도 편리한 쇼핑장소로 활용되고 있다. 지상층에는 커뮤니티 플라자와 소매점이 계획되어 있어 대규모 스포츠 활동, 레크리에이션, 문화 행사 및 워크숍, 영화 상영 등 여러 가지 다양한 이벤트가 커뮤니티 플라자의 열린 공간에서 진행되고 있다. 이러한 지역 커뮤니티 활동의 중심지 역할을 할 수 있도록 커뮤니티 플라자는 애드미럴티 역 출구와 연결되도록 계획되었다. 2층에는 900석 규모의 싱가포르 푸드코트인 호커 센터(Hawker centre)가 위치하여 다양한 먹거리를 저렴한 가격으로 이용할 수 있어 거주자들뿐만 아니라 지역주민들도 찾는 사회적 공간으로 활용되고 있다. 3~4층에는 원스탑 의료시설인 애드미럴티 의료센터(Admirality Medical Centre)가 자리하고 있어 노인 거주자들의 의료서비스에 대한 접근성을 높였으며, 주변 지역주민들에게도 개방되어 건강에 대한 모니터링을 쉽게 할 수 있도록 의료서비스를 제공하고 있다.

커뮤니티 플라자가 지역사회 내의 전체적인 사회적 상호작용을 촉진하는 공간으로 조성되었다면, 6~7층에는 싱가포르 전국노동조합의 사회적기업인 엔티유씨 헬스(NTUC Health)에서 운영하고 있는 노인 돌봄센터인 노인활동 지원센터(Active Ageing Hub)와 어린이 보육센터(My First Skool)를 함께 조성하여 세대 간 융합이 자연스럽게 일어날 수 있는 장소를 제공하고 있다. 두 곳의 돌봄센터 앞에는 어린이 놀이터와 노인 운동시설을 완비한 커뮤니티 공원이 조성되어 있어 여러 세대가 녹지 공간에서 어우러져 교류하고 휴식을 취할 수 있는 공간으로 활용되고 있다. 노인활동 지원센터에서는 노인들의 건강한 삶과 여가활동을 위해 음악, 탁구, 댄스 등의 교육강좌부터 가벼운 운동으로 구성된 건강프로그램, 예방 보건 프로그램, 재활프로그램 등 다양한 프로그램을 운영하고 있다. 뿐만 아니라 도움이 필요한 노인 거주자들을 대상으로 필요시 식료품 구매, 가사일 등의 홈케어 서비스도 제공하고 있다. 이러한 프로그램과 서비스들은 거주자들에게만 제한된 것이 아니라 지역주민들에게도 제공되고 있다. 그 외에도 야외 레크리에이션 공간, 커뮤니티 농장, 커뮤니티 정원, 스카이테라스, 옥상정원 등 녹지 및 오픈스페이스(Open Space) 공간이 여러 층에 걸쳐 조성되어 있다. 이들 공간은 개방된 공간으로 거주자들뿐만 아니라 지역 주민들의 출입이 가능하지만 조용하고 쾌적한 분위기를 유지할 수 있도록 설계되었다.

표 7 ｜ 커뮤니티 시설별 면적

분류	면적
의료시설(Medical Care)	11,836m²
소매업 및 상업시설(Retail)	5,710m²
기타 상업시설(Other Commercial Space)	5,246m²
보육시설(Childcare)	2,078m²
오픈스페이스(Open Space)	1,873m²
커뮤니티 시설(Community, Civic & Institutional)	5,259m²
주차대수	220대
총 부지면적	8,981m²

그림 8 **커뮤니티 시설**

커뮤니티 플라자

호커 센터

노인활동 지원센터

커뮤니티 공원

출처: 그린루프닷컴(2023), https://www.greenroofs.com/projects/kampung-admiralty; 싱가포르 주택개발청
(2023), https://www.mynicehome.gov.sg/lifestyle/places/kampung-admiralty

■ 주거서비스 및 운영관리

　주택개발청은 우리나라의 사전청약과 유사한 방식인 사전신청공급제도를 통해 99년 임대권을 가지고 2014년 7월부터 캄풍 애드미럴티에 대한 사전 입주자를 모집하였고, 2018년 5월 입주가 시작되었다. 입주자 모집과정에서 노인가구 입주 우선권(Senior Priority Scheme)과 스튜디오 아파트 우선제도(Studio Apartment Priority Scheme)를 통해 거의 과반수에 달하는 세대가 배정되었다. 이를 통해 캄풍 애드미럴티가 위치한 우드랜즈 지역에 거주하고 있는 노인가구들과 해당 지역에 자녀가 거주하는 경우 우선권을 부여하여 같은 지역사회 내에 계속 거주할 수 있도록 제도적인 지원이 이루어지고 있음을 알 수 있다. 또한 2룸 플렉시 제도(2-Room Flexi Scheme)를 적용하여 기존에 비교적 3실형 이상의 주택에 거주하던 노인가구들이 이주를 할 경우, 그 차액을 돌려받을 수 있도록 하여 주거비 부담을 덜어주고자 하였다.

　싱가포르의 공공주택아파트는 주택관리청에서 개발되지만 유지, 관리 및 운영은 주거단지의 위치에 따라 각 지역별 타운카운슬(Town Council)에 의해 이루어지고 있다. 따라서 공동주택단지에 관리소를 두지 않고 타운카운슬에 의해 관리서비스가 제공되고 있다. 구체적으로 타운카운슬은 각 HDB의 공용부분에 대한 부분을 유지관리, 개선 및 보수하는 업무를 담당하고 있으며, 공용부분에는 복도, 엘리베이터, 조명, 공공공간 등이 포함된다. 캄풍 애드미럴티의 운영 및 관리는 전용부분인지 공용부분인지에 따라 다른 주체에 의해 이루어지고 있다. 전용부분에 대한 관리는 각 세대가 주체적으로 관리하도록 되어 있으며, 공용부분에 대한 관리는 해당 단지가 위치하고 있는 셈바왕 타운 카운슬(Sembawang Town Council)이 담당하고 있다. 셈바왕 타운 카운슬은 캄풍 애드미럴티 외에도 총 6만 9천 개의 가구의 주거관리를 담당하고 있으며, 캄풍 애드미럴티 거주자들은 타운카운슬에 매달 서비스 및 관리비 명목으로 36m^{2}의 세대인 경우 S\$25.50, 45m^{2}의 세대의 경우 S\$36.50를 부담하고 있다.

2) 하모니 빌리지@부킷 바톡(Harmony Village@Bukit Batok)

■ 개요

하모니 빌리지@부킷 바톡(이하 하모니 빌리지)은 캄퐁 애드미럴티와 같은 노인주택에 간병 및 돌봄서비스가 포함된 공공주택 아파트이다. 하모니 빌리지는 첫 번째로 계획된 커뮤니티 케어 아파트로서 노인가구의 주거선택을 확대하기 위해 싱가포르 국가개발부(Ministry of National Development), 보건부, 주택개발청이 협력하여 제공하는 아파트이다. 총 169세대로 구성되어 65세 이상의 노인들을 대상으로 제공되며, 최소 15년부터 최대 35년까지 5년 단위의 임대기간을 자유롭게 선택할 수 있도록 하고 있다. 2021년 2월 계획이 발표되어 사전신청공급제도를 통해 신축주택에 대한 판매를 시작하였고, 2024년 최종 완공될 예정이다. 아직 개발이 완료된 사례는 아니지만 커뮤니티 케어 아파트의 첫 사례로 개발과정 중에 있는 하모니 빌리지의 계획특징과 주거서비스를 살펴봄으로써 커뮤니티 케어 아파트의 방향성을 확인할 수 있을 것으로 사료된다. 하모니 빌리지를 선두로 퀸즈웨이 캐노피(Queensway Canopy)와 차이 치 그린(Chai Chee Green)[8]은 각각 2022년 11월과 2023년 12월에 사전신청공급제도를 통해 판매를 시작하여 모두 2028년에 완공될 예정이다.

---

8 커뮤니티 케어 아파트로만 구성된 하모니 빌리지와는 달리 퀸즈웨이 캐노피와 차이 치 그린은 여러 유형의 주택이 같이 계획된 주거단지이다. 예를 들어 차이 치 그린은 커뮤니티 케어 아파트(250세대)와 3실형(97세대), 4실형(627세대), 5실형 주택(260세대) 등 여러 주택유형으로 구성된 총 1,234세대의 주거단지이다. 커뮤니티 케어 아파트의 주택가격은 S$80,000~95,000로 예상되어, 3실형 주택의 최소예상가격이 약 S$300,000인 것을 고려하면 커뮤니티 케어 아파트가 노인가구들을 위한 저렴한 주거선택지를 제공하고 있음을 알 수 있다.

표 8	하모니 빌리지@부킷 바톡 사례 개요

주소	Bukit Batok West Ave 9, Singapore	
주택 형태	맞춤형 요양서비스 아파트	
준공 연도	2024년 완공 예정	
층수 및 실	15층 169세대	
계약조건	65세 이상	
임대료 (노인주택)	15년 S$40,000, 20년 S$48,000, 25년 S$55,000, 30년 S$60,000, 35년 S$65,000	
개발회사	HDB	

출처: 싱가포르 보건부 홀딩스(2024), https://www.mohh.com.sg/atlas-care/community-care-apartments

구체적으로 입주는 일상생활에서 지원이 필요한 노인들에게 우선순위가 부여되며, 입주희망자와 배우자가 있는 경우 모두 65세 이상이어야 지원이 가능하다. 부부가 모두 95세가 되는 시점까지 최소 15년부터 최대 35년까지 5년 단위로 임대기간을 유연하게 선택할 수 있다. 지원대상은 싱가포르 시민권자이면서 월 가구소득이 S$14,000 이하인 가구이다. 입주희망자가 기존의 민간주택이나 공공주택 아파트를 소유하고 있는 경우 커뮤니티 케어 아파트를 구입한 날로부터 6개월 이내에 해당 부동산을 처분해야 한다. 기존에 주택보조금을 두 번 지원받았거나, 스튜디오 아파트나 단기 임대 2룸 플렉시 주택을 구매한 이력이 있는 경우 지원이 불가하며, 요구되는 최소거주기간은 5년이다.

■ 주택 및 주거지 특성

하모니 빌리지는 부킷 바톡(Bukit Batok)역과 부킷 곰박(Bukit Gombak)역 사이에 도보로 20분 정도의 거리에 위치하고 있다. 주거공간은 기본적으로 노인들이 독립적으로 거주할 수 있도록 계획되었으며, 노인친화적인 디자인 특성과 요양 필요에 따라 조절이 가능한 돌봄서비스를 통합하여 제공하면서도 저렴한 주거 옵션을 제공하는 것을 목적으로 하고 있다. 15층 규모의 건물에 169세대로 계획되었으며, 각 세대는 32m²의 면적(에어컨 실외기 공간 포함 시 34m²)으로 설계되었다.

세대 내부는 휠체어 이용이 용이한 넓은 주 출입문, 측면에 제공되는 벤치, 안전 손잡이, 미끄러움 방지 소재로 마감된 휠체어용 욕실 등 노인친화적 설비들을 갖추고 있으며, 내장형 옷장, 수납장 등이 갖추어져 있어 입주 시 최소한의 리모델링으로 빠르게 입주가 가능하도록 계획되었다. 거주자들의 다양한 라이프 스타일과 주거 선호를 충족시키기 위해 세대의 평면은 개방적인 구조로 설계되었으며, 거실과 침실 공간을 분리할 수 있는 슬라이딩 파티션을 설치하여 상황에 맞게 공간을 활용할 수 있게 계획하였다.

그림 9 하모니 빌리지@부킷 바톡의 평면계획과 내부 모습

출처: 싱가포르 국가개발부, 주택개발청, 보건부(2020), https://www.moh.gov.sg/docs/librariesprovider5/pressroom/press-releases/community-care-apartments-press-release-%2810-dec-2020-6pm%29.pdf; 싱가포르 주택개발청(2023), https://www.hdb.gov.sg/residential/buying-a-flat/finding-a-flat/types-of-flats/community-care-apartments

프로젝트명에서도 알 수 있듯이 지역사회의 주민들 간 의미 있는 참여와 사회적 상호작용을 촉진하기 위한 커뮤니티 시설과 서비스 및 프로그램도 계획하고 있다. 하모니 빌리지 지상층에는 커뮤니티 플라자와 호커 센터가 계획되어 있어 입주자들뿐만 아니라 지역사회주민들과의 교류가 가능한 공간으로 활용될 수 있다. 하모니 빌리지 2층에는 주차장, 3층에는 활동센터, 커뮤니티 정원, 산책로, 운동시설, 파빌리온 등이 계획되어 있어 다양한 활동들을 지원할 수 있다. 인근 편의시설로는 커뮤니티 체육관, 수영장, 노인 요양 센터, 병원, 시장, 쇼핑몰 등이 위치하고 있어 다양한 시설로의 접근이 용이하다.

그림 10 커뮤니티 시설 배치

출처: 싱가포르 국가개발부, 주택개발청, 보건부(2020), https://www.moh.gov.sg/docs/librariesprovider5/pressroom/press-releases/community-care-apartments-press-release-(10-dec-2020-6pm).pdf

■ 주거서비스 및 운영관리

모든 입주자들에 대한 기본적인 주거지원서비스가 제공되고 있어 입주자는 이에 대한 비용을 지불하도록 되어 있다. 제공되는 기본 서비스 패키지는 현금으로만 결제가 가능하고 모두 선불로 납부하거나 임대기간 동안 월 이용료를 선불로 납부하는 형태로 지불 가능하다. 모든 주민들에 대한 24시간 비상 모니터링 및 응답 서비스, 기본 건강 체크, 입주자 간 상호작용을 도모하는 커뮤니티 프로그램, 주거 개보수 등의 서비스가 기본 패키지에 포함되어 있으며, 커뮤니티 매니저는 이러한 서비스가 잘 전달될 수 있도록 지원한다. 입주자는 추가 비용을 지불하여 자신의 요양 필요와 선호에 따라 추가적인 요양 서비스를 선택하여 제공받을 수 있다. 선택 가능한 서비스로는 일상생활 활동 지원을 위한 간병서비스, 돌봄서비스, 의료 호송 및 이동서비스, 식사배달, 세탁서비스, 청소서비스 등의 가사도우미 서비스 등이 있다. 필요시 모든 입주자들은 근처 부킷 바톡 요양원에 우선 입소할 수 있는 자격이 주어진다. 커뮤니티 케어 아파트에서 제공되는 이러한 서비스들은 아틀라스 케어(Atlas Care)에서 제공할 예정이며, 이는 싱가포르의 공공의료 클러스터의 운영 주체인 보건부 홀딩스(MOH Holdings Pte Ltd)의 자회사이다. 하모니 빌리지 외에도 현재 커뮤니티 케어 아파트로 계획된 퀸즈웨이 캐노피와 차이 치 그린의 주거서비스 운영업체로 지정되어 있다.

표 9 **임대기간별 주택가격 및 기본 서비스 패키지 비용**

(단위: S$)

임대기간	주택가격 (a)	기본 서비스 패키지		합계	
		선불 (b)	일부 선불+ 매월 S$50 (c)	주택가격+선불 (a)+(b)	주택가격+일부 선불+ 매월 S$50 (a)+(c)
15년	40,000	22,000	13,000	62,000	53,000
20년	48,000	29,000	18,000	77,000	66,000
25년	55,000	39,000	26,000	94,000	81,000
30년	60,000	47,000	32,000	107,000	92,000
35년	65,000	59,000	42,000	124,000	107,000

출처: 싱가포르 국가개발부(2020), https://www.mnd.gov.sg/docs/default-source/default-document-library/
annex-d65ec2031718f421081f9cc850c69273b.pdf?sfvrsn=e11e059b_0

표 10 선택 가능한 서비스의 가격

선택 가능한 서비스 항목	가격	정부 지원 가능 여부
간병서비스	1일당 S$50	O
가사도우미 서비스	1시간당 S$2	X
식사배달 서비스	1끼니당 S$5~7	X
일상생활 돌봄서비스	1시간당 S$20~31	O
세탁서비스	1회당 S$20~40	X
의료 호송 및 이동서비스	1시간당 S$50~90	O

출처: 싱가포르 국가개발부(2020), https://www.mnd.gov.sg/docs/default-source/default-document-library/annex-d65ec2031718f421081f9cc850c69273b.pdf?sfvrsn=e11e059b_0

5 시사점

싱가포르의 고령층을 위한 주택정책과 지원제도, 실제 주택개발 사례를 통해 다음과 같은 시사점을 도출할 수 있다.

1) 주택자산의 다각적 활용을 통한 노후생활 안정성 강화

싱가포르는 고령화에 따른 주택문제에 대응하기 위해 노인가구의 주택자산을 전략적으로 활용할 수 있는 여러 정책적 제도들을 제공하고 있어 노후생활의 안정성을 높이는 접근방향을 가지고 있다. 우리나라의 고령층에서도 나타나듯이 고령가구의 자산의 대부분은 부동산에 집중되어 있어 유동적인 현금의 보유가 적기 때문에 싱가포르 정부는 노인가구의 주택의 다운사이징, 임대 환매 제도 등을 통해 주택자산을 활용한 현금화로 노후에 경제적으로 안정한 생활이 가능하도록 제도적 장치를 마련하였다.

2) 협력적 거버넌스를 통한 노인주거시설 개발

캄풍 애드미럴티는 싱가포르에서 노인주거시설에 다양한 서비스를 통합한 복합노인복지주택으로 개발된 첫 사례로 다양한 기관의 협력을 통한 포괄적이고 통합적인 서비스 제공이 강조되었다. 기존의 공공주택공급은 주로 주택개발청에 의해 단독으로 이루어져 왔지만 캄풍 애드미럴티는 여러 기관과의 파트너십을 통한 주택개발로 노인층을 위한 여러 종류의 서비스들을 보다 전문적이고 효율적으로 제공하는 기반을 마련하였다. 커뮤니티 케어 아파트 또한 국가개발부, 보건부, 주택개발청의 협력개발로 계획되어 맞춤형 요양서비스 아파트로 공급될 예정이다. 이러한 통합주거서비스 제공이 가능하다는 점은 고령사회의 주택문제라는 공통의 과제에 대한 지원책 마련에 있어서 다양한 기관과의 지속가능한 협력기반 마련이 중요함을 시사한다.

3) 통합돌봄 지원을 통한 지역사회 유대감 증진

노인인구가 기존의 거주지에서 계속 거주하면서 돌봄서비스를 받거나 또는 가족의 돌봄과 지원 아래 안정적인 노후생활을 보낼 수 있도록 지원하는 싱가포르의 사례를 통해 지역사회 통합 돌봄을 적극적으로 지원하는 것이 노인의 삶의 질 향상뿐만 아니라 세대 간의 융합, 지역사회의 유대감 형성에 긍정적인 영향을 미친다는 점을 강조하고 있다. 캄풍 애드미럴티는 노인가구를 위한 종합적인 주거서비스를 제공할 뿐만 아니라 지역사회 안에서 세대 간의 교류와 융합될 수 있는 장소를 제공하여 통합 돌봄의 환경을 조성하고 있다는 점에서 시사하는 바가 크다.

참고문헌

- NTUC 헬스 협동조합. (2023). Home Care Services. NTUC Health Co-operative Ltd. https://ntuchealth.sg/elderly-care/services/home-care/home-care-services
- Toh, W. L. (2017, October 20). Singapore's first 'retirement kampung' stirs to life as residents move in. The Straits Times. https://www.straitstimes.com/singapore/housing/kampung-admiralty-stirs-to-life-as-residents-move-in
- 경제협력개발기구. (2023). Health at a Glance 2023: OECD Indicators. OECD Publishing, Paris.
- 그린루프닷컴. (2023). Kampung Admiralty. GREENROOFS.COM. https://www.greenroofs.com/projects/kampung-admiralty
- 싱가포르 국가개발부, 주택개발청, 보건부. (2020). Singapore's First Assisted Living Flats To Be Launched In February 2021. Singapore MND, HDB, MOH. https://www.moh.gov.sg/docs/librariesprovider5/pressroom/press-releases/community-careapartments-press-release-(10-dec-2020-6pm).pdf
- 싱가포르 국가개발부. (2020). ANNEX D: Eligibility Criteria and Indicative Prices. Ministry of National Development. https://www.mnd.gov.sg/docs/defaultsource/default-document-library/annex-d65ec2031718f421081f9cc850c69273b.pdf?sfvrsn=e11e059b_0
- 싱가포르 국가인구재능부. (2023). Population in Brief 2023. National Population and Talent Division.
- 싱가포르 보건부 홀딩스. (2024). Community Care Apartments. MOH Holdings. https://www.mohh.com.sg/atlas-care/community-care-apartments
- 싱가포르 주택개발청. (2014). Delightful Homes. HDB's Sales Exercises. Housing and Development Board. https://btohq.sgp1.cdn.digitaloceanspaces.com/bto/jul-2014-bto/kampung-admiralty.pdf
- 싱가포르 주택개발청. (2021). Public Housing in Singapore: Social Well-Being of HDB Communities and Well-Being of the Elderly, HDB Sample Household Survey 2018. Housing and Development Board, p.183.
- 싱가포르 주택개발청. (2022). HDB's Sales Launch May 2023. Housing and Development Board. https://assets.hdb.gov.sg/residential/buying-a-flat/findinga-flat/sales-brochure/23MAYBTO_pdf_selection/bedok_south_blossoms.pdf

- 싱가포르 주택개발청. (2023). Community Care Apartments. Housing and Development Board. https://www.hdb.gov.sg/residential/buying-a-flat/finding-aflat/types-of-flats/community-care-apartments
- 싱가포르 주택개발청. (2023). Couples and Families. Housing and Development Board. https://www.hdb.gov.sg/cs/infoweb/residential/buying-a-flat/understandingyour-eligibility-and-housing-loan-options/flat-and-grant-eligibility/couples-andfamilies?anchor=multi-gen#multigen-housing-subsidies
- 싱가포르 주택개발청. (2023). Kampung Admiralty. Housing and Development Board. https://www.hdb.gov.sg/cs/infoweb/residential/where2shop/explore/woodlands/kampung-admiralty
- 싱가포르 주택개발청. (2023). Kampung Admiralty. mynicehome by HDB. https://www.mynicehome.gov.sg/lifestyle/places/kampung-admiralty
- 싱가포르 주택개발청. (2023). Lease Buyback Scheme. Housing and Development Board. https://www.hdb.gov.sg/residential/living-in-an-hdb-flat/for-our-seniors/monetising-your-flat-for-retirement/lease-buyback-scheme
- 싱가포르 주택개발청. (2023). Seniors. Housing and Development Board. https://www.hdb.gov.sg/residential/buying-a-flat/understanding-your-eligibility-andhousing-loan-options/flat-and-grant-eligibility/seniors
- 싱가포르 주택개발청. (2023). Types of Flats. Housing and Development Board. https://www.hdb.gov.sg/residential/buying-a-flat/finding-a-flat/types-of-flats
- 싱가포르 중앙적립기금 위원회. (2023). Receive lifelong monthly payouts with CPF LIFE. Central Provident Fund Board. https://www.cpf.gov.sg/member/retirementincome/monthly-payouts/cpf-life
- 싱가포르 통계청. (2023). Residents By Age Group & Type Of Dwelling. Singapore Department of Statistics. https://tablebuilder.singstat.gov.sg/table/TS/M810381
- 싱가포르 통계청. (2023a). Population Trends 2023. Singapore Department of Statistics.

미국, 공공 도서관 - 주거 복합 프로젝트: 커뮤니티 재생과 혁신

김대진

　　미국의 노인인구가 지속적으로 증가하고 있는 가운데, 노인을 위한 공공임대 주택은 그들의 삶에서 매우 중요한 부분을 차지하고 있다. 이러한 주택 정책은 노인 저소득층에게 안정적이고 저렴한 주거 공간을 제공하면서, 미국의 사회적 안정과 경제적 평등을 촉진하는 중요한 수단으로 작용하고 있다. 그러나 역사적으로 일부 공공 임대주택에서 다양한 문제가 발생하였고, 이는 도시 주거 커뮤니티와의 단절 등 부정적인 영향을 미쳐왔다. 최근 시카고에서는 공공 임대주택과 공공 도서관을 함께 개발하는 프로젝트를 통해 임대 주택에서 발생하는 다양한 문제를 해결하고 있다. 이 프로젝트는 공공 임대주택의 이미지를 전환하고, 도시 커뮤니티와의 연결을 강화하며, 공공 공간을 활용하여 건강하고 활기찬 커뮤니티를 조성하는 데 주력하고 있다. 이 장에서는 시카고 3개의 공공 도서관-주거 복합 프로젝트를 소개하고 이 시설이 어떻게 지역 커뮤니티에서 문화적, 사회적 거점 시설로서의 역할을 할 수 있도록 계획되었는지 소개하고자 한다.

1   미국 공공 임대주택 복합화 프로젝트 개요

1) 미국 노인인구 현황

2023년 미국 통계국(United States Census Bureau)의 보고에 따르면, 2021년 기준으로 미국 인구 중 약 16.5%가 65세 이상인 노인인구로, 이는 대략 5,400만 명에 달하는 수치이다. 이러한 증가는 주로 베이비 붐 세대(1946~1964년 사이에 태어난 인구)의 노년기 진입에 기인하며, 이 현상은 향후 지속적으로 심화될 것으로 예상된다. 2030년까지 미국 인구의 약 20%가 65세 이상이 될 것으로 예측되고 있어, 미국은 '초고령화' 사회로의 진입이 임박한 상황이다. 이러한 노인인구의 증가는 노인들이 거주하는 주거공간의 중요성을 더욱 강조하고 있으며 특히, 노인들에게 안정적이고 편안한 주거환경을 제공하는 것을 초고령화 사회에 대비하는 중요한 과제로 인식하고 있다.

2) 미국 공공임대 주택 공급현황

공공임대주택은 각국의 정치, 사회, 문화, 경제적 배경에 따라 다양한 형태로 존재하며, 그 핵심 목적은 저소득층에게 저렴한 주거 옵션을 제공하는 데에 있다. 이러한 주택 정책은 사회적 안정과 경제적 평등을 촉진하는 중요한 수단으로 작용한다. 특히 미국은 공공기관이 예산을 투입하여 주택을 건설하거나, 민간 임대 주택 건설에 보조금을 지원하는 방식으로 공공주택을 운영하고 있다. 대표적인 예로 저소득층 주택 세금 감면 프로그램과 주택 선택 바우처 프로그램이 있다. 세금 감면 프로그램은 주택 개발자에게 재정적 인센티브를 제공하고, 주택 선택 바우처 프로그램은 임차인에게 임대료의 일부를 지원한다. 이러한 프로그램들은 저소득층 및 사회적 약자에게 저렴한 비용으로 주거할 수 있는 기회를 제공하며, 주거 안정성과 삶의 질을 향상시킨다.

1950년대부터 미국의 공공주택 정책은 연방정부가 도심지역에 대규모 공공주택을 공급하는 방식을 채택했으나, 이러한 공공 주택들은 시간이 지나며 황폐화되고 사회문제의 온상으로 인식되기 시작했다. 시카고의 카비니-그린(Cabrini-Green homes)과 세인트 루이스의 프루이트 아이고(Pruitt-Igoe) 프로젝트는 이러한 실패의 대표적인 예이다. 이러한 경험을 바탕으로, 1970년대부터 미국은 민간 개발자를 통한 저소득층 임대주택 건설을 지원하는 방식으로 전환하고, 주거보조금 지급을 병행하기 시작했다. 현재는 섹션 8(Section 8) 주택 선택 바우처 프로그램이 주요 임대 주택 지원 프로그램으로 자리 잡고 있다. 이 프로그램은 미국 주거 및 도시 개발부(Department of Housing and Urban Development, HUD)에서 관리하며, 저소득 가구와 개인들을 위해 저렴하고 안전한 주거 옵션을 제공한다. 바우처의 금액은 신청자의 소득과 가족 규모, 지역의 주택 시장을 기준으로 산정되며, 임대료의 일부를 보조한다.

미국 내 공공 주택의 비율은 전체 주택의 약 12%를 차지하며, 저소득 가구에 대한 임대 보조금을 제공하는 공공 주택과 섹션 8 주택을 포함한다. 미국의 공공 주택은 저소득 가정, 노인, 장애인에게 적합하고 안전한 임대 주택을 제공하는 것을 목표로 하며, 다양한 형태로 존재한다. 현재 공공 주택에는 약 200만 명, 섹션 8 주택에는 약 470만 명이 거주하고 있으며, 이들 대부분은 노인, 장애인, 어린이로 구성되어 있다.

이러한 역사적 변화와 현재의 상황은 미국의 공공주택 정책이 어떻게 발전해 왔는지를 보여준다. 초기의 실패를 극복하고, 보다 효과적이고 지속 가능한 접근 방식으로 전환함으로써, 미국은 저소득층, 노인, 장애인에게 안전하고 적합한 주거 환경을 제공하기 위해 노력하고 있다.

3) 시카고 공공임대주택에 대한 평가

제2차 세계대전 후, 미국의 도시들은 인구 증가와 함께 주택 부족 문제에 직면했으며, 특히 시카고는 남부 지역에서 유입된 흑인 인구 증가로 인해 주거 문제가 심각했다. 이에 대응하여 시카고 주거청(Chicago Housing Authority)은 공간 효율성을 극대화하기 위해 대규모 고층 아파트 단지를 계획했다. 1942년부터 1962년까지 시카고의 카비니-그린(Cabrini-Green homes) 지역에 3,600호의 임대주택이 건설되었고, 약 15,000명이 이곳에 정착했다. 초기에는 도심 주거 부족 문제의 해결책으로 여겨지고 미국 여러 도시에서 성공 모델로 고려되었으나, 시간이 지나면서 총기, 마약 관련 범죄 증가 등 여러 문제점이 드러났다. 이러한 고밀도 임대주택 개발은 지역 커뮤니티와의 단절을 초래했고, 설계 및 시공 문제로 인한 관리 어려움이 발생했다. 결국 2000년, 시카고 주거청과 시카고 시는 이 임대주택을 철거하기로 결정했으며, 2011년에 모든 건물이 철거되었다. 이 사례는 미국에서 도심 내 임대주택 건설의 대표적인 실패 사례로 기록되며, 공공 임대주택에 대한 부정적 인식을 심화시켰다. 이는 공공 임대주택 건설과 관련된 지역 커뮤니티 협의에 장애물로 작용하며, 공공 임대주택에 대한 지속적인 부정적 낙인이 사회적 도전 과제로 남아있음을 보여준다. 이 사례는 도심 지역 내에서 공공 주택이 단순히 주거 공간 제공을 넘어서 주거 환경의 질, 커뮤니티 연결, 안전과 보안 문제 등을 종합적으로 고려해야 함을 시사하며, 도시 계획과 주거 정책 결정에 지역 커뮤니티의 참여와 의견을 반영하는 것의 중요성을 강조한다.

4) 시카고 복합화 프로젝트 사례

시카고 주거청은 공공 임대주택의 다양한 문제점을 해결하기 위해 시카고 공공 도서관(Chicago Public Library: CPL)과 협력하여 복합화(Co-location) 프로젝트를 진행했다. 이 프로젝트는 공공 임대주택과 공공 도서관을 함께 개발하는 것으로, 공공 임대주택으로 인한 커뮤니티의 슬럼화 및 이웃 커뮤니티와의 단절 문제를 해결하고, 임대주택에 대한 부정적인 이미지를 개선하기 위한 혁신적인 주거 개발 프로젝트로 인식되고 있다(HUD USER, 2019). 이 사업은 시카고 공공 도서관이 공사비, 수요, 프로그램 부족 등의 문제를 해결하기 위한 방안을 모색하던 중 람 이매뉴얼(Rahm Emmanuel) 전 시장(2011~2019)의 주도로 시작되었다. 시장은 디자인 혁신을 통해 공공 공간의 가치를 향상시킬 수 있는 방안을 지속적으로 고려해 왔는데 임대주택 개발에 있어서 단순히 저렴한 아파트의 집합체가 아니라, 공원, 운동장, 도서관 등 사회적 및 문화적 인프라를 제공하는 건강한 커뮤니티 구축의 중요성을 강조했다. 특히 도서관은 지역 커뮤니티에서 문화적 및 사회적 핵심 역할을 할 수 있기 때문에, 이 복합화 프로젝트는 공공 임대주택이 지역 커뮤니티의 중심 역할을 할 수 있도록 계획되었다.

시카고 카비니-그린에서 생성된 공공 임대주택에 대한 부정적인 이미지를 전환하기 위해 디자인 혁신에 중점을 두었다. 시카고 주거청은 기존 임대주택의 획일적이고 진부한 디자인에서 벗어나 새로운 디자인 아이디어를 얻기 위해 건축 공모전을 실시했다. 이 프로젝트는 시카고 시청, 주거청, 공공 도서관이 공동으로 진행하였으며, 민간 시행사를 고용하여 공모전 주체 및 계약, 감리 등을 수행하였다. 공모전 결과, 총 32개 회사가 참여하였고, 그중 3개 회사가 선정되어 각각의 지역에서 프로젝트를 진행하였다. 모든 설계사는 설계 초기 단계부터 지역 주민들과 함께 다양한 방식의 주민 공청회 및 세미나를 통해 도서관 프로그램부터 최종 디자인 계획까지 지역 주민의 의견을 반영하여 디자인하였다. 이 3개의 프로젝트는 모두 공공 도서관이 지역 커뮤니티에서 문화적, 사회적 거점 시설로서의 역할을 할 수 있도록 계획되었다.

2 사례

1) 노스타운 임대 아파트와 공공 도서관(Northtown Affordable Apartments and Public Library)

시카고 도심에서 북쪽으로 약 20분 거리에 위치한 웨스트 릿지(West Ridge) 지역에 공공주택-도서관 복합화 사업을 2019년에 완공하였다. 이 지역은 시카고에서 인종과 계층의 다양성이 두드러지는 곳으로, 노스타운 워렌(Northtown Warren) 공원 건너편, 차량 이동이 활발한 웨스턴 에비뉴 북쪽(N Western Ave)에 위치해 있다. 세계적인 건축 회사 퍼킨스 & 윌(Perkins & Will)이 설계한 이 건물은 유기적 형태로 디자인되었으며 총 면적은 약 $6,038m^2$이며, 총 사업비는 약 340억 달러에 달한다. 건물은 총 4층으로 구성되어 있으며, 1층과 2층은 공공 도서관으로, 3층과 4층은 62세 이상의 건강한 노인들을 위한 44개의 아파트로 사용되고 있다.

표 1	노스타운 임대 아파트와 공공 도서관 사례 개요	
주소	6800 N Western Ave, Chicago, IL 60654	
주택 형태	1~2층 도서관, 3~4층 주거 시설 (62세 이상)	
준공 연도	2019년	
층수 및 실	44세대, 4층(6,038m²)	
총 사업비	340억 달러	
계약조건	월세 계약	
임대료	입주자 한 달 수입의 30%	
설계회사	Perkins & Will	

출처: https://perkinswill.com/project/northtown-library-and-apartments/

약 6,038m² 규모의 이층 공공 도서관은 지역 주민들의 지속적인 참여와 관심을 유도하기 위해 설계되었다. 다양한 연령층을 위한 다양한 커뮤니티 프로그램을 제공하고 있으며 도서관의 내부가 외부에서 쉽게 관찰될 수 있도록 함으로써 접근성을 향상시켰다. 특히, 1층에 다목적 공간은 유아들을 위한 동화책 읽기 또는 다양한 예술 프로그램을 위한 장소로 활용되고 있으며 지역 커뮤니티의 다양한 요구와 행사에 맞춰 조정될 수 있는 유연성을 갖추고 있다. 도서관 내부 중앙에는 도서관 이용자와 입주민 모두를 위한 테라스 역할을 하는 정원이 조성되어 있는데 다양한 원예 프로그램을 제공하며, 주민들에게 자연과의 교감을 가능하게 하는 기회를 제공한다. 이러한 공간은 도서관을 단순한 독서 공간을 넘어서 지역 커뮤니티의 사회적, 문화적 중심지로 변모시키는 역할을 한다. 또한 도서관에 위치한 유미디어랩(YouMedia Lab)은 지역의 10대 청소년들이 학업과 진로 탐색에 도움을 받을 수 있는 다양한 프로그램을 제공하는데 이 공간은 청소년들이 기술, 창의성, 그리고 협업을 통해 자신의 능력을 개발하고, 미래의 직업 세계에 대비할 수 있는 기회를 제공한다.

이와 같은 프로그램은 공공 도서관이 지역 커뮤니티에 적극적으로 참여하고, 다양한 연령대와 배경을 가진 사람들을 위한 포괄적인 공간으로 기능하도록 하는데 이는 공공 임대주택과의 복합화를 통해 지역사회의 일원으로서의 역할을 강화하고, 주변 지역과의 연결을 증진시키는 중요한 요소로 작용한다.

그림 1 노스타운 공공 도서관 내부

출처: https://perkinswill.com/project/northtown-library-and-apartments/

입구 로비에 마련된 오픈 공간은 지역 사회의 공연이나 지역 예술가들을 위한 문화 공간으로 활용되는데 이 공간은 지역 커뮤니티의 창의적인 활동과 문화적 교류의 장으로 기능하며, 주민들에게 다양한 문화적 경험을 제공한다. 또한, 로비를 장식하는 화려한 벽화는 지역 예술가들에 의해 완성되었는데 이 벽화는 웨스트릿지(West Ridge) 지역 주민들의 다양성을 반영하며, 서로 다른 배경을 가진 사람들이 함께 삶을 공유하는 아름다움을 상징한다. 이러한 예술 작품은 도서관을 단순한 독서 공간을 넘어서 지역 커뮤니티의 문화적 중심지로 만들어주는 중요한 요소로 고려될 수 있다. 이와 같은 다양한 프로그램과 공간의 제공은 도서관을 지역사회의 공공 편의 시설로서의 역할을 강화하고, 인근 지역 주민들에게 환영받는 시설로 만들어주는 데 기여한다. 이러한 접근 방식은 공공 도서관이 단순한 정보 제공의 장소를 넘어서 지역 커뮤니티의 사회적, 문화적 중심지로서의 역할을 수행할 수 있도록 한다.

그림 2 공공 도서관 메인 로비와 주거 공간

출처: https://perkinswill.com/project/northtown-library-and-apartments/ & https://www.huduser.gov/
portal/pdredge/pdr-edge-inpractice-090919.html (Photo by James Steinkamp)

건물의 3층과 4층은 62세 이상의 독립적인 생활이 가능한 노인들을 위한 44
개의 원 베드룸 아파트로 구성되어 있고 노인 입주민들의 편의와 삶의 질을 고려
하여 설계되었다. 공공 도서관의 2층 위에 위치한 가든은 거주민만이 사용할 수
있는 공간으로, 다양한 이벤트와 활동을 즐길 수 있도록 계획되었다. 이 가든은
입주민들에게 휴식과 사교의 장을 제공하며, 도심 속에서 자연과 가까워질 수 있
는 기회를 제공한다. 또한, 건물의 공용 공간과 복도, 주거 공간에는 전층 유리를
설치하여 자연 채광을 최대화 하였다. 이러한 설계는 노인 입주민들의 심리적 및
사회적 건강에 긍정적인 영향을 미치도록 고려되었다. 자연광은 건강과 웰빙에 중
요한 역할을 하며, 쾌적한 주거 환경을 조성하는 데 기여하였다.

주거 공간 내에는 입주민들의 편의를 위해 공용 세탁방, 헬스 시설, 그리고 커
뮤니티 활동을 위한 로비가 마련되어 있다. 이러한 시설들은 입주민들의 일상 생
활을 지원하고, 사회적 교류와 활동을 장려하고 있다.

입주민들의 월세는 관리비를 포함하여 입주자의 한 달 수입의 30%로 책정되
어 있다. 이는 합리적인 비용으로 안정적인 주거 환경을 제공하고자 하는 프로젝
트의 목표를 반영한다. 이러한 월세 체계는 입주민들의 경제적 부담을 줄이고, 동
시에 적절한 주거 서비스를 제공하는 데 중점을 두고 있다.

그림 3 주거 공간 평면도

출처: https://aiachicago.awardsplatform.com/gallery/YpkmerGr/QAmyjVKA?search=a96144a3f006a053–
4(%EC%95%84%EB%9E%98

2) 인디펜던스 아파트와 도서관(Independence Apartments and Library)

시카고 동쪽 어빙(Irving) 지역에 위치하고 있으며, 존 론나(John Ronan) 건축가에 의해 설계되었다. 이 6층 건물은 총 면적 약 6,000m²로, 총 사업비는 약 334억 달러이다. 1층과 2층은 공공 도서관으로, 3층부터 6층까지는 62세 이상의 노인들을 위한 44개의 아파트이다. 건물의 디자인은 둥근 코너와 주름진 철판으로 둘러싸여 있어, 생동감 넘치는 매스감을 제공하며 다양한 색상의 사용은 건물이 외부에서 쉽게 인지될 수 있도록 돕는다. 2층 높이의 유리와 프리캐스트 콘크리트로 만들어진 도서관은 바깥쪽으로 도출되어 지역 주민들을 공간 내부로 끌어들일 수 있도록 설계되었으며 건축가 존 론나(John Ronan)은 기존 공공 임대주택이 가진 획일화된 공간 계획과 외부 디자인의 문제를 해결하기 위해 노력하였다. 그는 건물을 외부에서 보았을 때 거주자가 자신의 주거 공간을 쉽게 식별할 수 있도록 각각의 공간에 컬러 코드를 부여하였고 이러한 디자인 접근은 건물에 독특한 정체성을 부여하고, 거주자들에게 개별성과 소속감을 제공한다. 즉, 밝은 색의 아파트 블록과 각기 다른 색깔로 채색되어 있는 발코니들은 임대주택과 지역 사회가 서로 시각적으로 대화를 할 수 있도록 하였고 임대주택에 거주하는 거주자에게 자신들의 거주 공간 그리고 지역 사회에 대한 자존감을 가질 수 있도록 의도하였다.

표 2 인디펜던스 아파트와 도서관 사례 개요

주소	4024 N Elston Ave, Chicago, IL 60618	
주택 형태	1~2층 도서관, 3~6층 주거 시설 (62세 이상)	
준공 연도	2019년	
층수 및 실	44세대, 6층(6,000m²)	
총 사업비	334억 달러	
계약조건	월세 계약	
임대료	입주자 한 달 수입의 30%	
설계회사	John Ronan Architect	

출처: https://www.jrarch.com/independence-library-and-apartments-1

　　1층과 2층으로 구성된 이 공공 도서관은 지역 주민들이 쉽게 접근할 수 있도록 거리에 인접한 출입구를 갖추고 있으며 도서관의 설계는 개방형 평면도를 기반으로 하여, 풍부한 자연 채광과 안락한 계단 공간을 제공한다. 또한, 어린 아이들을 위한 조기 학습 놀이 공간, 청소년 및 커뮤니티 모임을 위한 공간, 그리고 독립적인 학습을 위한 다목적 공간 등 다양한 용도로 활용될 수 있는 시설들이 마련되어 있다. 특히, 도서관 중앙에 위치한 열린 공간은 대규모 지역 주민들을 위한 영화 상영, 교육 프로그램 제공 등의 목적으로 사용되고 있으며 이 공간은 지역 커뮤니티의 사회적, 문화적 활동의 중심지로 기능하며, 주민들에게 교육과 오락을 동시에 제공하는 중요한 장소로 자리 잡고 있다. 이러한 다기능적이고 유연한 공간 설계는 도서관을 단순한 책의 보관소가 아닌, 지역 사회의 활발한 교류와 학습, 문화 활동이 이루어지는 중심지로 변모시키는 데 중요한 역할을 한다고 할 수 있다.

이는 지역 커뮤니티의 다양한 요구와 활동을 수용하고, 지역 주민들에게 새로운 경험과 기회를 제공하는 현대적인 도서관의 모범 사례로 볼 수 있다.

그림 4 인디펜던스 도서관 내부

출처: https://www.jrarch.com/independence-library-and-apartments-1 & https://www.archdaily.com/927467/independence-library-and-apartments-john-ronan-architects/5db8fa153312fd1433000747-independence-library-and-apartments-john-ronan-architects-photo?next_project=no

3층부터 6층에 위치한 임대주택의 복도는 외부 발코니와 동일한 색상을 사용하여 공간을 표현하였는데 이는 특히 시력 장애가 있는 거주민이나 방문객들이 공간을 더 쉽게 식별할 수 있도록 밝은 색조를 활용하였다. 이러한 접근은 건물 내에서의 이동 편의성을 높이고, 모든 사용자들에게 보다 친근하고 안전한 환경을 제공하는 데 목적을 두었다. 내부 마감재는 간결하면서도 비용 효율적인 소재를 선택하여 계획하였는데 예를 들어, 바닥재로는 관리가 용이하고 비용이 저렴한 비닐 복합 타일을 사용하였다. 이는 장기적인 유지 관리 비용을 절감하고, 청소 및 관리의 용이성을 고려한 설계의 한 예이다. 또한, 복도에서 발생하는 소음이 주거 공간 내부로 침투하는 것을 방지하기 위해 천장에는 흡음 패널을 사용하였고 이러한 흡음 패널의 사용은 거주민들의 생활 공간에서의 소음 불편을 최소화하고, 쾌적한 주거 환경을 조성하는 데 기여하였다. 이러한 세심한 디자인과 재료 선택은 임대주택이 단순한 거주 공간을 넘어서, 거주민들의 편안함과 편의를 고려한 생활 공간으로서의 역할을 강조한다.

그림 5 인디펜던스 임대주택 공용 공간 복도

출처: https://www.architecturalrecord.com/articles/14284-independence-library-and-apartments-by-john-ronan-architects & https://www.archdaily.com/927467/independence-library-and-apartments-john-ronan-architects/5db8fa9f3312fd7c7e0002ed-independence-library-and-apartments-john-ronan-architects-photo?next_project=no

그림 6 인디펜던스 임대주택 주거 공간 평면도

출처: https://www.archdaily.com/927467/independence-library-and-apartments-john-ronan-architects/5db8fba73312fd7c7e0002ef-independence-library-and-apartments-john-ronan-architects-residential-floor-plan

2층에 위치한 도서관의 외부 공간은 입주자 전용 공간으로 설계되어, 입주민들이 함께 모여 다양한 커뮤니티 활동을 할 수 있는 기회를 제공한다. 이 공간은 입주민들이 서로 교류하고, 공동체 의식을 강화할 수 있는 중요한 장소로 고려된다. 입주자 전용 로비 공간은 호텔의 로비와 같은 디자인으로 구성되어 있어, 입주민들의 자존감을 높이고 임대주택에 대한 기존의 부정적인 인식을 전환하는 데 중점을 두었다. 이러한 디자인 접근은 임대주택이 단순한 거주 공간을 넘어서, 거주민들에게 품격과 자부심을 제공하는 공간으로 재탄생하게 한다. 특히, 이러한 외부 공간과 로비 공간은 거주자들이 임대주택 내에서 보다 건강하고 활기찬 커뮤니티를 형성하는 데 긍정적인 역할을 할 것으로 기대된다. 거주민들이 서로 소통하고, 공동의 이익과 목표를 공유하는 중심지가 되어, 커뮤니티의 결속력을 강화하고, 거주민들의 삶의 질을 향상시키는것을 목적으로 한다. 이러한 공간의 설계와 구현은 임대주택이 단순한 주거 공간을 넘어서 사회적, 문화적 가치를 창출할 수 있는 잠재력을 보여준다고 할 수 있다.

그림 7 입주자 전용 공간

출처: https://www.dezeen.com/2019/10/15/john-ronan-affordable-housing-chicago-library

3) 테일러 거리 아파트와 리틀 이탈리아 분관 도서관(Taylor Street Apartments and Little Italy Branch Library)

시카고 도심 남쪽에 위치한 리틀 이탈리아(Little Italy) 지역의 이 건물은 총 면적이 약 6,800m²이며, 총 사업비는 약 413억 달러로, 7층 건물로 구성되어 있다. 1~2층은 공공 도서관으로, 3~7층은 총 73개의 아파트 유닛으로 이루어져 있으며 세계적인 건축 회사 SOM에 의해 설계되었다. 건물의 외부 디자인은 기존 지역 건물들과 조화를 이룰 수 있도록 세심하게 계획되었으며 아즈텍 벽돌 마감과 밤색 판넬을 사용하여 리틀 이태리(Little Italy) 커뮤니티 지역의 오래된 역사와 문화적 특성을 반영하였다. 73개의 아파트 유닛 중 7개는 일반인에게 임대하고 있으며, 이들의 월세는 주변 아파트의 시장 가격인 관리비 포함 1,500달러에서 1,800달러 사이로 책정되었다. 이러한 접근은 임대주택과 일반 주거 공간의 통합을 촉진하고, 지역 커뮤니티 내에서 다양한 계층의 사람들이 함께 어우러져 살 수 있는 환경을 조성하는 데 목적을 두었다. 즉, 단순한 주거 공간을 넘어서 지역 커뮤니티의 일부로 자리 잡으며, 지역의 역사와 문화를 존중하고 반영하는 대표적인 예로 평가받고 있다.

표 3 테일러 거리 아파트와 리틀 이탈리아 분관 도서관 사례 개요

주소	1336 W Taylor St, Chicago, IL 60618	
주택 형태	1~2층 도서관, 3~7층 주거 시설(62세 이상)	
준공 연도	2019년	
층수 및 실	73세대, 6층(6,800m²)	
총 사업비	413억 달러	
계약조건	월세 계약	
임대료	입주자 한 달 수입의 30%	
설계회사	SOM	

출처: https://www.som.com/projects/taylor-street-apartments-and-little-italy-branch-library/

이 복합 프로젝트는 초기 설계 단계에서 지역 주민들의 반대에 직면했지만, 다양한 도서관 프로그램과 이탈리아 이민자들의 문화를 반영한 외관 디자인을 통해 주민들의 동의를 얻을 수 있었다. 이 프로젝트는 특히 사용자의 연령대별로 다양한 프로그램을 제공하는 것에 중점을 두었는데 예를 들어 도서관 내부에는 어린이를 위한 키즈존(Kids Zone), 청소년을 위한 틴즈존(Teens Zone), 그리고 학습을 위한 스터디존(Study Zone) 등을 제공하였다. 특히 어린이 공간과 유미디어(YOU Media) 공간은 십대들이 디지털 디자인, 음악 및 녹음, 3D 기술 등을 배울 수 있도록 설계되었다. 이러한 공간들은 밝은 색상과 다양한 그래픽 요소를 활용하여 시각적으로 즐거움을 제공하며, 소음을 줄이기 위해 흡음 패널과 카펫 등의 다양한 인테리어 재료를 사용했다.

도서관과 인접한 외부 건물의 마감 재료를 도서관 내부에도 사용함으로써, 이 건물이 지역 커뮤니티와 조화롭게 어울릴 수 있도록 고려한 점도 주목할 수 있다. 이러한 디자인 접근은 건물이 단순한 공간을 넘어 지역 커뮤니티의 일부로 자리매김하게 하며, 지역 주민들에게 친근감과 소속감을 제공하는 데 기여하였다.

그림 8 리틀 이탈리아 분관 도서관 내 키즈존

출처: https://www.som.com/projects/taylor-street-apartments-and-little-italy-branch-library

공공 임대 주택의 설계는 입주민들의 편의와 삶의 질을 향상시키는 데 중점을 두었고 이를 위해 도서관과는 별도의 입구를 통해 접근할 수 있으며, 입주자 전용 로비 공간에는 다양한 편의 시설이 제공되며 공용 세탁방, 헬스시설, 택배 보관함 등이 포함되어 있어 입주민들이 편리하게 이용할 수 있다. 이러한 시설들은 입주민들에게 편안하고 편리한 생활 환경을 제공함으로써, 공공 임대 주택에 대한 긍정적인 인식을 높이는 데 역할을 한다. 또한, 주거 공간의 설계에 있어서 자연채광을 최대한 활용하는 것에 중점을 두었는데 전층에 걸쳐 유리를 사용함으로써 자연광이 충분히 들어올 수 있도록 하여, 거주 공간의 밝고 쾌적한 분위기를 조성하였다. 이는 거주자의 심리적, 정서적 웰빙에 긍정적인 영향을 미치며, 동시에 에너지 효율성을 높이는 데도 기여한다. 이러한 설계 접근은 공공 임대 주택이 단순한 거주 공간을 넘어 삶의 질을 향상시키는 공간으로 인식되도록 하는 데 중요한 역할을 하는 것으로 보인다.

그림 9 1층 공용 공간 평면도

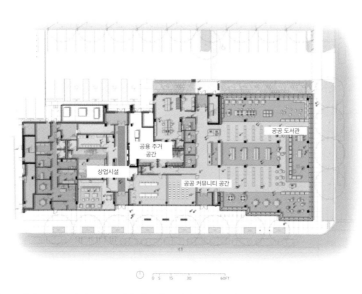

그림 10 입주자 전용 로비

그림 10 입주자 전용 로비

출처: https://www.som.com/projects/taylor-street-apartments-and-little-italy-branch-library/

그림 11 주거공간

출처: https://www.relatedmidwest.com/our-company/properties/taylor-street-apartments-little-italy-
branch-library

3 시사점

미국 대도시에서의 공공임대 주택에 대한 최근의 노력은 저소득층 및 소외계
층에 집중된 공공임대 주택이 지역 계층 간 불균형과 주민 갈등을 야기하며 도시
의 균형 발전에 문제로 인식되어 왔던 기존의 상황을 변화시키고 있다. 이러한 복

합화 사업을 통해 공공 임대 주택을 지역사회의 사회적 및 문화적 거점 시설로 변모시키는 가능성을 보여주는 사례로 평가받고 있다.

임대주택에 대한 사회적 인식은 실제로 많은 도시와 지역에서 중요한 문제로 대두되고 있다. 임대주택이 저소득층이나 소외계층에게 필요한 주거 수단임에도 불구하고, 이러한 주택이 지역사회 내에 설립될 때 부정적인 반응을 불러일으키는 것이 일반적인 현상이다. 이는 사회 구성원으로서 임대주택에 대한 필요성은 인정하면서도 자신의 생활 영역 내에서는 그러한 시설을 원하지 않는 태도를 자주 보여준다.

공공 임대주택은 단순히 지역 이기주의나 자기중심적 공공 정신 결핍의 문제가 아니라, 지역 주민의 주거권을 존중하며 필요한 핵심 시설을 제공하는 방식으로 개발되어야 한다. 다양한 복합화 프로젝트를 통해 도서관 및 교육시설과 같은 필수적이고 환영 받는 시설을 포함함으로써, 공공 임대주택이 지역 사회에서 선호되는 시설로 인식될 수 있는 가능성을 발견할 수 있다. 이러한 문제를 해결하기 위해서는 임대주택에 대한 새로운 접근 방식이 필요하며, 임대주택을 단순 '위해 시설'이 아닌 지역사회의 중요한 구성 요소로 인식시키는 것이 중요하다. 이를 위해 임대주택을 단순한 거주 공간을 넘어서 사회적, 문화적 활동의 중심지로 재탄생할 수 있는 노력이 필요하다.

소개된 3개의 복합화 프로젝트는 도서관과 임대주택을 통합하여 지역사회의 모든 구성원이 함께 이용할 수 있는 공간을 조성하는 것을 목표로 하였다. 또한, 임대주택의 디자인과 건축에 있어서도 지역사회의 특성과 문화를 반영하고, 주변 환경과 조화를 이루는 방식으로 접근하는 것이 중요하다. 이를 통해 임대주택이 지역사회의 일부로 자리 잡고, 주민들의 자부심과 소속감을 높일 수 있다.

임대주택에 대한 사회적 인식을 개선하기 위해서는 정책 입안자, 도시 계획가, 건축가, 그리고 지역사회 구성원들이 함께 협력하여 장기적이고 지속 가능한 해결책을 모색해야 하며, 이러한 노력을 통해 임대주택이 지역사회의 통합과 발전에 기여하는 중요한 역할을 할 수 있을 것으로 기대된다. 이 복합화 사업은 공공 임대주택과 도서관을 결합함으로써, 단순한 주거 공간을 넘어서 지역 커뮤니티의 문화적, 사회적 중심지로서의 역할을 수행하고 있다. 이러한 혁신적인 접근은 주변 지역과의 연결을 강화하고, 공공 임대주택에 대한 부정적인 인식을 개선하는 데 기여하고 있다. 또한, 이 프로젝트는 지역 커뮤니티에 다양한 서비스와 프로그램을 제공함으로써 지역 주민들의 삶의 질을 높이는 데 중요한 역할을 하고 있다.

1) 생활 밀착형 복합화

시카고의 공공 도서관-주거 복합화 프로젝트는 지역사회에 긍정적인 변화를 가져오는 혁신적인 접근법을 보여주었다. 각 지역사회의 특성과 필요를 반영한 이러한 복합화 프로젝트는 지역의 독특한 자산을 창출하며, 주민들의 참여와 소속감을 높이는 데 성공적인 역할을 하였다. 이러한 복합화 프로젝트는 다양한 계층과 연령대의 사람들이 모이는 공간으로 자리 잡아, 사회적 통합을 촉진하는 데 기여하였으며, 도서관을 매개체로 하여 지역 주민들이 서로 소통하고, 학습하며, 문화 활동에 참여할 수 있는 기회를 제공하였다. 이는 공동체 형성을 강화하고, 지역사회의 결속력을 높이는 데 중요한 역할을 하고 있다. 또한, 이러한 복합화 프로젝트는 지역 경제에 활력을 불어넣고, 해당 지역의 브랜드 가치를 향상시킬 수 있을 것으로 기대된다. 이러한 프로젝트의 성공은 다양한 이해관계자들의 협력이 중요했는데, 지방 정부, 건축가, 도시 계획가, 지역사회 구성원, 그리고 민간 부문의 참여와 협력이 필수적이었다. 이들의 협력을 통해 지역사회에 필요한 공간 복지시설 및 서비스를 제공하고, 지역 거점을 조성하여 커뮤니티가 함께 성장할 수 있는 기회를 만들어낼 수 있었다. 끝으로 공공주택과 문화시설을 복합화하는 새로운 방식은 지역사회의 특성을 반영하고, 지속 가능한 발전을 촉진하며, 사회적 통합을 강화하는 데 기여할 수 있을 것으로 기대된다.

2) 디자인 혁신

임대주택에 대한 부정적 인식은 공간에 새로운 기능을 추가함으로써 개선될 수 있으나, 임대주택의 전반적인 이미지를 변화시키기 위해서는 사람 중심의 공공주택 개발과 건강한 커뮤니티 형성을 위한 질적 개선이 필수적이라 할 수 있다. 다양성을 배제한 획일적인 디자인과 효율성만을 중시한 개발 계획은 임대주택에 대한 부정적 인식을 바꾸는 데 한계가 있음을 인지해야 한다. 이에 따라, 지역을 대표할 수 있는 건물로서의 역할을 수행하기 위한 디자인 혁신이 요구된다. 임대주택의 이미지를 개선하고 건강한 커뮤니티를 발전시키기 위해서는 사람 중심의 설계와 다양성을 포용하는 디자인이 필요한 시점이라 할 수 있다.

기존의 임대주택 개발 방식은 지역사회의 다양한 요구와 특성을 반영하지 못해 임대주택에 대한 부정적 인식을 강화할 수 있다. 반면, 지역사회와의 지속적인 대화와 깊은 이해를 바탕으로 한 건축적 혁신은 임대주택을 지역사회의 자랑거리로 변모시킬 수 있다. 시카고의 사례처럼, 다양한 건축가들이 참여하는 공모전을 통해 임대주택 디자인에 실험적이고 혁신적인 접근을 시도하는 것은 매우 중요하다. 이러한 접근은 임대주택에 대한 인식을 긍정적으로 바꾸는 데 기여할 뿐만 아니라, 특히 젊은 세대에게 임대주택에 대한 새로운 시각을 제공할 수 있다.

결론적으로, 임대주택에 대한 부정적 인식을 개선하기 위해서는 단순한 주거 공간 제공을 넘어서 지역사회의 일부로서 기능할 수 있는 공간 계획이 필요하다. 지역사회의 요구와 특성을 반영한 디자인, 다양한 사회적 및 문화적 프로그램의 통합, 그리고 지역사회와의 지속적인 소통과 협력을 포함하는 다각적인 접근 방식은 임대주택을 지역사회의 중심지로 변모시키는 데 기여할 수 있을 것이다.

참고문헌

- https://www.huduser.gov/portal/pdredge/pdr-edge-inpractice-090919.html
- HUD USER. (2019, September 9). A true home library: Combining housing with a public library on Chicago's north side. Retrieved from
- United States Census Bureau. (2023, May). Older Americans month: May 2023, Retrieved from https://www.census.gov/newsroom/stories/older-americans-month.html

지역사회 돌봄형

영국, 독립적 생활 유지를 위한 추가돌봄주택

김경원

　영국은 다양한 노인주거 문제를 해결하기 위해 여러 정책과 노인주거 유형을 갖추고 있다. 그중 추가돌봄주택(Extra Care Housing, ECH) 유형에 대해 알아보고자 한다. 더 나은 주거로의 이주가 어려운 상황에서 많은 노인들은 기존의 거주지에서 견디거나, 익숙한 환경과 동떨어진 시설로 이주하게 되고, 이러한 이주는 심리적으로 큰 부담감을 주게 된다. 한국에서 부동산은 투자의 유리한 형태였으며, 이는 많은 노인들에게 실질적인 자산이 되었다. 실질적 자산의 크기와 삶의 가치 사이에 균형을 맞추는것은 또 하나의 과제가 되어 현재 필요 이상의 넓은 주거 공간에 머물게 되는 경우가 많다. 이러한 상황에서 ECH는 일반주거형태나 요양시설에 비해 더 나은 사회적 돌봄기능을 제공하고 결과적으로 돌봄에 대한 요구를 줄인다. 또한 1인 또는 2인 생활에 맞는 주거 형태를 제공하여, 기존의 가족형 주택을 시장으로 돌려 놓음과 동시에 노인들에게 가용할 수 있는 경제력을 돌려주는 역할을 한다는 점에서 한국의 노인 주거 문제를 해결하기 위한 참고가 될 수 있다.

1) 인구의 변화

2021년에 영국의 65세 이상 노인인구는 약 1,100만 명으로 2021년 전체 인구의 18.6%를 차지했다. 이는 2011년 전체인구의 16.6%를 차지했던 920만 명보다 늘어난 수치이고, 2030년에는 거의 1,300만 명에 이를 것으로 예상된다. 의료 및 공중보건의 발전과 평균수명 연장으로, 기대수명은 2020년까지 남성과 여성 모두 계속 증가하여 각각 81세와 85세에 이르렀다. 2021년 기준 100세 이상 노인 수는 13,924명으로 전체 인구의 0.02%를 차지하지만, 2011년에 비해 24.5%가 늘어났다. 2016년 85세 이상의 인구는 160만 명이었고, 2041년에는 320만 명으로 늘어날 것으로 예상된다.[1]

그림 1 영국 연령대별 인구비율

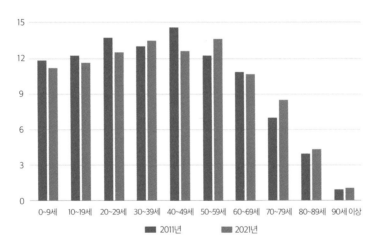

출처: Office for National Statistics

---

1 Census 2021(https://www.ons.gov.uk)

인구의 변화는 소득과 지역에 따라서 차이를 보이는데, 2029년까지 농촌지역 인구의 36%가 60세 이상이 될 것으로 예상되며, 도시지역에서는 23%의 인구가 60세 이상이 될 것으로 예상된다. 75세 이상의 인구는 도시지역은 47% 증가하지만, 농촌지역에서는 90% 증가할 것으로 예상되며, 2030년까지 65세 이상의 인구 비율이 지역인구의 3분의 1을 넘게 될 지역도 나타날 것으로 예측된다. 이와 연계되어 소득 격차가 있는 지역에 따라 장애 없는 삶에 대한 기대 수명의 차이가 17년이 나며, 평균수명에서는 7년 차이가 난다(The Marmot Review, 2010).

그림 2 영국 지역소득에 따른 기대수명

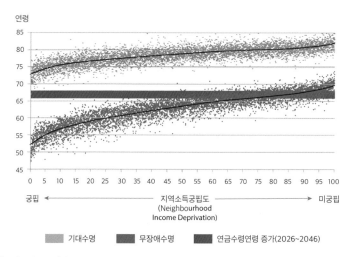

출처: Office for National Statistics

2) 거주현황

2021년 인구조사에 따르면, 전체 인구의 18.6%인 1,100만 명 정도가 65세 이상의 노인이며, 이들 중 약 330만 명은 혼자 살고 있다. 전체 노인인구의 97.3%는 개인주거에 거주하고 있었으며, 2.7%는 공동시설에 거주하고 있다. 공동시설에 거주하는 대다수(93%)는 요양원 및 추가돌봄주택(Care Homes and Extra Care Housing)에 거주하고 있다(UK Census, 2021).

표 1   노인거주 형태

(단위: %)

65세 이상 노인 거주 형태	
자가 소유(Home Ownership)	76.1
사설 임대(Private Renting)	6
공공 주거(Social Housing)	16
요양원 및 추가돌봄주택(Care Homes and Extra Care Housing)	2.7
기타(Other Arrangements)	〈1

출처: Housing an ageing population(2021)

노인인구의 증가에 대한 예측과 함께 영국의 노인주택시장이 성장하고 있다. 한정된 돌봄이 제공되는 주거와 다양한 돌봄과 지원이 필요한 주거 간의 구분이 뚜렷해지고, 이들을 제공하는 시장은 확립되고 있지만, 요양원 및 추가돌봄주택의 비율은 전체 노인주거에서 2.7%에 불과하다. 영국 노인주거협의회(EAC)에 따르면 2035년까지 영국 잉글랜드에서 약 40만 호의 노인주거 부족이 예상된다고 추정하고 있다.

3) 노인 주거와 사회적 비용

영국의 65~74세 노인인구의 76.1%는 자가 소유의 부동산에 살고 있다. 영국의 노인층이 보유한 주택 자산의 가치는 7,510억 파운드에서 3조 파운드에 이르는 것으로 추산되며, 이는 65세 이상 인구 1명당 최소 약 83,000파운드(한화 약 1억 3,600만 원)를 의미한다. 하지만 많은 노인들이 거주환경이 열악하고, 나이가 많거나 거동이 불편한 사람에게 적합하지 않은 환경에서 살고 있으며 이에 따른 사회적비용도 증가하고 있다. 예를 들어, 낙상으로 일어나는 노인들의 부상은 연간 10억 파운드(환화 약 1조 6,000억 원) 이상의 비용이 발생하는 것으로 추정되며 낙상사고의 25%는 대부분 주거지 내의 계단과 관련이 있다(K. Croucher, 2012). 사망에 이르기까지 사람들이 겪는 질병과 건강 악화에 대한 문제는 그 기간을 줄일 수가 없으므로, 돌봄서비스에 대한 수요를 증가시키는데, 위에서 언급한 65세 이상의 낙상사고로 인한 골절은 잉글랜드에서만 연간 400만 일의 와상생활을 차지하며, 골절과 관련된 의료비용은 연간 20억 파운드(한화 약 3조 2,000억 원)로 추산된다(Royal college of Physicians, 2011). 2008~2009년 지자체 총 사회복지 지출 중 60%를 노인들 대상 복지지출을 차지했으며, 노인들에 대한 공공비용에 대한 부담은 커지고 있다. 열악한 주거는 의료서비스 가중에 따른 사회적 비용을 초래한다. NHS(National Health Service)는 열악한 주택으로 인해 발생하는 비용을 연간 14억 파운드로 추산하였다(2016년 BRE). 이 중 절반은 노년층의 열악한 주택에서 발생한다. 열악한 주택은 병원 퇴원을 늦추며, 이는 환자의 건강, 복지서비스, 그리고 NHS에 추가적인 비용에 대한 부담을 갖게 한다. 재입원과 관련하여 안전하지 않고 단열이 제대로 되지 않은 집에서 재입원에 대한 위험률이 더 높다는 결과가 있다(Care & Repair, 2020). 결국 주택은 의료서비스에 있어서 초기에 개입하고 예방하는 데 큰 역할을 하기 때문에 처음에는 사람들이 병원에 가는 것을 방지하고 이후 재입원 또한 방지할 수 있다. 또한 열악한 주택품질, 위험요소, 열악한 난방 및 단열시설은 이동성 감소, 우울증, 만성/급성 질병, 낙상, 외로움, 우울증에 대한 사회적 고립으로 이어진다(Housing for older people, 2018). 영국 정부는 주택의 품질과 건강과의 직접적 관련을 짓는 정책을 통해 사전예방, 조기개입, 건강 및 복지증진에 대한 정책을 진행하고 있으며, 보다 즉각적이고 직접적 개입이 필요한 경우, 이를 개선하기 위해 실질적 도움을 받을 수 있든 곳에 대한 민간/공공 사업체, 지자체, 및 의료서비스 등으로의 안내를 위한 정책을 확대 실행하기 위한 노력을 진행하고 있다.

② 노인 정책 및 제도 특성

1) 주택정책

노인인구의 증가와 함께 생활방식의 변화, 건강상태, 소득, 거주현황, 노후준비 등 개인의 상태에 맞는 거주환경 선택과 필요한 생활서비스와 시설에 대한 요구사항도 커지고 있다. 이에 따라 노인들에게도 다양한 주거 선택의 폭과, 주택유지 관리, 리모델링, 주택연금 운용, 노인주택 공급이나 새로운 주거형태로의 이사까지 다양한 상황에 관련하여 선택을 돕는 여러 정책이 시행 확대되고 있다. 영국 국가 계획 정책 기반(National Planning Policy Framework)에 따르면, 노인주거의 정의 는 은퇴연령을 넘었거나, 은퇴연령에 근접한 사람들, 활동적이고, 갓 은퇴한 사람 부터 매우 허약한 노인들까지 포함하여, 그들을 위한 접근 가능하도록 적용 가능 한 일반주택부터 지원이나 보살핌이 필요한 사람을 위한 특수한 주택과 은퇴주택 모두를 포함한다(National Planning Policy Framework, 2012). 2023년 영국 보건 사회복지부(The Department for Health and Social Care)와 협력하여 주거 지역 사회 균형 부서(The Department for Levelling Up, Housing and Communities)에 서는 노인주거TF(Older People's Housing Taskforce)를 구성하였다. 노인주거TF는 노인을 위한 주택에 대해 요구를 파악하여 다양한 선택권과 품질 및 보안을 제공 하고, 정부기관과 정책을 제언하여 주거가 노인들의 삶의 질에 긍정적 영향을 줄 수 있도록 보장하도록 하는 등 노인주거에 대한 다양한 정책을 자각하고 시도하는 데에 그 역할이 있다.

표 2   노인의 거주 선호도

돌봄 필요시 노인의 선호도	%
친구와 가족의 도움을 받으며 현재 집 계속 거주	62
간병인의 지원을 받으며 현재 집 계속 거주	56
작은 자가 주택으로 이사	35
관리자가 있는 노인공동생활주택	27
관리자와 사회돌봄서비스(미용실, 외출등)가 있는 노인공동생활주택	25
자녀의 집으로 이사	14
사설 요양시설로 이사	11
지자체 요양시설로 이사	7
자선단체 요양시설로 이사	3
없음	1
모름	2

출처: Source: Commission for Social Care Inspection 2004 via Securing Good Care for Older People Taking a Long-Term View(table 15)

노인 및 취약계층의 건강을 결정요소로 반영한 건축계획과 주거지원에 대한 영국정부의 정책은 2016년에 이르러서야 본격적으로 인지되어 진행되었다. 이후 노인주거와 간호 요구사항 간의 관계를 인지하고, 주거 및 돌봄과 간호의 품질과 제공을 향상시키기 위해 노력하고 있다. 지난 15년간 지자체에 따라 민간업체를 지원하고 직접 위탁하는 등 노인주거와 관련하여 다양하고 적극적인 시도를 진행하였다(HousingLIN, 2019). 최근 영국 노인주거정책의 방향은 노인이 자신의 생활방식과 거주환경에 대해 적절한 선택을 할 수 있도록 주택 관련 정보를 효율적으로 제공하는 것에 있다. [표 2]에서 알 수 있듯이, 대부분의 영국노인들은 이사할 계획이 없으며, 응답자의 대다수(62%)가 자신의 집에서 머물며 돌봄을 받기를 원한다. 그래서 기존의 주거환경을 보다 편안하고, 안전하도록 소규모 수리 및 유지관리 서비스인 주택 개선 기관(Home Improvement Agencies: HIA)에 접근하는 데 어려움이 없도록 하는 정책을 확대하고 있다. 반면에, 다른 측면에서는 35%의 응답자는 더 작은 주택으로 이사하는 것을 고려하고 있고, 27%는 보호주택으로, 25%는 추가돌봄서비스가 제공되는 보호주택으로 이사하는 것을 고려하고 있다. 하지만 현실은 이웃과의 단절, 불필요, 가족들과 가까워지고 싶은 등 다양한 이유로 이사를 고려하고 있으나, 실제로 이사를 실행하는 노인의 수는 적다. 그 이유는 이사에 따른 실용적, 재정적, 감정적 측면으로 인해 이사를 못 하게 되거나 지연되는 경우가 많음을 의미하기 때문에, 이를 위해 노인들을 위한 이사에 대한 장벽을 극복할 수 있는 적극적인 정보제공 정책을 시행하고 있다.

2) 재가노인 복지정책

영국의 재가노인복지를 위한 주요정책은, 홈케어(Home Care), 재가간병(Home Nursing), 단기 돌봄 지원(Respite Care Support), 커뮤니티 기반 서비스(Community-Based Services), 추위와 온도 유지 프로그램(Cold and Keeping Warm) 등이 있으며 모든 서비스는 노인들의 개별적인 요구와 상태에 따라 맞춤형으로 제공된다(Ageuk.org.uk). 홈케어(Home Care)는 개인 일상생활지원, 가사일 관리, 식사관리, 약물 복용관리, 사회활동을 위한 소속감 증대, 그리고 면회 등 서비스를 제공한다. 재가간병(Home Nursing)은 노인들이 자신들의 집에서 의료적 관리와 간호 서비스를 받도록 지원하는 프로그램으로, 건강상태 모니터링, 약물 복용관리, 기본적 의료 조치나 환경조정서비스를 지원한다. 단기 돌봄지원(Respite Care Support)은 가족의 돌봄인을 대신하는 일시적 노인 돌봄 서비스이며, 이는 돌봄노인이 있는 가족에 대한 부담을 줄여주는 서비스로, 돌봄 역할에 대한 부담완화와 가족구성원들의 삶의 균형을 유지하는데 도움을 준다. 커뮤니티 기반 서비스(Community-Based Services)는 노인들이 지역사회에서 돌봄과 지원을 받을 수 있는 프로그램과 서비스를 말한다. 문화 활동 프로그램, 지역사회 활동 참여 프로그램, 건강관리 교육, 법률지원 등의 제공을 통해 자신이 속해 있는 지역사회에서 지속적으로 관련 지원을 받을 수 있도록 하여 지속적인 사회 연계와 교류 환경을 조성하도록 한다. 추위와 온도유지(Cold and Keeping Warm) 정책은 추운 계절에 노인들이 따뜻하고 안전하게 지낼 수 있도록 지원하는 정책으로, 난방비 지원, 교육, 휴양원 및 임시보호소 제공, 그리고 정보자료 등을 제공한다. 이는 현재 75세 이상 가구의 연료 빈곤비율이 증가하고 있는데, 이들 중에는 자산은 있지만 가용현금이 부족한 노년층도 많으며, 특히 노인은 집에 거주하는 시간이 많기 때문에 난방의 필요성이 더 중요하다. 겨울철 노인건강은 호흡기질환, 심혈관질환, 류마티스 관절염들의 만성질환, 심장마비, 뇌졸중, 낙상 등의 급성사례 그리고 열악한 정신건강, 우울증과 연관이 있으며, 이는 NHS와 사회복지 등의 사회 비용 발생으로 연결되며, 이러한 문제는 노인들의 집안 거주시간, 저소득으로 이어지고, 난방비용 부담으로의 악순환이 일어나게 된다. 낙상예방 환경 조성에 관한 정책들이 있는데, 주택 내에서의 위험으로 발생하는 낙상의 결과는 치명적일 수 있으며, 노인의 신체적·정신적 건강을 심각하게 저하시킬 수 있기 때문에, 가정 내 낙상 및 사고를 해결하기 위한 노력은 중앙정부, 지방정부에서 일어나고 있다. 수리 유지관리 및 개조에 대한 조언과 정보제공, 리모델링 업체 및 업자들의 서비스와 정보에 대한 폭넓은 접근, 시설 보조금, 사고위험 주택 식별과 개입을 위한 정책을 시행 중이다.

3 노인주택 유형

1) 개요

영국의 노인주택은 노인이 안전하고 편안한 삶을 영위할 수 있도록 보호 및 지원을 갖춘 다양한 주거형태를 제공한다. 일반형 주거 유형은 매입과 임차가 가능하며 특별한 사용자 그룹이 정해져 있지 않고 모든 사용자를 위한 주거 형태를 말한다. 일상생활에 필요한 주거 서비스는 주거지 생활권 커뮤니티 안에서 이루어진다. 기능형은 일반적으로 55세 이상의 노인을 대상으로 매입과 임차가 가능한 주거 형태이다. 돌봄이나 지원은 개인별에 맞춰 유동적으로 관리될 수 있으며, 공용시설이나 활동 등이 커뮤니티 안에서 제공되기도 하고, 생활권 커뮤니티 안에서 공유되기도 한다. 마지막으로 요양형은 노인들이 집이 아닌 방에서 생활하는 주거환경을 갖춘 유형으로 더 많은 보살핌과 지원이 필요한 중증 학습장애, 신체장애나 간호사의 도움이 필요한 의학적 상태를 가진 사람을 위한 서비스를 제공한다. 일반적으로 개발 단지 내에서 시설과, 활동, 식사 등의 상시 돌봄과 간호 지원을 갖추고 있다.

영국에서는 도시계획등급에서 주거기관용 C2와 주택용 C3으로 구분되어 있다. C2는 주거시설등급으로서, 요양과 돌봄 서비스가 제공되는 시설이고, C3은 주택용 등급으로서, 개인이나 소규모 그룹이 독립적 생활이 가능토록 하는 주거시설을 의미하고, 일부는 돌봄 지원 서비스를 제공할 수 있다.

표 3 **노인주택 유형**

유형	명칭	부동산개발계획등급
일반형 (Mainstream housing)	일반주택(General needs housing)	C3
	개조된 주택(Adapted homes)	C3
	평생 주택(Lifetime homes)	C3
	휠체어 주택(Wheelchair home)	C3
	코하우징(Co-housing)	C3
기능형 (Specialised housing)	보호/은퇴주택(Sheltered/Retirement housing)	C2/C3
	고도보호주택(Very sheltered housing)	C2/C3
	은퇴 마을(Retirement village)	C2/C3
	추가돌봄주택(Extra care housing)	C2/C3
	근접돌봄주택(Close care housing)	C2/C3
요양형 (Residential care)	요양원(Residential home)	C2
	간호 요양원(Nursing home)	C2
	전문/치매 요양원(Specialised/Dementia care home)	C2
	병원(Hospital)	C2
	호스피스(Hospice)	C2

출처: HousingLIN

2) 추가돌봄주택(Extra Care Housing: ECH)

최근 추가돌봄주택이 노인의 독립적 생활에 대한 지원환경을 제공하는 수단으로 관심이 높아졌다. 추가돌봄주택(ECH)은 2000년대 초부터 보건부의 프로그램과 재정지원에 따라 지자체에 의해 시행되어 왔는데, 이 모델은 3가지 목적을 위해 장려되어 왔다. 첫 번째는 일반주거에 거주하는 노인에 대한 거주 지원 요금과, 가정 돌봄 서비스 사용에 비해 비용이 저렴하여 사회복지 지출비용을 줄이기 위해서이다. 두 번째는 만성질환(예: 치매)를 가진 노인이나 활동적 노인들의 조거 선택의 폭을 넓히기 위해서이고, 세 번째는 노인의 자가 자금 조달 시장을 확대하여, 노화에 따라 주거와 돌봄 지원 서비스를 관리하고 '적절한 거주 공간'으로 주거 크기를 조절할 수 있도록 돕기 위해서이다(HousingLIN, 2019).

ECH는 더 이상 일반주택에 살기 힘들거나 살고 싶지 않으며 상시 의료 도움을 필요로 하지 않은 노인을 대상으로 하는 주거시설을 칭한다. 일반적으로 이 주택 모델은 관리자의 현장관리와 지원 서비스를 갖춘 독립적이거나 공동 주거 형태의 아파트의 형태를 가지고 있다. 일반적 아파트와 주택과 유사하지만 거주자들이 독립적으로 생활하면서 필요한 돌봄 서비스와 지원이 제공되며, 거주자들의 요구에 맞춘 개인적 서비스를 받을 수 있고, 주거 시설 내에 공용 공간 활용을 통해 거주자들의 교류 활동을 돕는다(DWELL, 2015).

민간운영의 ECH는 주로 고급형 노인주거단지로 집중되어 있어서, 부촌지역에 집중되어 있는 경향이 있다. 사회주택부분은 지자체, 종교단체, 자선단체에서 ECH 모델을 개발하고 관리에 참여하여, 일반적으로 저렴한 임대료를 가지고 있으며, 공동소유나 장기임대형식으로 구성되어 있다. ECH 단지의 주요 원칙은 다음과 같다. 첫 번째, 독립적 접근가능한 아파트나 주택들이 서로 모여 있어야 한다. 둘째, 돌봄서비스 등의 추가적 서비스를 다양한 공용 시설을 갖추고 있어야 한다. 세 번째, 거주민에게 제공되는 돌봄과 지원서비스는 별도로 등록된 돌봄 및 간호업체에 의해 제공되어야 한다. 네 번째, 다양한 돌봄과 지원을 고려해야 한다. 다섯 번째, 'HAPPI(Housing our Ageing Population Panel for Innovation)' 디자인 원칙과 지역기반에 원칙을 둔다. 여섯 번째, 도시계획에서 C2와 C3 용도를 가지고 있으므로, 지자체의 유인정책이 필요하다(DWELL, 2015).

2015년 영국 국제 장수 센터(International Longevity Centre - UK)에서 ECH 거주자를 대상으로 독립성, 외로움, 삶의 질에 대한 설문조사를 진행한 결과, ECH 거주자들은 지역사회에 거주하는 사람들보다 외로움 정도가 낮으며, 지역사회에 머물 때의 경험과 비교해서 외로움을 줄었으며 넘어지거나 병원 방문의 횟수가 적었다는 결과를 확인했다(House of Commons, 2018). 심신의 자극을 주는 활동과 사회적 교류가 건강에 미치는 영향을 기반으로 공용공간의 활용에 대한 적극적 활용과 다양한 프로그램제공이 ECH 단지가 갖는 특징 중 하나이다. 더불어 여러 연구들이 ECH에서 노인들이 살아가는데 건강과 웰빙에 미치는 중요한 영향을 뒷받침하고 있다.

ECH가 갖는 또 다른 이점은 NHS(National Health Service)와 사회 복지에 대한 비용 절감에 효과적이며, 지자체에게 잠재적인 비용절감 효과를 제공한다는 것이다. 노인들에게는 거주 공간의 다운사이징을 통해 자신에게 맞는 주거 환경을 찾을 수 있도록 하고, 이사에 따른 비용과 스트레스를 완화시키며, 가족에게는 충분한 보호와 지원을 제공하는 어려움에 대처할 수 있으며, 지자체에는 노인들이 기존에 거주했던 가족형 주택의 규모를 확보할 수 있게 한다(DWELL, 2015). ECH는 노년기의 다양한 주거 옵션 중 하나로 거주자에게 많은 이점을 제공하지만, 주거지 보유 형태, 재정상황, 돌봄 서비스, 주거지 공간 디자인 품질, 그리고 주거 관리 등의 주거 형태와 관련된 다양한 복합적 요소들의 관리 모니터링을 통한 최적의 유지가 중요하다.

4 사례

1) 드레이우드 코트(Dreywood Court)

■ 개요

2013년 이스트 테임즈(East Thames) 와 헤이버링(Havering) 런던 자치구를 대리한 민간 주거 개발 및 부동산 업체인 월못 딕슨(Willmott Dixon)에 의해 개발되었으며, 55세 이상 거주자를 위한 98개 유닛(78개 사회적 임대, 20개 공동소유)을 가지고 있는 8,200m² 규모의 ECH 단지이다. ECH의 특징인, 단지에서 필요한 거주인들에게 개인별 맞춤형 간호와 생활 지원 서비스를 제공한다. 각각의 유닛은 고급사양을 갖추고 평생주택기준(Lifetime Standards)에 부합하는 시설과 설비로 디자인되었으며, 설계사무소인 펜과 프라이드(Penoyre & Prasad)는 이 단지계획으로 2013년 선데이타임즈 신문 영국 주택상을 수상하였다.

표 4 **드레이우드 코트 사례 개요**

주소	Dreywood Court, Romford	
주택 형태	Extra Care Housing	
준공 연도	2013년	
층수 및 실	4층 98개(78 social rent+20 shared ownership)	
계약조건	지자체 자격요건을 갖춘 55세 이상	
임대료	매월 임대+서비스비용(매년 책정)	
개발회사	Willmott Dixon	

출처: https://housingcare.org

■ 주택 및 주거지 특성

헤이버링(Havering) 런던 자치구에서 거주하는 65세 이상을 대상으로 실시된 연구에서 외로움과 고립이 건강악화와 사회복지결과에 중대한 영향을 미친다는 연구결과에 대한 대응으로 개발투자가 이루어진 사례로서, 이 단지의 디자인 목표는 사람들의 개별적 요구에 부합하는 곳에서 독립적으로 생활하며 더 풍부한 사회적 삶을 누릴 수 있도록 하는 것이다. 콘셉트 디자인부터 다양한 디자인 표준과 인증에 부합하도록 설계되었다. 지속가능한 주거 레벨 4 인증(Code for Sustainable Homes Level 4), 평생주택인증(Lifetime Homes), 보안디자인 인증(Secure by Design), Habinteg's 휠체어 디자인 가이드 등의 디자인 원칙을 채택하여 단지를 계획하였다.

그림 3 드레이우드 코트 전경

출처: https://www.penoyreprasad.com

　　이스트 테임즈(East Thames) 관리주체와 생슈어리 홈 케어사(Sanctuary Home Care Ltd) 돌봄지원서비스 주체가 제공하는 임대인플러스(Landlord Plus) 서비스를 통해 임대인이 일반적 주택관리 역할의 한계를 넘어서 거주자와 함께, 돌봄 및 지원 공급업체와 협력하여 거주인의 독립성, 건강, 웰빙 그리고 사회활동을 촉진하는 환경을 조성하고자 하였다. 자치구는 매주 최소 5일간 다양한 활동을 제공하기 위해 서비스 제공자인 생수어리 홈 케어사(Sanctuary Home Care Ltd)의 사회포용 담당자와 협력하여 예술, 보드게임, 빙고, 제빵, 종교 활동, 운동, 저녁활동, 원예활동 등의 프로그램을 제공하고, 교회예배시간에 발 치료사나 안경사 등의 서비스를 제공한다. 단지 내에는 식당, 주민주도의 미용실 및 치료실, 5개의 커뮤니티 라운지, 취미 공간 등의 공유시설을 갖추고 있어 거주민의 사회교류활동을 촉진하기 위한 다양한 프로그램을 운영한다.

그림 4 주거 및 공용시설

주방   미용실   커뮤니티 라운지

출처: https://www.housinglin.org.uk/_assets/Resources/Housing/Practice_examples/Housing_LIN_case_
studies/HLIN_CaseStudy91_DreywoodCourt.pdf

■ 운영·관리 주체

이스트 테임즈(East Thames)는 자선사회재생 주택협회로서, 사회주택, 공동
소유권, 은퇴주택 등을 관리하고 개발하고 지역사회 통합을 위한 다양한 프로그
램을 제공하여 주민들과의 상호작용을 통해 복지향상에 주력한다. 특히 저소득
층에 대한 요구사항을 고려한 주택 옵션을 제공하며 동시에 환경친화적이고 에
너지 효율적 주택제공을 목표로 하는 지속가능성에 중점을 두고 있다. 단지 내
서비스 제공 향상을 위해 이스트 테임즈(East Thames)의 자원봉사와 헤이버링
(Havering) 지역 봉사 기구(Havering Association of Voluntary and Community
Organisations, HAVCO)를 통해 매주 최소 24시간 자원봉사 활동을 제공받으며, 헤
이버링(Havering) 자치구와 함께 사회주택입주자를 식별하여 공동소유 입주자와
돌봄 서비스를 관리한다. 거주자의 개별적인 요구에 맞게 설계된 돌봄지원서비스
는 생수어리 홈 케어사(Sanctuary Home Care Ltd)가 24시간 상시 제공하여 거주민
의 독립적이고 편안한 생활을 유지할 수 있도록 한다. 특히, 병원에서 퇴원하거나, 질
병에서 회복 중인 환자, 그리고 기존 집에서 ECH로 거주환경을 전환하는 주민들이
거주민들의 커뮤니티 교류에 적극적으로 참여할 수 있도록 회복과 자립을 돕는 재
능력 강화 프로그램(Re-ablement Care Pacakage)을 진행한다(HousingLIN, 2013).

2) 헤글리 로드 빌리지(Hagley Road Village)

■ 개요

자선단체(ExtraCare Charitable Trust)에서 2013년에 오픈하여 운영하고 있는 영국 버밍험시에 있는 5개의 ECH 단지 중 하나로, 고령세대가 자신의 집에서 독립적으로 편안한 사회적 교류가 가능하도록 하는 활동에 중점을 둔 지원 서비스를 제공하며, 광범위한 정원과 숲, 그리고 지역 식물들과 조화롭게 어울리도록 단지가 계획되어 있다. 지역주민 우선순위로 주택을 제공하며, 사회적 교류를 위한 다양한 레저시설을 제공한다. 영국 의료 및 사회 서비스의 품질과 안전을 감독하고 검사하는 공공기관인 보건품질위원회(Care Quality Commission: CQC)의 평가에 따르면, 이 단지가 제공하는 서비스의 효율성, 신속한 대응, 원활한 운영 측면에서 '매우 우수(Outstanding)' 등급을 부여 받고 전체 지원 서비스 항목에서도 '매우 우수(Outstanding)' 등급을 취득하였다.

표 5 헤글리 로드 빌리지 사례 개요

주소	Hagley Road Village, Birmingham	
주택 형태	Extra Care Housing	
준공 연도	2013년	
실	240개	
계약조건	지자체 자격요건을 갖춘 55세 이상	
임대료	매월 임대 + 서비스 비용(매년 책정)	
개발회사	The ExtraCare Charitable Trust	

출처: https://extracare.org.uk/villages/hagley-road-village

■ 주택 및 거주지 특성

300명 이상을 위한 240개의 임대 및 매매용 아파트로 구성되어 있고, 각각 유닛마다, 거실, 주방 그리고 발코니를 갖추고 있으며, 마을 안에는 잘 가꾸어진 정원과, 다양한 사회 교류 및 여가시설(카페 바, 휘트니스 센터, 도서관, 미용실, 실내 볼링장)을 제공하고 있다. 노인들의 라이프 스타일을 제공하고 필요한 경우 돌봄을 제공한다. 2019년 행해진 건강한 노화에 관한 연구결과에서, 이곳 ECH 모델이 노인들의 삶에 실질적인 변화를 가져온다는 것을 평가했다. 서비스 제공자인 엑스트라케어(ExtraCare)에 따르면, 입주 후 거주자들은 신체적 정신적 건강에 상당한 개선을 보여주었는데, 거주인들은 운동량에서 75% 향상, 86.5%의 거주인은 외로움을 느끼지 않다고 하였으며, 18개월 동안 고도 우울증이 64.3% 감소하였고, 병원 방문이 46% 줄었고, 낙상률도 18% 줄어들어 이에 따른 NHS 비용을 38% 절감하였다.

그림 5 헤글리 로드 빌리지의 1침실 및 2침실 주거평면

1침실   2침실

출처: https://extracare.org.uk/

■ 운영·관리 주체

헤글리 로드 빌리지(Hagley Road Village) 내의 아파트 관리와 운영은 자선단체인 엑스트라케어 체리터블 트러스트(ExtraCare Charitable Trust)가 담당하고 있다. 생애 모든 단계에서 개별적인 요구에 맞춘 다양한 돌봄과 지원서비스를 제공한다. 예를 들면, 일반적인 가사 돌봄과 지원, 죽음의 순간 돌봄, 그리고 청소나 쇼핑 돌봄 등을 지원한다. 세부적으로, 샤워, 목욕, 세척 면도, 구강위생 및 의복 관련 지원, 화장실 도움, 이동 보조 장비 지원, 공용공간으로 안내 지원, 약물투여 및 복용지원, 일상적 안전과 안부 확인, 수면시나 깨어있는 동안의 지원, 반려동물 케어 등의 서비스는 거주자를 대상으로 필요에 따라 맞춤형으로 일시적 또는 정기 서비스로 제공한다. 일반적으로 아파트의 80%는 완전소유나 공동소유로 제공되고 20%는 사회적 임대로 제공된다. 복지급여 자문단과의 컨설팅을 진행하여 거주 신청자의 현재 상황에 따라 금융지원 혜택을 받을 수 있도록 하고, 현재와 미래 거주자의 상황에 맞추어 금융지원을 확보할 수 있도록 돕는다. 요금은 임대료, 공과금, 식대, 돌봄 서비스 요금, 공용시설 요금, 관리비 등 여러 요소로 이루어져 있다.

그림 6 입주자 활동

| 커뮤니티 활동 | 건강활동 | 사교활동 |

출처: https://extracare.org.uk

3) 코트야드(Courtyards)

■ 개요

2022년 영국 북부지역 주거상(Northern Housing Awards 2022) 지원 보호주거 계획부분(Supported/Sheltered Housing Scheme of the Year)을 수상한, 비영리 단체인 커뮤니티 게이트웨이 협회(Community Gateway Association, CGA)에 의해 2021년에 오픈하여 운영되는 ECH이다. 편안한 상호교류, 활동적인 환경 속에서 거주민들의 돌봄 요구를 충족시키며 저렴한 임대료를 기반으로 하는 새로운 주택을 조성을 목표로 하는 단지로서 ECH의 장점인 다양한 커뮤니티와 지원 서비스를 거주인 개인별로 선택할 수 있으며, 시간이 지나 요구되는 사항들이 변하더라도 계속해서 독립적인 라이프 스타일을 영위할 수 있다. 단지는 HAPPI 디자인 원칙에 따라 설계되어 노인들의 실내외 활동에 어려움이 없도록 디자인되었다.

표 6 코트야드 사례 개요

주소	The Courtyards, Preston, Lancashire	
주택 형태	Extra Care Housing	
준공 연도	2020	
실	60개(1침실: 20, 2침실: 40)	
계약조건	지자체 자격요건을 갖춘 60세 이상	
임대료	매월 임대+서비스 비용(매년 책정)	
개발회사	Community Gateway Association	

출처: https://www.communitygateway.co.uk

■ 주택 및 주거지 특성

단지는 넓은 정원계획과 함께 조성되어 1침실형 20유닛, 2침실형 40유닛의 아파트를 제공하며, 현장 주거서비스 지원, 24시간 상시 돌봄 서비스, 식당, 미용실, 치료 및 상담실, 그리고 다양한 프로그램 활동을 제공한다. 특히 거주인들에게 야외 공간 접근의 중요성이 강조되어 있는데, 단지 내 모든 아파트들은 야외공간이나 발코니가 있어서 거주자들이 정원 활동이나 외부 휴식 공간을 즐길 수 있도록 하였다. 또한 휠체어 등의 이동 시 어려움이 없도록 단이 없고 넓은 공간을 제공하며 방사이에 슬라이딩 도어를 사용하여 공간의 유연적 활용을 강조하는 평면을 갖추고 있다. 케어서비스는 집중적 케어부터 일상생활을 도와주는 지원까지 포함한 24시간 웰빙 서비스와 응급상황 시 발생되는 계획에 없는 케어까지 포함하며, 개별 케어 패키지는 거주자들이 개별적인 필요나 요구에 따라 직접 선택하고 정한다. 생활비용은 케어 서비스 요금이 포함되어 있으며, 거주자는 지자체의 지원을 통하거나 개인 자금을 유용해 지불한다.

주거지는 두 개의 정원을 중심으로 배치되어 있어서 자연과의 연결을 통해 시각적 청각적 자극으로 신체적·정신적 웰빙에 대한 원칙을 강조하고 있다. 두 중앙정원은 산책로를 제공하고 야외 체육활동 공간을 제공한다. 몇 가구의 1층 테라스는 중앙정원을 향하고 있어서 사회적 교류활동과 정원활동의 기회를 갖도록 하고, 1층 복도는 중앙정원을 둘러싼 회랑식 복도 디자인을 통해 실내외를 연결하는 공간을 제공한다. 큰 창을 통해 거실과 침실에 자연광과 환기를 충분히 제공하며, 여러 창을 통해 이웃들과의 교류할 수 있는 기회를 제공한다.

그림 7 코트야드의 배치도, 1침실형, 1침실+형 평면

출처: HousingLIN

■ 운영·관리 주체

코트야드(The Courtyards) 내의 아파트 관리 및 운영은 비영리 단체인 CGA가 담당하고 있다. CGA는 본인, 사회서비스, 보호자, 주치의, 건강전문가, 지자체등을 통해 신청을 받으며, 지자체의 사회복지 평가를 통해 신청자의 돌봄 수준과 입소 적격 여부를 결정한다. 제공하는 서비스는 일반적인 돌봄 서비스와 거주자의 개별적인 요구에 따라 맞춤형 돌봄과 생활지원 서비스를 제공한다. 일반적으로 아파트의 80%는 완전 소유나 공동 소유로 제공되고 20%는 사회적 임대로 제공된다. 복지급여 자문단과의 컨설팅을 진행하여 거주 신청자의 현재 상황에 따라 금융지원 혜택을 받을 수 있도록 하고, 현재와 미래의 거주자의 상황에 맞추어 금융지원을 확보할 수 있도록 돕는다. 요금은 임대료, 공과금, 식대, 돌봄 서비스 요금, 공용시설 요금, 관리비 등 여러 구성요소로 이루어져 있으며, 거주인의 경제적 상황에 따라 다르다.

그림 8 입주자 활동

| 야외 운동 | 정원 산책 | 커뮤니티 홀 |

출처: https://extracare.org.uk & https://www.lep.co.uk

5 시사점

노화는 고립을 의미하는 경우가 많다. 특히 배우자가 사망하거나 자녀들이 멀리 떠나게 되는 경우 고립과 외로움은 커지게 된다. 거주인에게 적합하지 않은 주거는 건강 문제를 악화시키며 새로운 다른 문제를 일으킬 수 있다. 더 나은 주거로 이사할 수 없는 상황에서 선택은 기존의 거주지에서 불편을 감수하며 머물거나, 익숙한 환경을 떠나 시설로 이주하는 것이다. 이러한 상황은 계획되지 않은 위기 상황에서 발생하는 경우가 많기 때문에, 소유한 부동산 자산의 크기와 삶의 질의 불균형으로 이어지고 결국 부적합한 주거공간에 계속 머무르게 된다.

1) 추가돌봄주택의 확대 과제

추가돌봄주택은 요양시설이나 일반주거형태에 비해 더 나은 사회적 돌봄기능을 제공하고, 1인, 2인 생활에 적합한 크기의 주거 대안을 제시하여, 기존 가족형 주택을 시장에 다시 공급하고, 노인들에게 경제적 여유를 되돌려주는 역할을 한다. 하지만, 예산에 대한 압박과 입소 자격 조건의 증가 등으로 인해 많은 부분이 작업 중심적으로 변하고 개인적 돌봄의 약화 현상이 일어나고 있으며, '라이프스타일'을 반영한 공급을 위한 개발계획을 장려하는 지자체의 인센티브 확대를 위한 개선 또한 필요하다는 과제도 가지고 있다.

2) 신뢰가는 정보와 조언 제공 확대

최근 영국의 노인주거에 대한 정책은 양질의 정보와 조언에 대한 접근의 중요성을 강조하고 있다. Age UK, HousingCare.org, 지자체에서 온라인으로 많은 양의 포괄적 지침을 제공하고 있지만, 정보의 직접적 전달과 조언이 필요한 많은 노인에게 이러한 정보들의 접근은 한계를 가지고 있고, 노인들에게 신뢰할 수 있는 조언과 지침이 필요하다는 것을 정책적으로 개선하고 있다. 기본적인 수리나 유지보수부터, 개조 및 리모델링 자금조달, 신뢰할 수 있는 용역제공자 및 업체선정, 주택선택 유형 및 옵션, 재정, 자금, 주택금융, 모기지, 지분매각, 구매지원, 공동 소유권 관련 조언에 이르기까지의 신뢰할 수 있는 기관안내는 물론이고 주거형태, 돌봄/지원, 재정혜택, 연금, 지분, 간병, 비용 등 재정 상황에 대한 금융 조언에 대한 정확한 정보안내를 통해 노년의 삶의 방식과 장소에 대한 계획적으로 선택할 수 있도록 돕고, 결정한 곳에서 그들의 재정상황을 효율적으로 이용하여 건강하고 편안하게 살 수 있도록 돕도록 하는 정책의 확장을 강조하고 있다. 앞에서 언급한 노인주거TF(Older People's Housing Taskforce)의 구성은 현재 당면하고 있는 다양한 노인주거의 문제를 해결하기 위한 영국 정부의 적극성을 보여준다.

참고문헌

- Best, R., Porteus, J. (2016). Housing our Ageing Population: Positive Ideas(HAPPI3), Housing & Care 21.
- Care & Repair. (2020). Enabling Older People to Live Safely and Well at Home, Elderly Accommodation Council. Retrieved from https://www.housingcare.org
- Care Quality Commission. (2020). ExtraCare Charitable Trust Hagley Road Village. Retrieved from https://www.cqc.org.uk/location/1-710583254
- Community gateway. (2024). The Courtyards. Retrieved from https://www.communitygateway.co.uk/thecourtyards
- Community gateway. (2024). The Courtyards. Retrieved from https://www.communitygateway.co.uk/thecourtyards
- Croucher, K., Lowson, K., Fountain, M. (2012). National Evaluation of the Handyperson Program, Department for Communities and Local Government.
- DWELL. (2015). Extra-care Housing: Brief development, the University of Sheffield
- EAC. (2020). Dreywood Court. Retrieved from https://housingcare.org/dreywoodcourt
- ExtraCare Charitable Trust. (2024). Activities. Retrieved from https://extracare.org.uk/retirement-living-with-us/activities/t
- ExtraCare Charitable Trust. (2024). Care services. Retrieved from https://extracare.org.uk/retirement-living-with-us/care-services
- ExtraCare. (2023). Hagley Road Village. Retrieved from https://extracare.org.uk/villages/hagley-road-village
- House of Commons Communities and Local Government Committee. (2018). Housing for older people: second Report of Session 2017-19, House of Commons.
- HousingLIN. (2013). Getting housing offer right for older people: Dreywood Court, Romford. HousingLIN.
- HousingLIN. (2019). The market for extra care housing, HousingLIN.
- HousingLIN. (2023). Case study 165. Retrieved from https://www.housinglin.org.uk/_assets/Resources/Housing/HLIN_CaseStudy_165_TheCourtyards.pdf
- HousingLIN. (2023). Taking a collaborative approach to design at The Courtyards in

Preston, HousingLIN.

- Lancashire Evening Post. (2021). One-of-a-kind facility for over-55s opens in Preston. Retrieved from https://www.lep.co.uk/lifestyle/homes-and-gardens/one-of-a-kind-facility-for-over-55s-opens-in-preston-3484226
- Office for National Statistics. (2021). Care home resident population, England and Wales: Census 2021.
- Penoyre-prasad. (2023). Dreywood. Retrieved from https://www.penoyreprasad.com/project/dreywood-gardens
- Royal College of Physicians. (2011). Falling Standards, Broken Promises: Report of the national audit of falls and bone health in older person.
- The Marmot, M. (2010). Fair Society, Healthy Lives: The Marmot Review, The Marmot Review.
- UK Parliament. (2018). Housing for older people: Second report Session 2017-2019. Retrieved from https://publications.parliament.uk/pa/cm201719/cmselect/cmcomloc/370/37006.htm
- UK Parliament. (2021). Housing for older people: Key issues. Retrieved from https://researchbriefings.files.parliament.uk/documents/CBP-9239/CBP-9239.pdf

02

일본, 지역 돌봄과 함께하는 다양한 주택

전창미

일본은 세계에서도 손꼽히는 초고령사회이다. 1970년 고령화사회에 진입한 지약 25년 만에 고령사회로 진입하였고, 이즈음인 1990년대부터 초고령사회에 대비하기 위한 노력을 사회 전반적으로 실시하고 있다. 만성적 디플레이션 상황, 저출산 문제 등으로 인해 초고령화 흐름의 차단이 만만한 상황은 아니지만 노인인구의 변화 및 특성, 주거 현황 등을 토대로 일본이 추진하고 있는 주거 분야에서의 대응과 시도를 소개하고자 한다.

1 노인인구의 변화

1) 초고령사회 초고속 진입과 전체 부문의 대응

일본의 인구는 2010년에 정점에 달한 이후 꾸준히 감소하는 추세지만 65세 이상의 노인인구는 1950년 이후부터 지속적으로 증가하여 2023년에는 3,634만 명에 달하고 있다. 전체 인구 중 이들이 차지하는 비율은 29.2%로 2010년 대비 6.2%p 증가하였다. 독일, 영국, 스웨덴, 프랑스 등 유럽 국가에서는 고령화율이 7%에서 14%에 이르는데 40년에서 120년 정도의 긴 시간이 걸린 것에 비교하면 일본은 단지 24년 만에 초고속으로 고령사회에 진입하였고 현재는 전체 인구의 약 30%에 달하여 인구 3명 중 1명이 노인이다. 노인인구 비율은 2060년 세계 평균 예측 수치 17.8%를 이미 넘어섰고 일본 정부는 1990년대 초반부터 초고령사회에 대응하기 위해 노동, 복지, 연금, 주택 등 사회 전반적인 부문에서 법률·제도적인 재검토를 통해 적극적으로 대책을 마련하여 시행해오고 있다.

최근에 발표한 인구 장래추계 통계에 따르면 노인인구는 계속 증가하여 2043년에 3,952만 명(전체 인구의 35.8%)으로 정점을 찍고 점차 감소하지만, 전체 인구 중 노인인구의 비율은 계속 증가하여 2070년에 정점에 이르며(38.7%) 인구 10명 중 4명이 노인이 될 것으로 전망하고 있다. 세부 연령별로는 65~84세 인구는 2025년 정점에 달한 후 이후에는 감소하는 것으로 나타났지만 85세 이상의 인구는 2070년까지 계속 증가할 전망이다.

그림 1 세계 주요 국가의 고령사회 진입 소요 기간

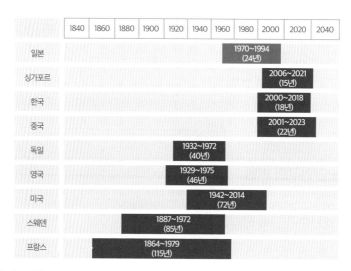

출처: 내각부(2023), 「2023년도 고령사회 백서」, p.8

그림 2 연령별 인구추계(1960~2070년)

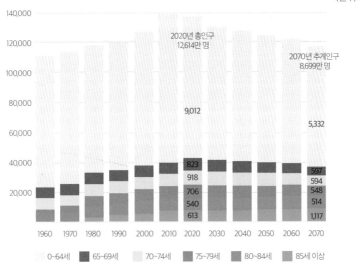

(단위: 만 명)

출처: 총무성, 「국세조사(1960~2020)」; 국립사회보장 · 인구문제연구소(2023), 「일본 장래추계인구(2025~2070)」; 저자 재구성

2) 자립지원이 필요한 노인 1인 가구 및 노인 부부 가구 비율 증가

　　65세 이상의 노인이 있는 가구는 [그림 3]에 의하면 2021년 기준 1,506만 3천 가구로 전체 가구수의 29.0%를 차지하고 있다. 노인가구의 가족 구성을 살펴보면 1인 가구가 49.3%, 부부가구가 46.5%로 노인으로만 구성된 가구가 95.8%에 이르고 있다. 다음 [그림 4]에 나타나듯 장래가구 추계에서도 노인 1인 가구는 2040년까지 계속 증가하여 2020년 대비 193.8만 가구가 증가, 노인 부부 가구는 13만 가구가 증가할 것으로 전망된다. 노인으로만 이루어진 가구 비율은 2020년 25.4%에서 2040년 31.2%로 약 6%p 증가하는 것으로 추계되어 노인가구를 대상으로 하는 국민의료와 개호 수요는 한층 더 증가할 것으로 예측된다. 이에 일본 정부는 노인의 존엄 유지와 자립을 지원하기 위해 주거환경 개선 및 지역사회 내 돌봄 시스템을 만드는 일에 힘쓰고 있다.

그림 3 노인가구수의 추이

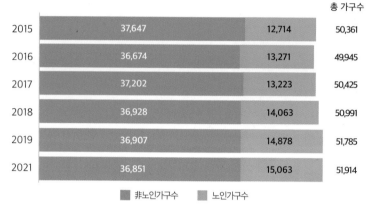

(단위: 천 가구)

총 가구수

연도	非노인가구수	노인가구수	총 가구수
2015	37,647	12,714	50,361
2016	36,674	13,271	49,945
2017	37,202	13,223	50,425
2018	36,928	14,063	50,991
2019	36,907	14,878	51,785
2021	36,851	15,063	51,914

■ 非노인가구수 ■ 노인가구수

※ 2016년은 구마모토현은 제외된 수, 2020년은 조사 미실시

출처: 후생노동성(2023), 「2022년도 국민생활 기초조사의 현황」 인구 · 세대 부문; 저자 재구성

그림 4 노인가구수의 장래 추계

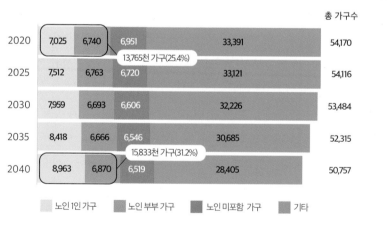

(단위: 천 가구)

총 가구수

연도	노인 1인 가구	노인 부부 가구	노인 미포함 가구	기타	총 가구수
2020	7,025	6,740	6,951	33,391	54,170
2025	7,512	6,763	6,720	33,121	54,116
2030	7,959	6,693	6,606	32,226	53,484
2035	8,418	6,666	6,546	30,685	52,315
2040	8,963	6,870	6,519	28,405	50,757

13,765천 가구(25.4%)

15,833천 가구(31.2%)

■ 노인 1인 가구 ■ 노인 부부 가구 ■ 노인 미포함 가구 ■ 기타

※ 기타에는 '노인 부부와 미혼 자녀 가구', '노인 한부모와 미혼 자녀 가구', '3세대가 포함된 노인가구' 등이 포함됨

출처: 후생노동성(2023), 「2022년도 국민생활 기초조사의 현황」 인구 · 세대 부문; 저자 재구성

3) 요지원·요개호[1] 노인 및 인지증 환자 증가

65세 이상의 요지원·요개호 노인 수는 2010년 이후 계속 증가하고 있다. 2020년 668.9만 명으로 2010년 대비 178.1만 명이 증가했다. 개호보험 제도는 피보험자인 노인의 신체 활동 취약 정도에 따라 등급을 산정하여 요지원·요개호 대상으로 인정하고 있다.

표 1 **요지원·요개호 노인의 인정 기준**

개호 인정	신체 상태의 기준
요지원1	식사 및 배설 등은 대부분 혼자 가능하지만 일어서기 등의 일상생활 동작에 지원이 필요하며 상태 개선 및 증상 악화 예방을 위한 지원이 필요한 상태
요지원2	'요지원1'의 상태에서 일상생활 동작 능력이 약간 저하되어 일상생활에 대한 부분적인 지원이 필요한 상태
요개호1	'요지원2'의 상태에서 일상생활 동작 능력이 일부 저하되어 일상생활 동작 시 약간의 돌봄이 필요한 상태
요개호2	식사 및 배설 등에 어떠한 돌봄이 필요한 상태로 일어서기 및 보행 등에 지원이 필요하며 인지 능력 및 기억력에도 문제가 나타나는 상태
요개호3	식사 및 배설 등에 어떠한 돌봄이 필요한 상태로 일어서기 및 보행이 혼자서 불가능한 상태. 입욕 및 의복 탈착 등의 전면적인 돌봄이 필요. 몇 가지 행동상의 문제 발생 및 인지 능력, 이해력 등의 저하가 나타나는 상태
요개호4	식사 시 간간히 돌봄이 필요하며 배설, 입욕, 의복 탈착에 전면적인 보조가 필요. 개호 없이 일상생활이 불가하며, 행동상의 많은 문제 발생 및 전반적인 이해력 저하
요개호5	식사 및 배설 등은 혼자서 불가능하며, 타인의 돌봄 없이는 일상생활이 거의 불가능한 상태. 행동상의 많은 문제 발생 및 이해력 저하 등이 나타남

출처: 후생노동성 홈페이지(https://www.mhlw.go.jp)

---

1 개호(介護)는 영문으로 케어(Care), 우리말로 돌봄에 가까운 개념이며, 요지원이나 요개호에서의 요(要)는 필요하다는 의미로 해석하면 된다. 즉 '요개호 노인'은 돌봄이 필요한 노인, '요지원 노인'은 지원이 필요한 노인을 뜻한다. '요지원 상태'는 집안일이나 몸단장 등의 일상생활에 지원이 필요한 상태를 말하며, '요개호 상태'는 일상생활을 할 수 없어 대부분 누워서 자리보전을 하고 있거나 인지증 등으로 항상 돌봄을 필요로 하는 상태를 말한다. 개호 인정도는 신체 상태에 따라 요지원 2개 등급, 요개호 5개 등급으로 나누어진다.

그림 5 제1호 피보험자(65세 이상) 요지원·요개호 등급별 인정자 수 추이

(단위: 천 명)

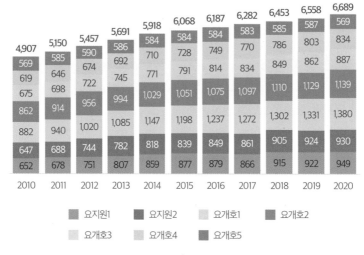

출처: 내각부(2023), 「2023년도 고령사회 백서」, p.29

또한, 65~74세와 75세 이상 노인 각각의 요지원·요개호 인정을 받은 비율을 보면 65~74세는 1.4%, 3.0%인 것에 비해 75세 이상은 8.9%, 23.4%로 나타나 75세 이상이 되면 요지원·요개호 인정을 받는 노인의 비율이 매우 높아지는 것으로 나타났다.

표 2 연령별 요지원·요개호 인정 현황

(단위: 천 명, %)

65~74세		75세 이상	
요지원	요개호	요지원	요개호
241(1.4%)	517(3.0%)	1,638(8.9%)	4,293(23.4%)

출처: 내각부(2023), 「2023년도 고령사회 백서」, p.30

평균수명의 연장으로 노인 인지증[2] 환자는 계속 증가하고 있다. 인지증 유병자는 2012년 462만 명에서 2030년 744만 명으로 크게 늘어나고, 65세 이상 노인 중 인지증 유병 비율은 2012년 약 7명 중 1명(15%)에서 2030년 약 5명 중 1명(21%)으로 증가할 것으로 전망하고 있다. 인지증 유병률은 65~69세에는 100명당 3~4명이지만 75세 이후로는 급격히 증가하며 85세 이후에는 여성은 100명당 44명, 남성은 100명당 35명이다.

그림 6 인지증 노인 수의 장래 추계

(단위: 만 명)

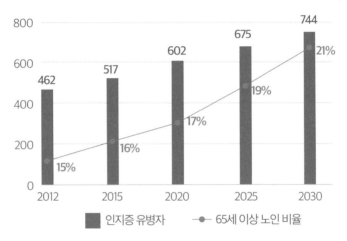

출처: 후생노동성(2023), 「2022년도 국민생활 기초조사 현황」 인구·세대 부문, 저자 재구성

---

2 최근 국내에서는 '어리석다'는 부정적 의미가 포함된 '치매'라는 질병명 대신 가치 중립적인 용어로서 '인지증'이라는 질병명으로 교체하여 사용할 것을 추진하고 있다.

| 그림 7 | 성별 및 연령별 인지증 유병률 |

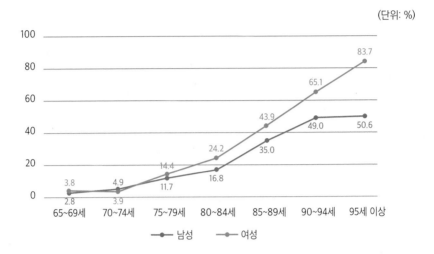

(단위: %)

출처: 일본 고령자주택협회(2022), 「고령자의 거주 현황과 시책 동향」, 국토교통성 제6회 서비스결합 고령자용 주택 관련 간담회 자료

4) 생활보호수급자 증가

생활보호수급자는 2008년 세계금융위기 이후 급증했지만 2014년 이후 감소 추세를 거쳐, 2022년 3월 기준 203.6만 명이다. 하지만 생활보호수급자 중 노인 가구수는 1998년 이후 꾸준히 증가하고 있다. 생활보호수급 대상을 가구로 환산 하여 분석하면 1998년 29.5만여 가구에서 2022년 91.3만여 가구로 3배 이상 증 가했고, 대상 중 노인가구가 절반 이상(56.0%)이며 노인가구 중에는 1인 가구의 비율이 90% 이상으로 나타났다(후생노동성, 2023).

이와 같은 상황에서 일본 정부의 생활보호비 부담금은 약 3조 7천억 엔(2022 년 당초 예산, 한화 약 36조 4천억 원)이었고, 2011년부터 지출된 일본 정부의 사업 비 기준 생활보호비 부담금의 집행 분야(실적 금액 추이)를 살펴보면 의료부조 약 50%, 생활부조 약 30%, 주택부조 약 17% 등으로 나타났다.

② 60세 이상 노인이 직면하는 주거 현황[3]

2018년 기준 60세 이상 노인의 약 90%가 자가 소유인 단독주택(81.4%) 또는 분양아파트 등 공동주택(6.8%)에 거주하며 그 외는 아파트, 공영·공단주택 등 임대주택에 거주하고 있는 것으로 나타났다. 현재 건강상태에 대해서는 과반수 이상이 좋다고 생각하고, 앞으로 신체가 쇠약해지더라도 과반수 이상은 개보수 유무와 상관없이 현재 주택에서 계속 거주하기를 원하였다(56.1%). 그 밖에는 개호를 받을 수 있는 특별요양노인홈(18.5%), 서비스결합 고령자용 주택(14.3%), 개호결합 유료노인홈(12.2%), 자녀나 친척 집으로 이사해 보살핌을 받으며 같이 거주하고 싶음(7.9%)으로 나타났다.

앞으로 주거에 대한 불안을 느끼는 노인은 전체의 26.3%였고, 이들이 주거 불안을 느끼는 요인은 신체가 쇠약해졌을 때의 주택구조(27.3%), 나를 돌봐주는 사람의 존재(23.0%), 주택의 수선비 등 필요한 경비를 지불할 수 없게 되는 경우(22.8%)의 순이었다. 현재 주택에서 계속 거주하고 싶은 욕구는 강하지만 고령기에는 신체적, 심리적, 경제적 상황이 갑자기 변화할 수 있기 때문에 가까운 미래에 예기치 못한 상황에 직면할 수도 있다. 기대와 달리 건강상태가 악화되거나 돌봄이 필요한 상황이 되었을 때 나를 돌봐줄 수 있는 사람의 존재 유무에 따라서 현재의 주택에서 계속 거주하는 것이 어려워질 수도 있기 때문이다. 그리고 건강이 나빠져 휠체어를 사용해야 하는 경우에는 배리어프리 디자인(Barrier-free Design)이 필요하게 되는데, 주택 내부에 휠체어로 이동할 수 있게 하는 특수한 설비의 설치나 바닥 단차 제거, 경사로 설치 등 개보수해야 하는 상황도 발생된다. 여기에는 당연히 큰 비용이 발생하기 때문에 경제적인 형편도 생각해야 하고, 자녀들과 함께

---

3 내각부(內閣府)에서는 고령사회 대책을 종합적으로 추진하기 위해 「취업·소득」, 「건강·복지」, 「학습·사회참여」, 「생활환경」, 「조사연구」 등에 대한 조사를 매년 실시하고 있다. 「고령자의 주택과 생활환경 조사」는 '고령사회 대책 대강령'(2018.2.16. 각의 결정)에 근거하여 노인의 일반적인 생활 현황, 주택 및 생활환경에 관한 실태와 의식을 파악하여 고령사회 대책의 시책 추진에 활용하고, '고령사회 대책 대강령'의 재검토 시 기초자료를 제공하는 것을 목적으로 하고 있다. 조사대상자는 전국의 60세 이상 남녀 노인을 대상으로 지역 및 도시 규모(대도시·중도시·소도시·정촌(町村) 4개로 구분)로 나누어 3천 명(모집단 수는 약 4천만 명)을 대상으로 2018년에 조사하였고, 최근에는 2023년 9월에 조사를 실시하였다.

거주할 수 없는 여건이라면 혼자서 대책을 세우고 생활의 어려움도 홀로 이겨내야 하는 상황도 생길 수 있다. 고령화와 핵가족화 사회에서는 이와 같은 상황이 누구에게나 닥칠 수 있는 일반적인 문제로 받아들여야 하며 쇠약해지는 신체와 건강 상태에 맞춰 주거환경을 조성하는 것이 중요하다.

3 고령사회의 노인 정책 및 제도

일본은 1960년대부터 일찌감치 노인인구 증가에 대한 중요성을 인식하고 다양한 대책과 제도를 마련해왔다. 고령사회 대책의 기본적은 틀은 1995년에 제정된 「고령사회 대책 기본법」에 근거를 두고 있다. 이 법은 고령사회 대책을 종합적으로 추진하여 경제사회의 건전한 발전과 국민생활의 안전을 향상하고 도모하기 위해 제정되었고, 고령사회 대책의 기본이념으로서 공정하고 활력 있는 지역사회가 자립, 연대 정신에 입각한 윤택한 사회의 구축을 지향하고 있다. 또한 국가 및 지방공단체는 기본이념에 근거하여 고령사회 대책을 수립하고 실시할 책무가 있음을 명시함과 동시에 국민의 노력에 대해서도 명시하고 있다. 또한 취업 및 소득, 건강 및 복지, 학습 및 사회참가, 생활환경 등 사회 전반적인 부문에서 국가가 강구해야 할 시책을 규정하고 다양한 노력이 이루어지고 있다.

1) 노인 주거지원 관련 법률 제정

일본은 노인가구 증가에 대비하기 위해 2001년 「고령자 주거안정 확보에 관한 법률」(이하, 고령자 주거법)을 제정하여 노인가구의 특성을 기반으로 한 정책을 추진할 수 있도록 법률을 정비하였다. 「고령자 주거법」의 주요 내용은 국토교통성 장관과 후생노동성 장관이 함께 노인의 주거안정 확보에 관한 기본방침을 수립해야 하며, 도도부현(都道府県)은 기본방침을 근거로 노인의 주거안정 확보에 관한 계획을 수립하도록 규정하고 있다. 또한, 서비스결합 고령자용 주택의 등록 제도 신설·시행(2011.10.20.)과 기존의 재고주택을 활용한 노인을 위한 임대주택 공급 촉진, 노인의 안정적인 거주를 위한 종신 건물임대차제도 마련 등의 내용이 포함되어 있다. 그리고 안전하고 자립적인 생활이 가능하도록 주택설계 지침, 배리어프리 기준 등 노인주택 공급을 위한 건축기준과 주택 내 사고·재해에 대응하기 위한 충분한 설비 설치, 노인이 입주한 임대주택의 관리 지침 등을 제정하였다.

표 3 노인 주거지원 관련 법령 및 고시

구분	법령명
법령	고령자 주거안정 확보에 관한 법률
	국토교통성·후생노동성 관계 고령자의 주거안정 확보에 관한 법률 시행규칙
고시	고령자 주거안정 확보에 관한 기본적인 방침
	고령자가 거주하는 주택 설계에 관한 지침
	고령자가 입주하는 임대주택의 관리에 관한 지침
	서비스결합 고령자용 주택 배리어프리 기준
	서비스결합 고령자용 주택의 임대료 등 선금 보전 조치
	도도부현(都道府県) 고령자 주거안정 확보 계획에 따른 등록기준 강화 및 완화
	고령자용 우량임대주택 배리어프리 기준
	종신건물 임대차의 임대료 선금 보전 조치
	거실, 식당 등 공용부분을 임차인이 공동으로 이용하는 경우(쉐어하우스형)의 기준
	도도부현(都道府県) 고령자 주거안정 확보 계획에 따른 종신건물의 임대차 인가 기준 강화 및 완화

출처: 서비스결합 고령자용 주택 정보제공시스템 홈페이지(https://www.satsuki-jutaku.jp)

2) 新주생활 기본계획(전국계획, 2021~2030)의 수립

육아가구의 감소, 노인가구 및 생활보호수급자의 증가 등 가구 구조의 변화, 저탄소사회를 지향하는 과정에서 기존의 내진 기준에 맞춰 건축된 주택이 에너지 절약 기준에 미달하는 주택 재고가 증가하는 문제, 관리 부재 상태의 빈집 증가로 인해 주변환경에 악영향을 끼치는 문제 등 사회변화에 따라 대두되는 새로운 문제에 대응하기 위해 '新주생활 기본계획(2021년 3월 19일, 각의 결정)'이 수립되었다. 이 계획은 「주생활기본법」(2006년 6월 제정)에 근거하며, 주거생활을 둘러싼 새로운 현상과 과제에 대응하기 위해 '3개의 관점'과 '8개의 목표'를 설정하여 종합적인 시책을 마련하여 추진하고 있다. 8개의 목표 중 노인을 위한 주거지원 정책과 관련된 '주요 목표 4. 다양한 세대가 서로 협력하여 노인 등이 건강하고 안심하며 거주할 수 있는 커뮤니티의 형성과 마을 만들기'에는 크게 2가지 내용이 포함되어 있다. 첫째는 노인, 장애인 등이 건강하고 안심하며 생활할 수 있는 주택의 확보, 둘째는 다양한 세대가 공생하는 지속 가능한 커뮤니티 조성과 마을 만들기이다(표 4, 그림 8 참조).

표 4 新주생활기본계획(2021~2030년)의 주요 목표

3개의 관점	주요 목표
① 「사회환경 변화」	목표 1. '새로운 일상', DX의 추진 목표 2. 안전한 주택·주택지의 형성 등
② 「거주자·커뮤니티」	목표 3. 자녀 출산·육아하기 쉬운 주거 목표 4. 다양한 세대가 협력하고, 노인 등이 건강하고 안심하며 거주할 수 있는 커뮤니티 조성과 마을 만들기 목표 5. 세이프티넷(Safety-net) 기능 정비
③ 「주택재고·산업」	목표 6. 주택 순환시스템의 구축 등 목표 7. 빈집 관리·제거·이용 및 활용 목표 8. 주거생활산업의 발전

출처: 국토교통성 홈페이지(https://www.mlit.go.jp)

그림 8 新주생활기본계획의 노인 주거지원 관련 정책

목표 4. 다양한 세대가 서로 협력하고 노인 등이 건강·안심하며 거주할 수 있는 커뮤니티 조성과 마을 만들기

(1) 노인, 장애인 등이 건강하게 안심하며 생활할 수 있는 주거 확보

(기본 시책)

- 고령기에 대비한 적절한 주거선택이 가능토록 종합적인 상담체제 추진
- 고령기 건강관리와 원격거리에서의 돌봄 등을 위한 IoT기술 등을 활용한 서비스 확대 및 일반화
- 배리어프리 성능과 열쇼크(Heat Shock) 대책 등의 관점을 포함한 양호한 온열환경을 갖춘 주택의 정비, 리폼 추진
- 서비스결합 고령자용 주택 등에 대해 지역 수요와 의료·개호서비스의 제공 체제를 고려하여 지방공공단체의 적절한 관여를 통한 정비·정보제시 추진

(2) 다세대가 공생하는 지속 가능하고 풍부한 커뮤니티 조성·마을 만들기

(기본 시책)

- 주택단지 재건축 등 의료복지시설, 노인지원시설, 고독·고립대책에 기여하는 커뮤니티 공간 정비 등 지역에서 노인이 살기 편안한 거주환경 정비
- 3세대 동거와 근거리 거주, 신체·생활상태에 대응한 원활한 주거이동 추진. 가족과 사람들의 지원으로 노인이 건강하게 생활하며 다양한 세대가 교류하는 믹스-커뮤니티 조성

<기존 주동(柱棟)에 엘리베이터 설치>   <IoT 기술 등 활용>

인체감지 센서   돌봄지원 컨트롤러

<주택단지 재건축 시 의료·복지시설 정비>

(성과지표) 노인주택 중 일정 기준의 **배리어프리 성능 및 단열성능**을 갖춘 주택 비율 17%(2018) → **25%(2030)**

출처: 국토교통성 홈페이지(https://www.mlit.go.jp)

3) 에이징 인 플레이스(Aging in Place)를 위한 '지역포괄케어시스템' 구축

2010년 이후 인구는 지속적으로 감소하는 가운데 고령화는 급격하게 진행되어 과거 경제성장기에 구축한 사회인프라와 복지시스템이 제대로 작동하지 않는 위기에 처하였다. 공적연금 및 사회보장 재원 마련을 둘러싼 불안이 커지고 무연고사회[4] 현상이 더욱 심해졌다. 2005년 초고령사회에 접어들며 2025년에 제1차 베이비 붐 세대인 단카이세대(団塊の世代)[5]의 연령이 75세 이상이 되면 노인 1인가구 및 노인 부부 등 요지원·요개호 노인이 급증할 것으로 전망되었다. 요개호 상태가 되더라도 지금까지 거주해 온 곳에서 자신다운 생활을 인생의 마지막까지 이어갈 수 있도록 하는 방법에 대해 관심이 높아졌고 그에 따라 지역에서 의료·개호·예방·주거·생활 지원이 포괄적으로 제공되는 '지역포괄케어시스템' 구축을 위한 정책이 적극적으로 펼쳐졌다. '지역포괄케어시스템'의 목적은 노인의 요구에 부응하는 주택공급은 물론, 생활상의 안전·안심·건강을 확보하기 위한 의료나 간호, 복지서비스 등 다양한 생활지원을 일상생활에서 적절하게 제공하는 지역체계를 구축함으로써 노인의 주거안정을 도모하는 것이다. '지역포괄케어시스템'은 5개의 구성요소가 있고, 약 30분 이내에 필요한 서비스가 제공될 수 있는 일상생활권역(구체적으로 중학생의 통학 범위)을 기본 단위로 상정하여 구축된다. 특히, 인지증 노인인구가 크게 증가할 것에 대비하여 인지증 노인이 지역에서 생활이 가능한 수준의 '지역포괄케어시스템' 구축에 많은 노력을 기울이고 있다.

---

4 무연사회(無緣社會) 또는 무연고사회(無緣故社會)는 독신 가정의 증가, 장기화된 경기 침체, 대규모 청년 실직, 저출산, 고령화 등으로 인해 인간 관계가 약해져 가는 사회를 말한다. 일본 사회에는 1990년대 이후 직업을 구하지 못한 청년층의 증가, 경제력을 갖춘 여성의 미혼, 비혼 비율 증가 등으로 1인 가구가 서서히 증가하면서 나타나기 시작했다. 한국은 2000년대 후반부터 청년 실직자, 미혼율이 증가하고 있다. 무연사회라는 표현은 2010년 일본 NHK 방송에서 처음으로 사용되었다.

5 단카이세대(団塊の世代)란 제2차 세계대전 직후 제1차 베이비붐이 일어난 시기(1947~1949)에 태어난 세대를 말한다.

그림 9 '지역포괄케어시스템' 서비스 관계도

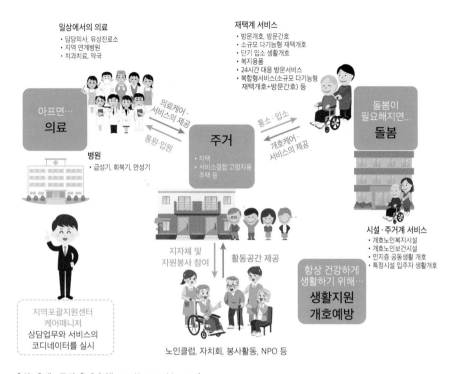

출처: 후생노동성 홈페이지(https://www.mhlw.go.jp)

그림 10 '지역포괄케어시스템' 내 주거 방식 선택(자택/고령자용 주거 · 시설)

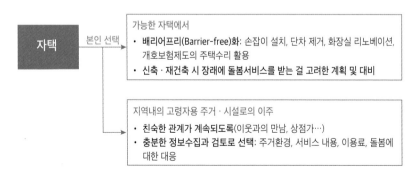

출처: 국토교통성 홈페이지(https://www.mlit.go.jp)

4) 노인전용주택 모델 개발: 서비스결합 고령자용 주택

서비스결합 고령자용 주택은 개정된 「고령자 주거법」을 근거로 하며 노인이 안심하며 생활할 수 있도록 개호·의료 연계 서비스를 제공하는 배리어프리 구조의 주택이다. 노인의 생활 특성에 필요한 거실 면적, 배리어프리 등 하드웨어적인 조건을 갖추고 개호전문가의 안부 확인, 생활상담 등의 서비스를 제공한다.

그림 11 '서비스결합 고령자용 주택' 개념

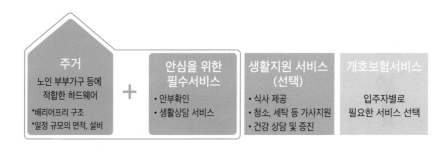

출처: 국토교통성·후생노동성(2017), 「서비스결합 고령자용 주택 안내서(사업자용)」

서비스결합 고령자용 주택으로 등록하기 위해서는 세대 전용면적이 $25m^2$ 이상이어야 하며 각 전용 부분에 부엌, 수세식 화장실, 세면실, 수납설비, 욕실 등을 갖추고, 배리어프리 구조 등 일정 규모와 설비를 갖추어야 한다. 서비스결합 고령자용 주택을 공급하는 임대사업자가 해당 임대주택을 지방자치단체에 등록하면 지방자치단체는 주택이 필요한 사람에게 각종 정보를 검색, 제공받을 수 있도록 지원한다. 정부는 서비스결합 고령자용 주택의 공급 촉진을 위해 보조금·세제혜택·융자 등의 지원뿐 아니라 민간사업자, 사회복지법인, 의료법인 등에게 서비스결합 고령자용 주택으로 등록하기 위한 기존 주택의 건설·개보수 비용 일부를 직접 지원하고 있다.

5) 주택 개보수 가이드라인 공표

국토교통성은 준고령자(50~64세)와 신체활동 가능한 노인(65~74세)을 대상으로 고령기에 안전하고 안심하게 거주할 수 있도록 기존 주택의 개보수에 필요한 가이드라인을 만들어 공표하였고(2019.3.28.) 중앙정부와 도쿄도(東京都), 홋카이도(北海道) 등 지방자치단체에서는 배리어프리, 에너지 절약, 내진성 강화, 단열성능 향상 등 주택의 기능 향상을 위한 개보수 비용 일부를 지원하고 있다.

표 5 **주택 개보수 가이드라인의 고려 항목과 개보수 공간**

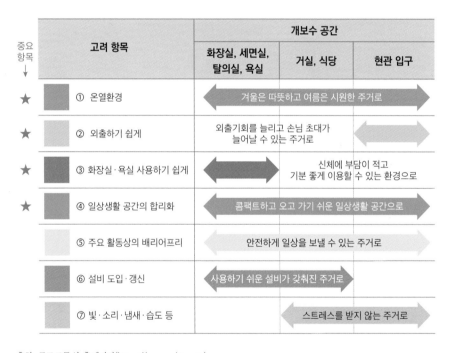

출처: 국토교통성 홈페이지(https://www.mlit.go.jp)

> **그림 12 주택 개보수 가이드라인을 적용한 개보수 이미지**

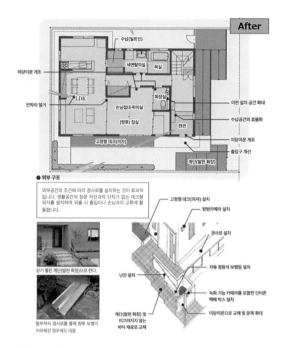

출처: 국토교통성 홈페이지(https://www.mlit.go.jp)

6) 노인 대상의 금융상품 개발

주택금융지원기구와 제휴한 은행에서는 60세 이상 노인의 생활 편의를 위한 주택 건축 및 구입, 노후주택의 개조와 재건축, 이사, 서비스결합 고령자용 주택 입주 일시금 납부 등에서 경제적 부담을 느끼는 노인을 대상으로 한 금융상품을 만들어 제공하고 있다. 주택 및 토지를 담보로 생활자금을 대출하고 사후(死後)에 담보 부동산을 처리하여 차입금을 변제하는 상품이다. 대출한도액은 담보 평가액(주택 및 토지)의 50~60%로 최대 8천만 엔 이하이며, 금리는 변동금리로 연 3%를 적용한다. 2022년 현재 대출 이용 신청 실적은 누계 6천 건을 넘어섰다.

4 노인주택의 유형 및 현황

노인을 위한 시설 또는 주택은 설립 목적과 제공하는 서비스에 따라 다양한 유형으로 구분된다. 크게는 복지정책 관점에서 후생노동성이 공급하는 특별양호노인홈(특별양로원) 등 복지시설과 주택정책 관점에서 국토교통성이 공급하는 고령자용 임대주택으로 나눌 수 있다. 일본에서는 노인주택을 광의의 개념으로서 고령기에 느낄 수 있는 불안을 해소하고 안심하며 거주할 수 있도록 배려한 주거로 정의하고 있다. 이를 참고하여 이 장에서는 노인주택을 고령기에 거주 가능한 모든 시설과 주택으로 정의하였다. 노인주택은 고령자의 정신적·신체적 건강상태, 서비스와 개호 체제, 개호도(돌봄 정도), 인지증 유무 및 정도, 자산상태 등에 따라 선택할 수 있는 다양한 유형이 있고, 유형별로 제공하는 서비스와 비용도 매우 다양하다(표 6).

표 6 건강상태별·개호도에 따른 노인주택 유형

구분	노인주택 유형	입주 연령	입주·입소 대상자 건강 상태					서비스		임대료 수준 (입주비용 기준)	월평균 비용
			자립	요지원 1~2	요개호 1~2	요개호 3~5	인지증	생활 지원	개호보험		
건강한 노인을 위한 주택	시니어용 분양 아파트(맨션)	60세 이상	○	△	△	×	×	있음	사업자 자체 개호 서비스 이용	1천만 엔~ 1억 엔 이상	10~30만 엔
	[일반형] 서비스결합 고령자용 주택	60세 이상	○	△	△	×	×	있음	외부 서비스 이용	수만 엔~수백만 엔 ※ 월임대료 2개월분 정도의 보증금이 필요한 경우가 많음	5~40만 엔
	고령자용 임대주택 (케어결합 고령자주택)	특히 없음	○	△	△	△	△	있음	시설 스태프가 제공	20~150만 엔 ※ 월임대료 2개월분 정도의 보증금이 필요한 경우가 많음	10~50만 엔
	[자립형] 유료노인홈	60세 이상 또는 65세 이상	○	×	×	×	×	있음	없음	0~수억 엔	15~30만 엔
	[일반형] 케어하우스	60세 이상	○	△	△	×	×	있음	외부 서비스 이용 가능	0~1천만 엔	7~20만 엔 정도

분류	유형		연령							개호 서비스	비용	월 비용
돌봄이 필요한 노인을 위한 주택	[개호형] 서비스 결합 고령자용 주택		60세 이상	×	△	○	○	○	있음	외부 서비스 이용	수만 엔~수백만 엔 (수천만 엔도 일부 존재)	15~40만 엔
	[개호형] 유료 노인홈	주택형	60세 이상 또는 65세 이상	×	△	○	○	○	있음	외부 서비스 이용	0~수억 엔	15~30만 엔
		개호 결합							있음	시설 스태프가 제공	수십만 엔~수백만 엔	10만 엔~수백만 엔
	개호노인 보건시설		65세 이상	×	△	○	○	○	있음	시설 스태프가 제공	0엔	6~17만 엔
	개호의료원		65세 이상	×	×	○	○	○	있음	시설 스태프가 제공	0엔	6~17만 엔
	특별양호노인홈 (특별양로원)		65세 이상	×	×	×	○	○	있음	시설 스태프가 제공	0엔	5~15만 엔
	그룹홈 ※ 인지증 진단 받은 사람		65세 이상	×	○	○	○	○	있음	시설 스태프가 제공	0~수백만 엔	15~20만 엔
	[개호형] 케어하우스		65세 이상	×	△	○	○	○	있음	시설 스태프가 제공	0~수백만 엔	7~20만 엔

주: ○는 입주(이용) 가능, △는 입주 가능하지만 필요한 지원·개호를 받을 수 없거나 또는 입주할 수 없는 경우도 있음, ×는 입주 불가

출처: LIFULL 개호 홈페이지(https://kaigo.homes.co.jp)

운영 주체를 기준으로 보면 민간기업이 운영하는 '민간 노인주택'과 정부와 지방자치단체, 사회복지법인 등이 운영하는 '공적 노인주택'으로 구분할 수 있다(표 7). '민간 노인주택'은 사업자별로 지원 서비스와 개호(돌봄) 체계에 따라 매우 다양하다. 서비스가 다양하고 충실한 만큼 이용료가 높은 경향이 있으며 이용자의 자산상태, 건강상태에 따라 선택의 폭이 매우 넓은 것이 특징이다. '공적 노인주택'은 민간시설보다 비용이 저렴하지만 이용하고자 하는 노인이 많아 입주 대기시간이 길고, 「요개호3 이상」과 같이 입주 조건이 까다로운 것이 단점이다.

표 7 운영 주체별 노인주택의 유형

구분	명칭		개요
민간 노인 주택	시니어 분양 아파트(맨션)		생활을 지원하는 서비스가 제공되는 분양 아파트
	[일반형] 서비스결합 고령자용 주택		개호·의료와 연계하여 노인이 안심하여 생활할 수 있는 서비스를 제공하는 배리어프리 구조의 주택
	[개호형] 서비스결합 고령자용 주택		서비스결합 고령자용 주택 유형 중 하나로 「특정시설 입주자 생활 보호」의 지정을 받은 주택
	고령자용 임대주택		고령자용 임대주택은 배리어프리화된 임대주택으로 서비스결합 고령자용 주택과 유사해 보이지만, 건축물의 규정이나 서비스 제공의 의무가 없는 노인주택
	고령자용 지역우량임대주택		노인이 직접 계약하기 쉽고, 배리어프리 대응설비가 설치된 임대주택. 현재 서비스결합 고령자용 임대주택과 일원화되고 있지만 일부 지자체에서는 임대료 보조, 지역우량임대주택제도 지원을 지속하고 있음
	유료노인홈	주택형	식사 등의 생활지원 서비스가 결합된 유료노인홈으로 개호서비스는 외부 서비스를 이용
		건강형	식사 등의 생활지원 서비스가 결합된 유료노인홈으로 개호서비스는 외부 서비스를 이용
		개호결합	개호보험법에 근거하여 「특정시설 입주자 생활 개호」의 지정을 받은 유료노인홈으로 식사·청소·신체 돌봄 등 폭넓은 서비스 이용 가능
	그룹홈		요개호1 이상의 인지증 판정을 받은 사람을 대상으로 9인이 하나의 공동 주거 단위로 가정적인 환경에서 공동생활이 가능한 시설
공적 노인 주택	특별양호노인홈 (특별양로원)		심신에 현저한 장애가 있고 상시 생활지원·개호서비스가 필요한 노인(요개호3 이상) 대상의 양호 시설
	개호노인보건시설		요개호자(요개호1 이상)의 자택과 병원의 중간적인 거점 역할로서 재택 복귀를 목표로 간호, 의학적 관리하에 개호, 기능훈련 등에 필요한 의료, 일상생활상 돌봄을 목적으로 한 시설
	경비(經費) 노인홈	A형	수입에 따라 저렴한 비용으로 생활지원 서비스(식사제공, 입욕준비, 일상생활 케어 및 상담 등)를 받으면서 독립적인 생활을 할 수 있는 주택. 기본적으로 개호서비스는 없음
		B형	A형과 거의 동일하지만 다른점은 식사 제공을 하지 않는 것. 식사는 본인이 해야 함
	케어하우스 (경비노인홈 C형)	자립형 (일반형)	혼자서 생활하는 것이 불안한 60세 이상의 노인이 입주할 수 있는 노인용 시설로 청소 등 생활지원 서비스와 식사 제공, 긴급 시 대응 포함
		개호형	개호보험법에서 「특정시설입주자 생활개호」 지정을 받은 시설로 직원으로부터 개호서비스 제공 가능

개호요양형 의료시설 (개호의료원)	요양 병상을 가진 병원이나 진료소에 개호보험 적용 항목으로 입원하는 요개호1 이상의 대상자에게 장기요양상의 관리 및 간 호·의료상의 관리로서 개호와 돌봄, 기능훈련, 그 외 필요한 의료 서비스를 제공하는 시설

출처: 후생노동성 홈페이지(https://www.mhlw.go.jp); LIFULL 개호 홈페이지(https://kaigo.homes.co.jp/ manual); 독립행정법인 국민생활센터(2021), "고령기의 주거를 생각한다", "국민생활", 2021년 3월호, 웹판, pp.1-4; 저자 재구성

노인가구(노인 1인 가구 + 노인 부부 가구)가 거주하는 주택유형은 자가주택이 989만 가구, 임대주택이 292만 가구이며, 유료노인홈, 그룹홈 등 시설에 거주하는 노인은 224만 명으로 나타났다.

그림 13 노인주택의 유형별 공급 현황

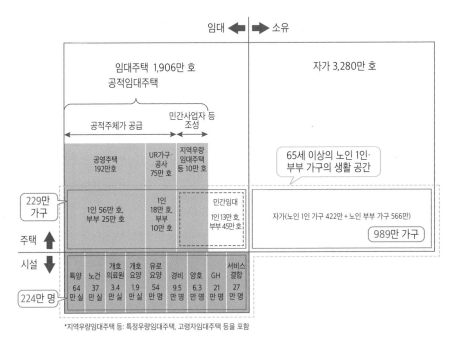

*지역우량임대주택 등: 특정우량임대주택, 고령자임대주택 등을 포함

출처: 국토교통성(2022), 「노인주거의 현황과 시책의 동향」 국토교통성 제6회 서비스결합 고령자용 주택 관련 간담회 자료

5 사례[6]

1) 코샤하임 무카이하라(Kosha Heim Mukaihara, KHM)

■ 개요

코샤하임 무카이하라(Kosha Heim Mukaihara, KHM)는 도쿄도 주택공급공사(Tokyo Metropolitan Housing Supply Corporation, JKK 도쿄도)[7]의 의료·개호 연계형 서비스결합 고령자용 주택 시범사업 중 하나이다. 이 사업은 노인이 점차 나이가 들어 의료 및 돌봄 서비스를 필요로 하게 되더라도 지금껏 살아온 지역에서 안심하고 거주하면서 서비스를 받을 수 있는 주거 제공을 목적으로 한다. 구체적으로는 의료·돌봄·주택 간 긴밀한 상호제휴를 통해 각 서비스가 효과적으로 공급되는 체계가 갖춰진 서비스결합 고령자용 주택을 건설 공급하거나 주택정비 비용 일부 등을 보조한다. 추진 방식은 JKK 도쿄도가 서비스결합 고령자용 주택을 건설한 뒤, 공모를 통해 운영사업자를 선정하여 운영 전반을 일괄적으로 위탁한다. 운영사업자는 입주자 모집, 관리·운영 업무 전반을 맡고, JKK 도쿄도는 운영 사항과 입주자 만족도 등을 정기적으로 평가·모니터링하며 운영사업자를 관리한다.

---

6 주택 분야에서 공적기관이 공급 또는 시행 중인 노인주택의 사례를 중심으로 정리하였다.

7 도쿄도 주택공급공사(Tokyo Metropolitan Housing Supply Corporation, JKK 도쿄도)는 저출산·고령사회에 발맞춰 노인이 적절한 주거 비용으로 부담없이 입주할 수 있고, 서비스 담당자로부터 생활상담, 긴급 상황 대응, 안부 확인 등 생활지원 서비스가 제공되며, 필요한 경우 병설 시설의 개호 서비스나 재택 의료 서비스 등을 이용할 수 있는 서비스결합 고령자용 주택을 건설·공급·정비하고 있다.

표8	코샤하임 무카이하라 사례 개요	
주소	3-7 Mukaihara, Itabashi-ku, Tokyo	
주택 형태	서비스결합 고령자용 주택	
준공 연도	2014년	
층수 및 실	지상 6층 / 전체 50실(25.02~45.27m^2)	
계약조건	독립적인 생활이 가능한 노인(정원 1~2인)	
임대료 (노인주택)	• (1인) 월임대료: 73,000~91,200엔 • (2인) 월임대료: 95,100~121,700엔	
사업주체	도쿄도 주택공급공사(토지·건물 소유자)	
운영주체	사회복지법인 고호엔	

출처: 코샤하임 무카이하라 홈페이지(https://www.satsukimukaihara.jp/medical)

■ 주거지 및 주택 특성

노인이 안심하며 거주할 수 있게 하는 '무카이하라 지역포괄케어시스템'을 구축하기 위해 3~6층에는 거주자의 주택을 배치하고, 2층에는 입주자와 지역주민이 함께 이용할 수 있는 재택개호, 방문개호, 방문간호 시설 등을 설치했다. 1층에는 보육원, 편의점, 레스토랑을 배치하여 육아가구, 지역주민과의 자연스러운 만남을 유도하는 교류 공간으로 활용하고 있다.

그림 14 코샤하임 무카이하라의 배치도 및 층별 주요 시설

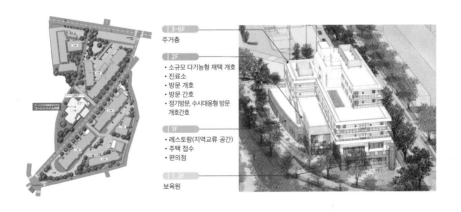

보육원	1층에 「키즈타운 무코우하라」 보육원 설치, 지역의 육아가정에게 언제든지 안심하고 이용할 수 있는 보육 서비스 제공
레스토랑 & 지역교류 공간	레스토랑 「나나 테라스」는 지역 주민에게 개방된 공간으로 식사 제공 및 이벤트 운영을 통해 입주자뿐 아니라 지역 주민과의 교류 거점으로 활용
편의점	편의점 「패밀리마트」를 설치하여 지역 주민과 함께 이용함으로써 자연스러운 만남이 이뤄지도록 유도

출처: 코샤하임 무카이하라 홈페이지(https://www.satsukimukaihara.jp/facility)

그림 15 **코샤하임 무카이하라의 전경 및 공용공간**

전경	로비	보육원
지역교류 레스토랑	소규모 다기능형 주택 개인실	층별 휴게공간

출처: 코샤하임 무카이하라 홈페이지(https://www.satsukimukaihara.jp/facility)

주택의 평면도는 노인 1인 가구와 노인 가족세대를 위한 4가지 타입이 있으며 주택 내에서 발생할 수 있는 노인 안전사고에 대비하여 손잡이 설치, 자동으로 전원이 꺼지는 IH 쿠킹히터를 설치하였고, 거실에는 생활리듬 센서를 설치하여 일정 시간 움직임이 확인되지 않으면 서비스 직원 등에게 연락이 가능하도록 되어 있다. 그리고 욕조와 화장실에는 줄이 달린 긴급버튼을 설치하여 미끄러져 넘어졌을 때 보다 쉽게 버튼을 이용할 수 있도록 하였고, 침대에는 병원에서 사용하는 응급 호출 버튼을 설치하여 긴급 상황 발생 시 간단하게 연락을 취할 수 있도록 하였다.

그림 16 코샤하임 무카이하라의 유형별 주택 평면도

A type: 1인가구
(25.02m²)

B type: 1인가구
(30.28m²)

C type: 가족형
(35.20m²), 1DK

D type: 가족형
(45.27m²), 1LDK

출처: 코샤하임 무카이하라 홈페이지(https://www.satsukimukaihara.jp/room)

그림 17 코샤하임 무카이하라의 주택 내 노인을 위한 설비

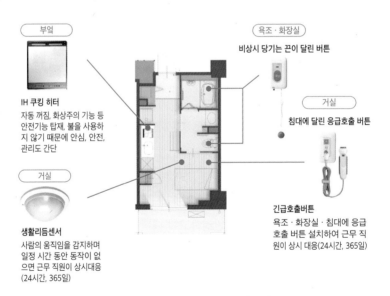

부엌

IH 쿠킹 히터
자동 꺼짐, 화상주의 기능 등
안전기능 탑재, 불을 사용하
지 않기 때문에 안심, 안전,
관리도 간단

욕조 · 화장실

비상시 당기는 끈이 달린 버튼

거실

침대에 달린 응급호출 버튼

거실

생활리듬센서
사람의 움직임을 감지하며
일정 시간 동안 동작이 없
으면 근무 직원이 상시대응
(24시간, 365일)

긴급호출버튼
욕조 · 화장실 · 침대에 응급
호출 버튼 설치하여 근무 직
원이 상시 대응(24시간, 365일)

출처: 코샤하임 무카이하라 홈페이지(https://www.satsukimukaihara.jp/room)

그림 18 코샤하임 무카이하라의 주택 내부

침실   부엌

욕실   화장실

출처: 코샤하임 무카이하라 홈페이지(https://www.satsukimukaihara.jp/room)

■ 운영·관리 주체

JKK 도쿄도가 공모를 통해 선정한 사회복지법인 사회복지법인 고호엔(社会福祉法人こうほうえん)은 돗토리현 요나고시(鳥取県米子市)에 본부를 두고 1986년에 법인을 설립하여 개호, 간호, 의료, 보육, 장애인지원 등 종합복지서비스를 제공하고 있다. 사회복지법인으로는 전국 최초로 재택개호 서비스센터를 개설하였고, TV 회의시스템을 사용한 연수체제, 후생노동성과의 연계사업 실적 등이 우수한 평가를 받아 선정되었다.

■ 거주지원 서비스

2층에 소규모 다기능형 주택개호, 방문개호 사업소, 방문간호 사업소, 재택요양지원 진료소 등을 설치하여 각 세대의 노인이 필요로 하는 서비스를 지원하고 있다.

표 9 코샤하임 무카이하라의 거주지원 서비스 주요 내용

구분	주요 내용
소규모 다기능형 주택개호 「데이하우스 무카이하라」	돌봄을 필요로 하는 사람에게 왕래, 방문, 숙박 등의 방식으로 24시간 365일 생활 지원
방문개호 사업소 「정기적 방문·수시대응형 방문개호간호 사업소 무카이하라」, 「방문개호사업소 무카이하라」	정기적 방문, 수시대응형으로 돌봄이 필요한 사람에게는 24시간 365일 신체 케어(배설, 식사, 목욕 등)와 생활 전반에 필요한 서비스 지원
방문간호 사업소 「방문간호스테이션 린소 무카이하라 지점」	의료적 처치가 필요한 사람에게 간호케어 제공
재택요양지원 진료소 「헤이세이 홈클리닉」	방문개호, 방문간호와 연계하여 이용자의 주택으로 방문 진료 제공

출처: 코샤하임 무카이하라 홈페이지(https://www.satsukimukaihara.jp/medical)

■ 입주자격

입주자격은 다음 6가지 항목이 모두 충족되어야 입주가 가능하다. ① 독립적인 거주 목적으로 주택이 필요한 사람, ② 입주 시 만 60세 이상(동거자가 있는 경우는 배우자나 60세 이상의 친척만 가능), ③ 임대료 지불이 가능한 사람, ④ 운영·관리 법인이 정한 연대보증인 및 신원 인수인을 선정할 수 있는 사람(선정이 안된 사람은 상담을 통해 가능한 방안을 찾아봄), ⑤ 폭력단·반사회세력이 아닌 사람(폭력 단원에 해당하는 사람은 신청 불가능), ⑥ 고호엔(こうほうえん) 운영방침에 동의하며 원만한 공동생활이 가능한 사람이다.

■ 입주비용 및 이용료

입주자는 고호엔(こうほうえん)이 공모를 통해 모집하며 '종신건물 임대차계약'[8]
을 체결하고 있다.

표 10   코샤하임 무카이하라의 입주비용과 월이용료

구분	1인 주택(1인)	가족형 주택(2인)
월임대료	73,000~91,200엔/월 ※ 전용면적 25.02~30.28m²	95,100~121,700엔/월 ※ 전용면적 25.02~30.28m²
관리비	30,500엔/월 ※ 건물 내 청소비, 공용부분 광열비, 각 설비 보수점검 비용	
기본서비스 비용	30,000엔/월(소비세 별도) ※ 프론트·생활상담 서비스, 안부확인, 긴급 시 대응 비용 등 ※ 2명 입주하는 경우는 45,000엔(소비세 별도)	
보증금	월임대료 2개월분	
선택서비스 비용 (별도 계약)	(별도로 정해지는 이용료) 개호서비스 이외 희망하는 사람에게 한해서 일상생활을 지원 하는 서비스 제공	
식사서비스 비용 (별도 계약)	30,000엔(1일 2식을 30일간 식사하는 경우) ※ 점심 식사 600엔, 저녁 식사 700엔(소비세 별도)	
기타	※ 전기세, 가스비, 상하수도 이용료 등 주택 내의 광열비, 개호보험이용료, 의료비 등은 　입주자 부담 ※ 사례금(礼金), 중개수수료, 갱신료 등은 없음	

출처: 코샤하임 무카이하라 홈페이지(https://www.satsukimukaihara.jp/price)

입주 가능 주택은 노인 1인 가구 및 2인 가구를 위한 두 가지 유형이며 면적에
따라 월임대료가 다르다. 그 외 입주자가 원하는 서비스(식사서비스, 개호서비스 등)
는 신청을 통해 즉시 이용 가능하며 별도 비용이 추가된다. 그리고 각 세대별로 사
용하는 전기세, 가스비, 상하수도 이용료 등은 입주자가 각각 해당 사업자와 별도
로 계약을 체결하고 비용을 부담한다.

---

8 종신건물 임대차계약이란 「고령자의 주거안정 확보에 관한 법률」에 근거하여 60세 이상인 자
　를 대상으로 계약자가 사망할 때까지 '종신'으로 계약한다. 계약 갱신 걱정없이 안심하고 거주
　할 수 있는 계약형태로 상속이 안 되는 '1대(代) 한정' 임대차계약이다. 계약자 본인이 사망했
　을 때는 동거자에 한하여 정해진 기한 내에 필요한 절차를 밟아 입주할 수 있다.

2) 아스미 라이프 미나미오사와(Asumi Life Minamiosawa, ALM)

■ 개요

ALM은 JKK 도쿄도에서 공급·관리하고 있는 케어결합 고령자주택이다. 노인
주택 유형 중 개호결합 유료노인홈(자립형)에 해당하며 생활지원과 돌봄 등 다양한
서비스가 함께 제공되는 주택이다. JKK 도쿄도는 기존 거주자가 퇴실 후 새로운
입주자가 들어오기 전 주택 정비 비용을 일부 지원하고 있다. ALM은 1996년 개
설하였고 일반동과 개호동으로 구분되어 있으며 현재 482명이 입주하고 있다.

표 11 아스미 라이프 미나미오사와 사례 개요

주소	3-16 1 Minamiosawa, Hachioji city, Tokyo	
주택 형태	케어결합 고령자주택(일반형)	
준공 연도·건축물 용도	일반동: 1996년 3월 3일, 공동주택	
층수 및 실	10층/370실(정원 482명)	
계약조건	독립적인 생활이 가능한 노인(65세 이상), 정원 1~2인(배우자 및 친척만 대상)	
임대료 (노인주택)	• (1인) 선금 최소 3,200만 엔＋월 이용료 160,460엔 • (2인) 1인 요금＋선금 추가비용 최소 1,900만 엔＋월이용료 추가 비용 120,860엔	
사업주체	도쿄도 주택공급공사	
운영주체	세이레이복지사업단	

출처: 아스미 라이프 미나미오사와 홈페이지(https://www.to-kousya.or.jp/asumi)

■ 주거지 및 주택 특성

ALM은 도쿄 교외에 대규모 베드타운으로 개발된 신도시인 다마뉴타운(多摩ニ
ュウータウン)의 중심지에 위치하고 있으며 주변에 쇼핑시설, 공원, 공공시설, 대학
등이 있다.

주택유형은 모두 7가지이며 면적은 1R(37.22m²)~1LDK(57.24m²) 사이로 구성
되고 총 370실이다. 모든 단위 세대에 전용 화장실과 욕실, 세대별로 요리를 해서
식사할 수 있도록 부엌이 설치되어 있다.

그림 19 아스미 라이프 미나미오사와의 유형별 주택 평면도

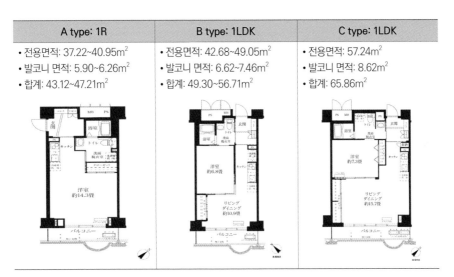

A type: 1R	B type: 1LDK	C type: 1LDK
• 전용면적: 37.22~40.95m²	• 전용면적: 42.68~49.05m²	• 전용면적: 57.24m²
• 발코니 면적: 5.90~6.26m²	• 발코니 면적: 6.62~7.46m²	• 발코니 면적: 8.62m²
• 합계: 43.12~47.21m²	• 합계: 49.30~56.71m²	• 합계: 65.86m²

출처: 아스미 라이프 미나미오사와 홈페이지(https://www.to-kousya.or.jp/asumi)

그림 20 아스미 라이프 미나미오사와의 주택 내부

출처: 아스미 라이프 미나미오사와 홈페이지(https://www.to-kousya.or.jp/asumi)

■ 운영·관리 주체

JKK 도쿄도가 공모를 통해 운영업체를 선정하며 입주자 모집부터 관리, 운영까지 모든 업무를 운영업체인 사회복지법인 세이레이 복지사업단(社会福祉法人聖隷福祉事業団)에 위탁하고 있다. 세이레이 복지사업단은 1930년에 설립된 이후 의료·보건·복지 분야에서 활동하고 있는 사회복지법인이다. 1960년대부터 노인복지사업(특별요양노인홈)을 시작하여 1970년대부터 본격적으로 유료노인홈 사업을 전개하고 있다.

기존 입주자가 퇴거 후 공실이 생기면 새로운 입주자가 들어올 수 있도록 JKK 도쿄도가 주택을 새롭게 리폼하고, 운영주체는 입주대기자에게 연락하여 신규 입주자를 선정하며, 입주신청은 상시로 가능하다.

ALM에 종사하는 직원은 총 128명이고, 시설장, 생활상담원, 간호직원, 개호직원, 기능훈련지도원, 계획작성 담당자, 영양사, 사무원, 기타 종사자 등이 있다.

■ 입주비용 및 이용료

입주비용은 '선금 일괄지불방식'이며 입주 시 주택유형, 방향, 층수, 연령에 따라 설정되는 선금 비용이 달라진다. 월 이용료에는 관리비, 식사이용 요금, 광열 수도비 등이 추가된다.

표 12 아스미 라이프 미나미오사와의 입주비용과 월이용료

월 이용료(세금 포함)		1인 입주	2인 입주
입주 시 선금 비용	임대료 (비과세)	25,340,000~70,010,000엔 ※ 주택유형·방향·층수·입주연령에 따라 비용을 설정하고 있음	상기 1인 입주 요금+ 12,200,000~18,150,000엔 ※ 입주 시 연령에 따라 구분하여 비용 설정 ※ 추가 선금 임대료 대상은 2명 중 입주 시 연령이 높은 노인의 비용을 기준으로 함
	특별요개호 비용 (세금 포함)	1인용 비용 7,106,000~8,442,500엔 ※ 입주 시 연령에 따라 구분하여 비용 설정 ※ 2인 입주 시 2인분의 비용 산정	
입주 시 총 지불액		(선금 임대료) + (선금 특별 개호 비용) 32,446,000~78,452,500엔	(선금 임대료) + (추가 선금 임대료) + (선금 특별 개호 비용) 51,752,000~105,045,000엔
매월 지불	관리비	90,200엔	140,800엔
	식사요금	70,260엔	140,520엔
		1일 3식, 30일 기준 ※ 식사요금은 실제 식사 횟수에 따라 청구(아침 594엔, 점심 648엔, 저녁 1,100엔) ※ 요금에는 부가세, 소비세(아침·점심 8%, 저녁 10%) 포함	
합계		160,460엔	281,320엔
전기, 수도, 가스, 케이블TV 이용료, 전화/인터넷은 각각 해당 사업체와 개인이 계약 체결하고 납부			

유료 시설 이용 요금	주차장	7,470엔/월(부가세 포함)
	트렁크룸	2,127엔/월(부가세 포함)
	전용 텃밭	1,257엔/연(부가세 포함)
	게스트룸	1박 4,400엔/인(부가세 포함) ※ 1실을 2인 이상 이용 시 2인 이상부터 1박 2,200엔/인(부가세 포함)
	방문자 식사요금	조식 740엔, 점심 781엔, 저녁 1,289엔(모두 부가세 포함)
기타		그 외 기타 비용으로 개인이 사용하는 비용, 의료비 등은 실비 부담

출처: 아스미 라이프 미나미오사와 홈페이지(https://www.to-kousya.or.jp/asumi/expense.html)

■ 주거서비스(지원서비스) 내용

입주자들에게 제공하는 서비스는 크게 생활편리서비스, 교양·오락서비스, 식사서비스, 건강관리서비스, 개호서비스, 안전관리 서비스 등 6가지이다. 입주자들이 주택 단지 내에서 안심하며 편리하게 거주할 수 있도록 다양한 시설을 갖추고 있으며 일상생활 지원 및 취미활동 등 많은 프로그램을 운영하고 있다.

표 13 아스미 라이프 미나미오사와의 거주지원 서비스 내용

구분	내용
생활편리 서비스	• 각종 소개서비스: 세탁, 전기업자, 장례전문업자 등 • 정보제공: 시설 내 행사, 지역 정보 등 게시판 게재 • 대행서비스: 시청·우체국 등 처리 대행(주민표·국민건강보험 등) 또는 건강상태가 좋지 않아 외출할 수 없는 경우 일용품의 쇼핑 대행
교양·오락 서비스	• 이벤트 안내 및 개최: 매월·계절별 시설 내 이벤트를 정기적으로 개최 • 서클활동: 서클 출범과 운영을 돕고, 라이프스타일에 맞추어 선택할 수 있는 문화, 스포츠 등 15개의 서클이 관내 시설에서 활동 예) 도예, 가라오케, 탁구, 마작, 서예, 하모니카, 테니스, 기공 및 태극권 서클 등 • 건강유지증진 서비스: 입주자들이 건강하게 지낼 수 있도록 스포츠계 서클 및 온수 풀(Pool), 스포츠센터, 각종 건강유지 및 증진 서비스 제공
식사서비스	• 식사시간: 조식 07:00, 점심 11:30, 저녁은 17:00부터 시작 • 메뉴: 조식은 2종류, 점심은 1종류와 단품요리, 저녁은 2종류와 단품요리 메뉴에서 선택. 입주자 대상으로 매달 설문조사를 실시하여 선호하는 음식 메뉴 선정 • 메뉴는 월 단위로 안내 • 치료식·개호식 제공: 의사 지시에 따라 식사치료가 필요한 사람에게 치료식을 제공하고, 개호식이 필요한 경우에는 신체 상황을 배려한 식사 제공 • 술을 마시고 싶은 사람은 저녁식사 시 제공(별도 요금)

건강관리
서비스
	• 건강진단: 시설 내에서 매년 종합건강검진(연 1회, 8월 실시), 정기검진(종합건강검진을
	실시한 달은 제외)을 진료소에서 실시하여 입주자의 건강상태 파악
	• 건강상담: 입주자가 건강에 불안을 가지지 않도록 간호사가 건강·생활지도·병원 등에
	대해 설명하고, 영양사와 함께 영양상담 실시
	• 개호예방: 나이가 들수록 신체기능이 저하되는 입주자를 대상으로 그룹별 프로그램
	을 통해 예방활동 실시
	• 긴급대응: 24시간 동안 시설 내 담당직원(간호·개호)을 배치하고, 협력 의료기관에는
	야간 진료가 가능한 의사를 배치하여 긴급 시 응급 처치와 구급차 이송 실시
	  − 야간(당일 16:30~다음날 09:00)에는 최소한 간호·개호 직원 6명(간호 1명, 개호 5명)
	    배치

개호서비스	• 가사지원: 각 실 청소, 세탁, 환경정비 등 집안일 지원 • 식사지원: 식사 배달 및 정리, 식사 돌봄 • 배설지원: 배설 시 돌봄, 기저귀 교환 • 청결유지 지원: 목욕, 이발 등 • 데이케어: 데이레크레이션, 전도(쓰러짐) 예방 등의 개호 예방활동 • 진료를 위해 외출 시 배웅과 마중, 입원 중 방문, 쇼핑·업무처리 대행 등
안전관리 서비스	• 주간에는 종합안내소, 야간에는 경비실을 통해 대응 • 긴급호출 시 즉각대응, 생활센서로 안부확인, 방재관리 등 실시

출처: 아스미 라이프 미나미오사와 홈페이지(https://www.to-kousya.or.jp/asumi/service.html)

그림 21 아스미 라이프 미나미오사와의 지원서비스 공간

종합안내소

생활서비스 프론트

게스트룸

식당

온수 풀(Pool)

진료소

 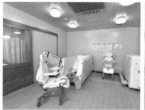 

| 기능훈련실 | 개호 욕실 | 데이케어 룸 |

출처: 아스미 라이프 미나미오사와 홈페이지(https://www.to-kousya.or.jp/asumi/service.html)

6 시사점

일본은 한국보다 먼저 고령사회에 진입한 국가로서 고령화로 인한 문제가 사회 전반에 깊은 영향을 끼치면서 정부 차원의 대책 마련에 일찌감치 몰두해오고 있다. 고령화사회에 진입하기 전의 노인 문제는 가족이나 개인 차원의 문제라는 인식이 강했지만 심각한 고령화와 함께 사회경제적 변화, 가족구성의 변화 등을 겪으면서 국가 차원의 문제로 인식하기 시작했고, 노인의 주거 문제에 대해서도 도시, 건축, 사회복지 등 다양한 분야에서 고령사회에 대응하고 있다.

저출산, 고령사회의 가속화로 인해 국가가 부담하는 사회보장 비용이 급속히 증가하는 어려움 속에서도 노인 문제는 모든 사람이 나이가 들면 겪게 되는 보편적인 문제라는 사회적 합의를 통해 대책의 범위는 계속 확장되고 있다. 고령자뿐아니라 준고령자가 건강하고 안심하며 자립적으로 생활할 수 있는 환경 조성을 목표로 주거, 노동, 교육 등 관련된 모든 분야에서의 제도 마련과 사업이 적극적으로 추진되고 있다.

현재 고령화사회 대책의 주요 핵심은 '사회적 부양에서 자립으로, 시설에서 주택으로, 인생의 마지막까지 내가 살던 지역에서'를 표방하는 '지역포괄케어시스템'의 구축이다. 이를 위해 일본이 시행해 온 다양한 정책과 제도에 대한 간략한 시사점을 정리하면 다음과 같다.

1) 복지시설이 아닌 주거공간으로, 주거와 복지의 연계 노력

초기에는 자립생활이 가능한 노인에 대한 주거환경 정비는 국토교통성에서 담당했고, 타인의 도움을 필요로 하는 노인은 후생노동성에서 담당해왔다. 그러나 고령화가 점점 더 심화되면서 요지원·요개호 등의 생활서비스를 필요로 하는 노인과 인지증 노인 환자가 증가하면서 주택과 복지서비스의 연계가 중요하게 인식되었다.

이에 일본 정부는 2000년대 초반부터 주택과 시설을 구분하지 않고 노인의 신체적, 정신적, 경제적 특성에 의해 선택 가능한 적정 형태의 주거지를 정비해 나가고 있다. 노인이 자립하여 존엄을 유지하면서 내가 살던 지역과 주택에서 인생의 마지막 순간을 보낼 수 있도록 지역환경을 개선함과 동시에 필요한 개호서비스와 생활지원 서비스를 지역 내에서 효과적으로 제공하기 위해 힘을 쏟고 있다.

2) 노인 특성을 반영한 다양한 노인주택 유형의 개발

일본에서 노인주택은 노인들이 자녀 등 가족과 떨어져 노후를 보내며 거주하는 시설을 의미했고, 주택을 포함하여 요양원, 요양병원, 실버타운 등 전체를 아우르는 광의의 개념으로 사용되고 있다. 고령사회에서 초고령사회로 이행하던 시기에는 일반적인 주택 공급뿐만 아니라 노인이 자신의 주거공간에서 다양한 생활지원 서비스를 이용할 수 있는 환경이 정비되었다. 노인 대책 시행 초창기에는 노인을 위한 주거지원 정책이 주택과 복지로 구분되어 각각의 분야에서 독자적인 정책이 전개되었지만, 고령화가 본격 심화 되면서 주택와 사회복지를 연계하는 서비스 결합 고령자용 주택과 같은 새로운 주거 유형이 등장·보급되기 시작하였고 기존과 달리 노인 개개인의 상황 및 요구에 맞추어 주거지를 정할 수 있는 선택권이 확보되었다. 입소 시기별로 자립상태에서 입주 가능한 주거, 허약할 때 입소할 수 있는 주거, 지속적인 관찰과 돌봄 등의 서비스가 필요할 때 입소 가능한 주거, 타인의 도움이 필요한 상황에서 입소 가능한 주거 등 다양한 주택형태가 개발되었다. 주거와 복지를 연계한 주거복지형 노인전용주택의 개발과 정비, 의료와 복지 측면에서 후기 노인의 증가를 고려한 의료와 생활서비스를 주거에 연결하는 다양한 노인주택 유형이 제시되었다.

3) 노인주택 확대를 위한 공공부문의 직접 사업과 민간사업자 지원

노인 1인 가구와 노인 부부 가구의 급증에 따라 요지원·요개호 서비스와 노인주택에 대한 수요도 계속 늘어났다. 이를 위해 국토교통성은 서비스결합 고령자용 주택 정비사업 시행을 통해 노인이 안심하고 생활할 수 있는 주택공급과 주거환경을 정비하고 있다.

또한 서비스결합 고령자용 주택공급의 촉진과 주거환경 정비사업에 민간부문의 참여를 촉진하기 위해 민간사업자가 주택 신축 및 개보수 추진 시 현금보조, 임대주택건설 금융지원, 세제혜택 등의 인센티브를 제공하고 있다.

4) 자립노인을 위한 주택 개보수 가이드라인 공표 및 보조금 지원

자립생활이 가능한 노인은 자택에서 거주하되 고령기에 건강하고, 안전하게 생활할 수 있도록 주택 개보수 가이드라인을 공표하였고, 중앙정부와 지방자치단체(일부)에서는 배리어프리화, 내진성 강화, 에너지 절약을 위한 단열성능 강화 등 주택 개보수 기준을 제시하고 이를 위해 필요한 비용의 일부를 지원하고 있다.

5) 고령기 부동산 담보 금융상품 개발

주택금융지원기구는 민간 은행과 제휴하여 주택의 신축 및 재건축, 이사, 개호 서비스 지원 주택으로의 입주 등에 필요한 자금 마련을 원하는 60세 이상의 노인을 대상으로 주택과 토지를 담보하는 주택론 금융상품을 마련하여 제공하고 있다.

참고문헌

- LIFULL 개호 홈페이지(https://kaigo.homes.co.jp/).
- 국립사회보장·인구문제연구소(2023), 「일본 장래추계인구(2025~2070년)」.
- 국토교통성 홈페이지(https://www.mlit.go.jp/).
- 내각부(2023), 「2023년도 고령사회 백서」.
- 도쿄도 주택공급공사 홈페이지(https://www.to-kousya.or.jp/)
- 독립행정법인 국민생활센터(2021), "고령기의 주거를 생각한다", "국민생활", 2021년 3월호, 웹판, pp.1-4.
- 아스미 라이프 미나미오사와 홈페이지(https://www.to-kousya.or.jp/asumi/).
- 일반사단법인 고려자주택협회 서비스결합 고령자용 주택 정보제공시스템 홈페이지(https://www.satsuki-jutaku.jp).
- 일본 고령자주택협회(2022), 「고령자의 거주 현황과 시책 동향」, 국토교통성 제6회 서비스결합 고령자용 주택 관련 간담회 자료.
- 일본 총무성 통계국 홈페이지(https://www.stat.go.jp/), 「고령자의 인구·가구 부문」.
- 총무성(1960~2020년 각 연도), 「국세조사」.
- 코샤하임 무카이하라 홈페이지(https://www.satsukimukaihara.jp/medical/).
- 후생노동성 홈페이지(https://www.mhlw.go.jp/).
- 후생노동성(2023), 「2022년도 국민생활 기초조사의 현황」.

다양한 수요자 맞춤형

홍콩, 다양한 수요에 대응하는 민간주도형 노인주택

서보경

    홍콩은 전 세계에서 가장 빠르게 고령화가 진행되고 있는 도시 중 하나이다. 이 때문에 홍콩 정부는 여러가지 사회정책을 통해 늘어나는 노인인구의 복지 수요에 대응하기 위해 애쓰고 있다. 그러나 높은 주거비와 인구구조 및 사회적인 변화로 인해 전통적인 가족 중심의 돌봄 문화가 붕괴되면서, 노인들을 위한 주거와 복지서비스가 어떻게 제공되어야 할 것인가 하는 문제가 최근 10년 간 중요한 정책 이슈로 논의되고 있다. 홍콩의 노인 주거는 공급주체를 기준으로 공공이 공급하는 유형과 민간(비영리기관 포함)이 공급하는 유형으로 나누는데, 주거와 돌봄이 결합된 형태의 시설은 대부분 민간에서 공급·운영하고 있다. 다른 사회서비스 부문에서와 마찬가지로, 민간에서 공급하는 시설은 수요자의 요구에 대응하는 효율적인 서비스를 제공한다는 장점이 있지만, 비용적인 측면에서 일부 소외계층이 생기기도 한다. 본 장에서는 홍콩의 다양한 노인주택 제도 및 유형을 살펴보고, 민간에서 공급한 노인 주거 두 곳을 소개하고자 한다. 홍콩의 주택개발환경과 제도가 우리나라와 많이 다르지만, '민간 노인 주거 시설의 다양성 확립'이라는 측면에서 우리에게 시사하는 바가 분명히 있다.

인구 구조의 변화와 노인 복지 정책

홍콩은 2023년도 기준으로 만 65세 이상 인구가 전체의 22.4%를 차지하고 있고, 2036년이 되면 국민 3명 중 1명 이상이 고령 인구가 될 것으로 전망된다. 2021년도에 이미 초고령사회(super-aged society)로 접어든 홍콩은 세계에서 가장 높은 평균 기대 수명(남성 83.2세, 여성 87.9세)과 급속히 낮아진 출산율로 인해 생산연령층 인구(15~64세)가 부양해야 하는 노인인구의 비율도 지속적으로 증가하고 있다. 동아시아 문화권 내에 위치한 홍콩은 전통적으로 가족 돌봄이 중요한 가치로 여겨졌으나, 핵가족의 증가로 인해 현재는 노인인구 중 13.6%가 배우자나 자녀 없이 혼자 거주하고 있다.

그림 1 홍콩 인구의 기대수명

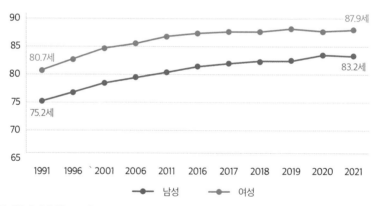

출처: 통계청 홈페이지(https://www.censtatd.gov.hk/en/)

이러한 홍콩의 인구 구조 변화는 사회 정책적인 측면에서 노인 복지 수요를 증가시켰다. 공공연금제도와 같은 복지 제도가 잘 갖추어진 서유럽 국가들과 달리, 150년 이상 영국의 통치하에 있었던 홍콩은 노인들을 위한 사회복지제도가 비교적 늦게 발달했다. 민간 시장에서 관리하는 의무연금제도(Mandatory Provident Fund, MPF)도 2000년도가 되어서야 시행되었고, 이 때문에 오늘날 고령인구 중 상당 수가 충분한 은퇴 자금을 마련하지 못한 상태로 노후를 맞게 되었다. 저소득 노인들 대부분은 정부에서 지급하는 사회보장급여로 생계를 이어가고 있지만, 홍콩 정부의 '잔여적(residual) 복지' 정책 기조로 인해 급여액은 최소한의 수준에 머물러 있다. 이는 곧 주거 및 의료 서비스 수요를 개인적으로 충당할 수 없는 노인들이 점차 증가하고 있음을 의미한다. 실제로 홍콩 정부가 의료와 복지 서비스에 지출하는 재정은 고령화와 의료 개혁이 본격적으로 진행되던 2000년대부터 서서히 증가하여, 현재는 전체 재정 지출의 37% 이상을 차지하고 있다. 특히, 노인 관련 서비스에 소요되는 정부의 재정 지출은 2017~2018년 77억 홍콩달러에서 2022~2023년 140억 홍콩달러로 눈에 띄게 증가했다.

홍콩 정부는 빠른 고령화로 인한 복지 재정이 증가할 것을 우려해 '에이징 인 플레이스(Ageing in place)'를 노인 복지 정책의 기본 방향으로 두고 노인들의 시설 입소를 최소화하기 위해 다양한 커뮤니티 케어 서비스를 제공하기 시작했다. 노인들이 현재 거주하는 지역 커뮤니티 내에서 필요로 하는 서비스를 최대한으로 이용할 수 있도록 2000년대부터 '통합홈케어서비스팀(Integrated Home Care Services Team)'과 '집중홈커뮤니티케어팀(Enhanced Home and Community Care Team)'을 운영하고 있다. 사회복지사와 전문의료인들이 노인가구를 직접 방문하여 집 청소와 식사 배달 등 일상생활 돌봄과 함께 신체적·정신적 제약이 있는 노인들을 위한 재활 서비스를 제공하고 집에서 노인들을 돌보는 다른 가족들에 필요한 도움을 제공하기도 한다. 고령 인구의 증가로 인한 돌봄 수요가 급격히 늘어나자, 2013년부터 '커뮤니티 노인 돌봄 서비스 바우처 제도(Community Care Service Voucher for the Elderly)'를 도입해, 노인들이 정부에서 제공하는 바우처를 사용하여 자신의 커뮤니티에 있던 민간 의료 및 복지 서비스를 이용할 수 있게 함으로써, 서비스 이용에 효율성을 높일 뿐 아니라 이용자들의 서비스 선택의 폭을 넓히고자 하였다. 이용자의 소득 수준에 따라 서비스 이용 요금이 다르게 책정되며, 이러한 '이용자 부담 원칙'은 홍콩의 노인 돌봄 서비스 정책의 패러다임이 공급자 중심의 지원에서 수요자 중심으로 변하고 있음을 잘 보여준다.

2 노인주택 정책 및 제도

홍콩은 세계에서 집값이 가장 비싼 도시 중 하나이다. 매년 세계 주요 도시들의 주택 구매력 서베이 결과를 발표하는 데모그라피아(Demographia)의 최근 보고서에 따르면, 홍콩의 중위 주택 가격은 중위 소득의 18.8배로 서울(중위 소득 12배)보다 훨씬 높은 것으로 나타났다. 따라서 홍콩의 노인주택 정책은 시장에서 주거비를 감당할 수 없는 저소득 노인가구에 공공임대주택[1]을 공급하는 것을 가장 우선으로 한다. 다만, 노인들만 따로 거주하도록 별도의 동이나 단지를 조성하기보다는, 일정한 자격을 갖춘 노인가구가 일반 공공임대주택에 다른 연령층보다 우선적으로 입주할 수 있도록 하는 데 주안점을 둔다. 실제로, 2022년도 기준, 일반 입주 신청 가구의 공공임대주택 입주 대기기간은 평균 5.3년인 반면, 노인 1인 가구의 입주 대기 기간은 3.9년이었다. 저소득 노인가구는 공공임대주택 거주 여부에 관계없이 종합사회보장급여(Comprehensive Social Security Assistance, CSSA) 제도를 통해 임대료 지원금(Rent Allowance) 혜택을 받을 수 있다.

그림 2 홍콩 공공임대주택 입주 전 평균 대기기간

(단위: 년)

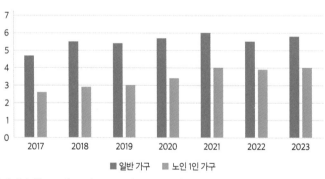

출처: 주택국 홈페이지(https://www.housingauthority.gov.hk)

---

1 홍콩의 공공임대주택은 크게 주택청이 공급하는 임대주택과 주택협회가 공급하는 임대주택으로 나뉘는데, 현재는 주택청에서 대부분의 임대주택을 공급하고 있고 주택협회는 주로 정부 지원 분양 주택이나 노인전용주택 공급에 집중하고 있다.

홍콩 전역에 주거시설과 돌봄 서비스가 결합된 '거주돌봄시설(Residential Care Home)'이 800여 개가 있지만, 대부분 독립적인 생활이 불가능한 재활 노인들을 위한 요양 시설로서, 비영리기관 또는 소규모 돌봄 서비스 업체에서 정부의 지원을 받아 운영 중이다. 건강 상태가 양호하고 독립적인 생활이 가능한 고령층을 위한 전용주택(Purpose-built senior housing)은 아직 활발하게 공급되지 않고 있다. 홍콩의 높은 땅값과 개발 비용 때문에, 정부의 지원 없이 민간 기업이 적정 이윤을 남기려면 주거비가 너무 높게 책정되어 충분한 수요를 갖지 못하기 때문이다.

한편, 상대적으로 소득 및 자산 수준이 높은 노인가구는 2011년부터 시행된 주택연금제도를 통해 본인 거주 자가를 담보로 매달 일정 금액의 연금을 받을 수 있다. 그러나 완공된 지 50년 이상된 주택은 연금 신청이 불가능하고,[2] 2006년 상속세가 폐지된 이후 계속해서 집값이 오르자 노인들은 자신이 가진 집을 통해 연금을 받기보다는 그 집을 자식들에게 물려주고 싶어 하는 경향이 강해서, 주택연금 가입자 수는 아직까지 많지 않은 편이다.

최근 들어 주목을 끄는 노인 정책으로 중국 광동성(广东省) 이주 장려 정책이 주목을 받고 있다. 1997년 홍콩이 중국으로 귀속된 후 중국 정부와 홍콩 정부는 본토와 홍콩자치구 사이의 사회경제적 통합을 위해 다각도의 노력을 기울이고 있다. 특히, 광동-홍콩-마카오 지역 통합 발전을 위한 웨이강아오 대만구(Greater Bay Area, GBA) 개발 계획을 수립하고, 홍콩의 노인들이 홍콩과 가까운 중국 본토 지역인 광동성에서 은퇴 후 생활할 수 있도록 지원하는 정책을 시행하고 있다. 역사적인 이유로 1900년대 초중반 많은 중국인들이 본토를 떠나 홍콩으로 이주 정착해 왔기 때문에, 지금의 고령층은 중국 본토에 대한 향수와 애착이 강한 편이며, 광동성의 집값이 홍콩보다 훨씬 저렴하므로 더 나은 주거 환경을 누릴 수 있다는 장점이 있다. 정부의 입장에서는 노인인구가 홍콩에서 광동성으로 이주하게 되면, 그만큼 고령층을 위한 공공임대주택 공급의 부담이 감소하고 일반 가구의 입주

---

2 기본적으로 홍콩의 모든 토지는 정부 소유이다. 토지 사용자는 정부와 50년 임대차 계약을 맺는데, 50년 임차 후 토지 계약 연장 여부가 정부에 의해 결정되고, 전반적으로 도시 건축물의 노후도가 심해서 언제든지 재건축이 시행될 수 있기 때문에 토지 사용 계획이 불확실하다. 이러한 이유로, 50년 이상된 건물에 대한 은행 담보 대출에 상당한 제약이 있다.

대기기간을 줄일 수 있어, 일석이조의 정책 효과를 기대할 수 있다. 홍콩 정부는 광동성으로 이주하는 노인들에게 홍콩에서 받는 의료 복지 혜택을 이주 지역에서도 받을 수 있도록 지원하고, 광동성에 위치한 요양 시설에 입소할 경우 홍콩 정부가 제공하는 요양서비스 바우처(Residential Care Services Voucher)를 이주 지역에서도 동일하게 사용할 수 있도록 할 계획이다. 광동성은 개발 가능한 부지가 많고 대규모의 CCRC 단지 개발이 가능하기 때문에, 이러한 이주 장려 정책은 홍콩의 민간 개발사들에게 새로운 사업모델의 가능성을 열어줄 것으로 전망되며, 실제로 몇몇 주요 부동산 회사들이 광동성 노인주택 개발을 위한 사업성을 검토 중이다.

3 제론테크놀로지(Gerontechnology) 장려

홍콩 노인들의 기대 수명이 늘어나고 성인 자녀 없이 부부끼리 또는 혼자 사는 노인가구의 수가 점차 증가하면서, 주택 내에서 발생하는 위급 상황에 신속히 대처하기 위한 방안으로 실내 주거 환경에 정보통신기술을 접목시키는 제론테크놀로지(gerontechnology)에 대한 관심이 증가하고 있다. 홍콩은 주거환경의 밀도가 높고 대중 교통이 잘 발달되어 있어, 원거리 건강 모니터링 기술의 도입이 시급한 편은 아니지만, 주택 내부에서 노인들의 이동을 돕고 위급한 상황을 외부에 알릴 수 있도록 하는 보조 디바이스 구비를 적극 권장하고 있다. 실제로, 노인 서비스 관련 사회적 기업인 '노인안심주거협회(Senior Citizen Home Safety Association)'에서는 1996년부터 24/7 응급 핫라인을 가동하여 이동식 장치를 통해 노인들의 활동과 건강 상태를 모니터링하고 약 복용 시간을 알려주는 등의 서비스를 제공하고 있다.

제론테크놀로지에 대한 지식이 부족한 노인가구를 위해, 홍콩사회복지연합(Hong Kong Council of Social Services)이라는 비영리기관에서는 2017년부터 정부와 공동으로 제론테크놀로지와 관련된 다양한 전시회와 체험 행사를 개최하고 있고, 2019년부터 엘레베이터가 없는 건물에 살고 있는 노인들이 사회적으로 고립되지 않도록, 노인들의 계단 이용을 돕는 기계 장치를 보급 및 관리하고 있다.

또한, 주택 전문 비영리기관인 주택협회(Hong Kong Housing Society)는 2005년부터 고령 친화적 실내 주거 환경과 다양한 제론테크놀로지를 전시 소개하는 노인정보서비스센터(Elderly Resources Centre)를 운영하고 있는데, 1년에 2만 명이 넘은 방문객이 센터를 직접 방문할 정도로 높은 인기 속에 운영되고 있다. 경마와 복권 운영 수익을 토대로 홍콩에 사회복지서비스를 제공하는 '홍콩마사회(Hong Kong Jockey Club)'는 '에이지엣홈(Age at Home)' 제론텍 전시·교육센터를 시범 운영하여, 청력 보조 장치, 물건 찾기 디바이스, 낙상 방지 장치 등을 노인가구에 대여하는 서비스를 제공한다.

그림 3 홍콩마사회에서 렌탈 제공 중인 제론텍 장치들

 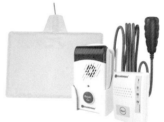

출처: 홍콩마사회 에이지엣홈 홈페이지(https://ageathome.hk)

그림 4 홍콩주택협회에서 운영하는 노인정보서비스센터 전시장과 교육 프로그램

출처: 홍콩주택협회 홈페이지(https://www.hkhs.com)

노인주택 유형

1) 공공임대주택(Public Rental Housing)

공공임대주택은 저렴한 임대료와 안정적인 임대 기간, 그리고 같은 가격의 민간 주택에 비해 상대적으로 양호한 주거 환경 때문에 저소득층의 무주택 노인가구가 가장 선호하는 주택 형태이다. 홍콩의 공공임대주택은 주택정책기관인 주택청(Housing Authority)과 비영리 주택공급기관인 주택협회(Housing Society)에서 건설하는데, 노인들만 입주할 수 있는 전용 주택단지나 별도의 동을 만드는 대신 일반 공공임대주택에 노인가구를 우선으로 배정한다. 인구 센서스 자료에 따르면, 공공임대주택 입주 가구 중 60세 이상 노년층이 차지하는 비율이 2011년 22.4%에서 2020년 35%로 증가했다. 보통 고령층일수록 자가점유율(또는 자가보유율)이 다른 연령층에 비해 높게 나타나지만, 홍콩의 경우 노인인구의 공공임대주택 입주가 두드러져 65세 이상 가구주의 자가점유율(45.2%)이 55~64세 가구주의 자가점유율(48.6~48.8%)보다 낮은 것이 특징이다. 실제로 65세 이상 노인인구 중 약 46%가 공공임대주택에 거주하고 있다. '가족우선입주제도(Harmonious Families Priority Scheme)'를 통해 자녀 세대가 노인 세대와 같은 주택단지 또는 근거리에 위치한 주택단지에 입주하겠다는 의사를 밝힐 경우 공공임대주택 입주 우선권을 부여함으로써 노인 세대들을 위한 가족 돌봄을 장려하고 있다.

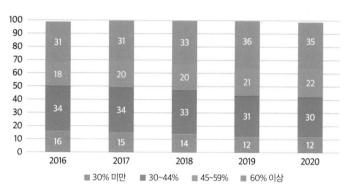

그림 5 홍콩 공공임대주택 입주민 연령별 분포 추세

(단위: %)

출처: 주택국(2021)

    2019년부터는 공공임대주택에 거주하는 70세 이상 노인가구 중 다운사이징 (Down-sizing)을 희망할 경우, 지금보다 작은 면적의 주택으로 이사하도록 지원 하고 평생 임대료[3]를 면제해 주는 제도를 시행하고 있다. 이는 해당 가구의 거주인 수에 비해 주택 면적이 크다고(Under-occupied) 판단되는 노인 세대를 상대적으 로 작은 면적의 임대주택으로 이주시킴으로써, 일반 세대에 배정되는 공공임대주 택 재고를 늘리는 동시에 저소득 노인가구의 주거비를 경감시키고자 하는 정부 노 력의 일환이다. 또한, 공공임대주택 단지 노후화로 재건축을 시행해야 할 경우, 노 인 세대는 최대한 기존 동네를 많이 벗어나지 않는 근거리에 위치한 단지로 이주할 수 있도록 우선 배정한다.

    주택청은 2002년부터 신규 공급 단지에 유니버설 디자인 원리를 도입하여, 외부 공공 공간뿐만 아니라 실내공간을 무장애 공간(Barrier-free Facilities)으 로 디자인하도록 규정하고 있다. 또한 공공임대주택에 거주하는 노인가구의 편 의를 위해, 개별 주택의 실내 공간을 개조하는 서비스를 무료로 제공하고 있

---

3 현재 홍콩의 공공임대주택의 월 평균 임대료는 관리비 포함 HK$2,500(한화 약 42만 원) 정도가 된다. 이는 1m²당 HK$60~90(한화 약 10,500~15,800원) 정도로 우리나라와 비 교했을 때는 매우 높은 수준으로 보이나, 홍콩 민간임대주택의 월 평균 임대료가 1m²당 HK$400(한화 약 70,300원) 정도임을 감안할 때, 매우 저렴한 수준인 것을 알 수 있다.

다. 주택청은 2027년까지 새로 공급될 공공임대주택 단지 내 전체 용적률의 5%를 고령층 입주민을 위한 복지 시설로 활용할 계획이며, '세대 간 통합 놀이공간(Intergenerational Community Play)' 개념을 도입하여, 어린이 놀이터와 노인 커뮤니티 시설을 연계해서 디자인하도록 유도할 방침이다. 또한 정부 지원 분양 주택을 배정할 때도 가족 구성원 중 노인이 있을 경우, 주택 선택의 우선권을 준다(Priority Scheme for Families with Elderly Members).

한편, 주택협회는 자신들이 공급한 20개 공공임대주택 단지 중 9곳에 노인 전용 세대를 지정하고 임대료를 50% 감면해 주고 있다. 특히 주택협회가 공급한 혼합단지(Tenure-mixed Housing Estates) 내 주택 소유주를 대상으로, 부모나 고령의 가족 구성원이 같은 단지 내 임대주택에 우선 입주할 수 있도록 한다. 이는 주택청의 '가족우선입주제도'와 유사한 제도로서, 근거리 거주를 통한 가족 돌봄 강화를 목표로 한다.

2) 노인전용주택(Senior Citizen Residences, SEN)

1997년 홍콩 정부는 앞으로 점점 늘어날 고령 인구의 다양한 주택 수요에 대응하고자 주택협회가 중산층 노인가구를 위한 주택을 공급할 수 있도록 지원하는 '노인전용주택제도(Senior Citizen Residence(SEN) Scheme)' 계획을 발표했다. 이에 따라 주택협회는 1999년부터 노인전용주택 시범 사업에 착수하여, 여가, 헬스케어 및 사회적 지원이 결합된 '노인 맞춤 원스톱 주거 서비스'를 제공하기로 했다.

SEN주택은 홍콩 최초의 민간 노인전용주택으로, 60세 이상 자립적인 생활이 가능한 노인가구를 대상으로 하며, 지역 커뮤니티 내에 계속 거주(Aging In Place)하면서 건강한 노년 생활(Healthy Ageing)을 보낼 수 있도록 지원하는 것을 목표로 한다. 2023년 말까지 3개 단지에 총 888호의 주택이 공급되었는데, 이는 홍콩 내 민간 또는 비영리 기관에서 공급한 노인전용주택 물량의 55%에 해당한다. 민간 개발사가 아닌 비영리 기관에 의해 노인전용주택이 공급될 수 있었던 데는, 주택협회가 주택청과 비슷한 '공공성'을 갖춘 주택 공급 주체의 지위를 갖고 있어, 정부로부터 매우 낮은 가격 또는 무상으로 토지를 공급받을 수 있었기 때문이다. 최근 지어진 SEN 아파트에 입주 신청이 크게 늘어나는 등 많은 인기를 얻고 있는데,

2023년 10월 기준 400명이 입주를 배정받기 위해 대기 중이었다. 이와 같은 높은 수요를 충족시키기 위해 2035년까지 총 1,060호의 SEN 주택이 추가 공급될 예정이다.

그림 6 홍콩주택협회가 제공하는 SEN 주택

출처: 주택협회 SEN주택 홈페이지(https://sen.hkhs.com); 저자 직접 촬영

3) 기타 민간 노인주택

이 밖에도 정부로부터의 지원 없이 경제적 여유가 어느 정도 있는 노인가구를 위해 주택협회가 공급한 태너힐(The Tanner Hill)과 민간 부동산 회사에서 노인 케어 서비스 회사와 합작으로 개발한 소규모 노인 주거 시설인 '파티나 웰니스(Patina Welleness)', '벤트리아 레지던스(Ventria Residence)', '파인 레지던스(Pince Residence)' 등이 있다. 이러한 민간 노인주택은 독립된 아파트 형태의 주거 공간뿐만 아니라, 고급 커뮤니티 시설도 갖추어진 호텔 형태의 거주 시설로서, SEN보다 훨씬 다양하고 높은 수준의 헬스케어 서비스와 스마트 홈 케어 서비스를 함께 제공한다. 장기 임대 또는 평생 임대 형태로 운영되며, 부대 시설 및 서비스 비용은 입주자가 별도로 부담한다.

5 사례

1) 비영리 주택기관 역량의 산실, 블리스플 플레이스(Blissful Place)

■ 개요

블리스플 플레이스(Blissful Place)는 SEN 주택지 3곳 중에 가장 최근에 지어진 곳으로, 홍콩의 구룡 반도 동남쪽 홍함(Hung Hom) 지역에 위치한다. 도보로 10분 거리에 지하철역, 공원, 쇼핑몰, 스포츠센터, 관공서 등의 커뮤니티 시설 등이 위치해 있다.

표 1   블리스플 플레이스 사례 개요

주소	8 Lee Kung Street, Hung Hom, Kowloon	
주택 형태	아파트	
준공 년도	2022년	
층수 및 실	1개 동 29개 층(6층부터 32층까지 주거공간), 총 312개 실 • 1인실: 스튜디오형(21.8~23.8m²) 144개 실 • 2인실: 원베드룸형(34.8~37.4m²) 168개 실	
계약 조건	60세 이상 소득 및 재산 조건에 부합한 자	
임대료	연령, 면적, 층수에 따라 다름	
개발 회사	홍콩주택협회	

출처: 주택협회 SEN주택 홈페이지(https://sen.hkhs.com)

■ 주택 및 주거지 특성

블리스플 플레이스의 주거공간에는 노인 친화적 디자인이 적용되어 있다. 주거공간 내 욕실은 미끄럼 방지 바닥재가 깔려 있고, 손잡이 및 응급호출 버튼이 설치되어 있으며, 부엌은 화재 방지를 위해 가스레인지 대신 인덕션과 화재경보기가 설치되어 있다. 모든 방문의 바닥 문틀을 낮추거나 없애고, LED 조명을 벽면에 삽입하여 조도를 밝게 하였고, 조명 스위치 위치를 조정하여 휠체어 사용자도 불을 켜고 끄는 데 불편함이 없도록 했다. 침대 옆에 응급호출 패널을 설치해 위급한 상황이 발생했을 때 중앙 관리소로 바로 연락을 취할 수 있도록 했다. 복도 내부 마감재 색깔과 우편함 색깔을 층별로 다 다르게 하고, 복도에서 개별 호수가 적힌 숫자가 크게 보이게 하여 노인들이 건물 안에서 길을 잃어버리지 않도록 했다. 거동이 불편한 노인들을 위해 복도 벽면에 손잡이를 설치하고, 엘리베이터를 기다릴 때 앉아 있을 수 있는 대기 공간을 별도로 마련해 놓았다.

그림 7 블리스플 플레이스의 스튜디오형과 원베드룸형 단위공간 평면

스튜디오형

원베드룸형

출처: 주택협회 SEN주택 홈페이지(https://sen.hkhs.com)

그림 8 실내 거주 공간

출처: 주택협회 SEN주택 홈페이지(https://sen.hkhs.com)

그림 9 복도 공용공간의 노인 친화적 디자인 요소

출처: 주택협회 SEN주택 홈페이지(https://sen.hkhs.com)

부지가 협소해 지상에 외부 공공 공간을 별도로 두지 못하는 점을 보완하고
자, 1층(한국식 개념으로는 2층) 전체는 929m² 상당의 정원으로 조성하여 휴식과
운동, 가드닝을 통해 노인들이 자연스럽게 교제하고 친목을 도모할 수 있다. 2층
(한국식 3층)에는 510m² 규모로 조성된 클럽하우스가 있는데, 컴퓨터실, 게임 룸,
음악실, 피트니스 룸, 컨시어지 등 다양한 시설이 갖추어져 있다.

그림 10 클럽하우스

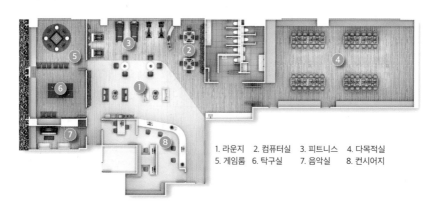

1. 라운지   2. 컴퓨터실   3. 피트니스   4. 다목적실
5. 게임룸   6. 탁구실   7. 음악실   8. 컨시어지

출처: 주택협회 SEN주택 홈페이지(https://sen.hkhs.com)

SEN 주택은 기본적으로 자립생활이 가능한 노인들을 대상으로 하지만, 돌봄
의 연속성(Continuum of Care) 측면에서 케어가 필요한 노인들도 입주가 가능할
수 있도록, 두 개의 층에 걸쳐 1,670m² 규모의 거주 요양 시설(Residential Care
Home)을 두고 있다.

■ 운영 및 관리

블리스플 플레이스를 공급 관리하는 주택협회는 제2차 세계대전 후 홍콩의 심각한 주택난 해소를 돕고자 영국이 보낸 기부금으로 세워진 비영리 주택공급기관이다. 지난 75년간 홍콩의 공공임대주택 및 정부 지원 분양 주택 공급, 주택 구매 지원기금 운용, 도시 재개발 사업 시행 등 정부의 주택 도시 정책의 파트너로서 중요한 역할을 담당해 왔다. 또한, '주택실험실(Housing Laboratory)'을 자처하여 다양하고 혁신적인 주거 모델을 개발하고자 노력해 오고 있다. 1970년대부터 1990년대까지 주로 공공임대주택 건설과 주택구매지원기금 운용에 초점을 맞추었으나, 2000년대부터는 다양한 주택 수요를 파악하고 이에 맞는 부담 가능한 주택을 소규모로 공급하는 데 주력하고 있으며, 그중에서도 특히, 노인인구의 주택 수요에 부응하기 위해 노인전용주택 공급에 앞장서고 있다.

SEN 주택 3곳은 시설과 규모에 있어서 약간씩 차이가 있지만, 동일한 방식으로 관리, 운영된다. SEN 주택의 입주 자격은 신청 일자를 기준으로 60세 이상, 홍콩에 7년 이상[4] 거주한 사람으로, 혼자 신청하거나(1인실), 배우자 또는 비슷한 연령대의 지인과 함께(2인실) 신청할 수 있다. 주택 소유자도 신청이 가능한데, 입주가 확정되더라도 본인 소유의 집을 팔지 않아도 된다. 공공 임대 주택 입주자나 정부 지원 분양 주택 소유주도 해당 주택의 입주권 또는 소유권을 포기하면 SEN 주택 입주 신청을 할 수 있으나, 이미 공공 주택에서 노인 우선 입주 등의 혜택을 받은 적이 있는 노인들은 SEN 주택에 신청할 수 없다. 이는 노인가구에 대한 주거 혜택을 중복해서 받지 못하게 하는 정부의 방침이 반영된 기준이다.

정부가 토지를 거의 무상으로 지원했기 때문에, 신청 가능 가구의 최고 소득 및 자산 기준이 정해져 있지만, 동시에 주택 내에서 제공되는 서비스에 대해서는 이용자 본인 부담을 원칙으로 하므로 최저 소득 및 자산 기준도 정해져 있다. 따라서 60세 이상이라도 해당 가구의 자산이 다음의 범위에 속할 경우에만, 입주가 가능하다.

---

4 홍콩은 7년 이상 연속 거주자에게 영주권 신청 자격을 부여한다. 영주권의 유·무에 따라 정부의 복지 혜택이 크게 차이가 나기 때문에, 정부 지원의 대부분은 홍콩 7년 이상 거주자 또는 홍콩 영주권자만 신청 가능하다. SEN 주택도 정부가 제공한 토지에 개발되었으므로 이 '7년'이라는 거주 기간 조건이 적용된 것으로 보인다.

표 2 SEN 주택 입주를 위한 소득 및 자산 기준

나이	총 소득 및 자산	
	1인 신청자	2인 신청자
60~69세	HK$4,650,000~8,270,000 (한화 약 7억 7,000만 원~13억 7,000만 원)	HK$6,890,000~12,410,000 (한화 약 11억 4,000만 원~20억 6,000만 원), 1인당 최소 HK$3,490,000(한화 약 5억 7,000만 원)
70세 이상	HK$3,680,000~7,600,000 (한화 약 6억 1,000만 원~12억 6,000만 원)	HK$5,520,000~11,400,000 (한화 약 9억 1,000만 원~18억 9,000만 원), 1인당 최소 HK$2,760,000(한화 4억 5,500만 원)

※ 이 자산 기준은 홍콩의 평균 기대 수명을 고려하여, 노인들이 일정 생활 수준을 유지하면서 이후 발생되는 의료 및 돌봄 서비스 비용을 충당할 수 있을 만큼의 자산을 기준으로 계산되었음. 최저 소득 기준에 못 미치는 노인은 향후 발생할 수 있는 비용을 충당할 수 있는 대안이 있다는 것을 보여주는 증빙 서류나 보증인이 있는 경우 입주 신청이 가능함

　　입주 시 임대료는 '평생 임대(Lease-for-life)' 형태로 일시불로 납부하며, 입주 후 별도의 임대료를 부과하지 않는다. 분양이 아닌 임대 형태로만 계약하고 임대료를 일시불로 받는 이유는, 이를 통해 건설 및 관리에 소요되는 비용을 초기에 충당하여 주택협회의 재정 건전성을 유지하고, 소득이 불안정하거나 전혀 없는 노인들도 자산이 충분할 경우 입주와 동시에 미래에 소요될 모든 주거비를 일시에 지불함으로써 주거비 걱정 없이 주거안정성을 확보하도록 하기 위해서이다. 개발 토지를 거의 무상으로 불하 받는 것 외에 정부의 추가 지원금은 없기 때문에, 입주 후 주거공간에 대한 임대료는 내지 않아도 되지만, 관리비와 기타 부대 시설 및 서비스 이용은 이용자 부담을 원칙으로 한다. SEN 주택에 의료 및 케어 서비스를 제공하는 비영리단체들은 서비스 제공에 소요되는 비용을 제외한 잉여 수익이 발생했을 때, 이를 주택협회로 돌려주어야 한다.

　　임대료는 입주 시 신청자의 연령(2인 신청 시 나이가 적은 신청자 기준), 단지 위치, 주택 크기, 층수 및 방향에 따라 조금씩 다르게 부과되는데, 블리스풀 플레이스의 경우, 입주 부담금(임대료)이 적게는 HK$1,130,000(한화 1억 8,700만 원)에서 최대 HK$2,600,000(한화 4억 3,000만 원) 정도가 되며, 기본적으로 나이가 적을수록 내야 하는 부담금이 높게 책정된다. 입주 부담금은 해당 주택 개발이 완료된 시점을 기준으로 적정 수준의 임대료를 주택협회가 계산해서 홍콩 정부의 승인을 받

아야 한다. 이 금액은 보통 입주 신청자가 신청한 SEN 주택과 비슷한 규모의 공공임대주택에서 20년 동안 살게 될 경우 지불해야 하는 총 월세, 또는 비슷한 규모의 민간주택에 7년 동안 살게 될 경우 지불해야 하는 총 월세, 또는 정부 지원 분양 주택을 분양 받을 경우 지불해야 하는 주택 가격의 75% 정도 선에서 정해진다. 입주 후 평생 거주하지 않고 사망 등으로 인해 계약을 종료하거나 퇴거를 원할 경우, 거주 기간에 따라 납입금의 10~70%까지 환불받을 수 있다.

■ 주택 내 지원 서비스

블리스플 플레이스의 지원 서비스는 크게 시설물 유지관리와 돌봄 서비스 제공, 이렇게 두 가지로 나뉜다. 시설물 유지 관리는 각 주택에 보급된 블루투스 커뮤니케이션 장치나 이동식 응급호출장치 등과 같은 스마트 디바이스를 관리하고, 개별 노인가구를 정기적으로 방문해 주택 내부에 수리할 부분이 있는지 점검하고 수선한다. 돌봄 서비스는 주택협회와 주택협회가 지정한 비영리단체에서 제공하는데, 물리 치료, 작업 치료, 영양 관리, 재활 치료, 의료 상담 및 생활 돌봄 서비스를 포함한다. 기본적으로 정기적인 건강 검진, 건강 상담, 건강 증진 프로그램 등을 운영하며, 필요한 경우 3층과 5층에 마련된 거주 요양 공간에서 할인된 가격에 전문적인 치료와 재활, 및 기타 케어 서비스를 받을 수 있다. 거주 요양 공간에서는 의사와 한의사, 간호사들이 입주 노인들을 정기적으로 방문해 식단과 건강 상태를 살피고, 필요한 시술과 교육을 제공한다. 전문의의 추천서를 받은 입주민에게 호스피스 서비스를 제공하기도 한다. 이러한 건강 관련 케어 서비스는 입주민이 아니더라도 이용이 가능하나, 입주민은 외부인보다 서비스를 우선적으로 이용할 수 있다.

SEN 주택 내 서비스를 이용하기 위해서는 입주 계약서와는 별개로 케어 서비스 계약서를 작성해야 하는데, 계약서 작성 시 기본 서비스 외 별도의 헬스케어 서비스를 받기 원한다면 이를 추가해서 비용을 산출하고 계약서를 작성할 수 있다. 블리스플 플레이스가 완공되기 전에 개발되었던 SEN 주택 두 곳에서는 기본 케어 서비스와 관리비를 매달 따로 부과해 왔지만, 블리스플 플레이스에서는 이 둘을 하나로 묶은 종합 케어 서비스 비용을 매달 청구한다. 내야 하는 비용은 월평균 약 HK\$1,000~2,000(한화 약 17~33만 원) 정도가 된다.

2) 하이엔드 노인 주거서비스, 파인 레지던스(Pine Residence)

■ 개요

파인 레지던스(Pine Residence)는 파인케어(Pine Care)라는 민간 노인돌봄서비스 회사가 2021년에 공급한 노인 전용 주거시설로서, 홍콩섬 북쪽 코즈웨이 베이(Causeway Bay) 지역에 위치해 있다. 시내 중심부에 자리잡고 있어 접근성이 좋으며, 차로 10분 이내 거리에 5개의 대형 병원이 있어 이용이 편리하다.

표 3 **파인 레지던스 사례 개요**

주소	1 Leighton Road, Causeway Bay, Hong Kong Island	
주택 형태	저층 노인 시설	
준공 년도	2022년	
층수 및 실	1개 동 3개 층, 연면적 12,580m^2, 188명 수용 가능한 시설	
계약 조건	65세 이상(신체적인 제약이 있으면 60세도 가능)	
임대료	월임대료 HK\$17,800~80,000(방 조건과 케어 서비스의 종류에 따라 다름)	
개발 회사	파인케어 그룹(Pine Care Group), 차이나켐 그룹(Chinachem Group)	

출처: 파인 레지던스 홈페이지(https://www.pinecaregroup.com/en/pine-residence)

■ 시설 특성

파인 레지던스는 파인케어 회사가 공급한 하이엔드 케어홈 세 곳 중 가장 최근에 지어진 곳이다. 1층과 2층은 주로 기본적인 서비스만 제공되는 1인실과 2인실로 구성되며, 3층은 고급 시설을 갖춘 스위트룸 27개실이 갖추어져 있다. 스위트룸에는 개별 욕실과 책상, 텔레비전 등이 구비되어 있고, 욕실에는 낙상 방지를 위해 안전바와 샤워의자, 미끄럼 방지 바닥재를 설치했다. 전체적으로 노인들이 편안함을 느낄 수 있는 원목 자재를 사용해 실내공간을 디자인했으며, 오감을 자극하는 다양한 질감과 색채를 사용해 인지 능력 저하를 방지하고, 지역 미술가들이 직접 그린 벽화를 통해 홍콩 역사의 흐름을 일상에서 감상할 수 있도록 했다. 개별 침대에는 3~5가지 첨단 장비가 부착되어 있어 노인들의 취침, 기상 등과 같은 일상과 낙상 사고를 관리실에서 실시간 모니터링하고, 3층 중앙에 위치한 간호사실에서는 매일 노인들의 건강을 체크하며 필요한 의료서비스를 제공한다. 식당에서 하루 세 번의 식사와 오후 간식이 제공되고, 노인들의 여가와 편의를 위한 게임룸, 피트니스실, 가드닝 공간, 재활훈련실, 미용실, 다목적 엔터테인먼트실 등이 마련되어 있다. 안면 인식 로봇이 실내를 계속 돌아다니면서 혹시 길을 잃어버리거나 갑작스럽게 몸에 이상을 느끼는 노인들이 없는지 살핀다.

그림 11 **파인 레지던스의 실내 공간**

스위트룸 내부 1

스위트룸 내부 2

식당

비즈니스실

도서관   미용실

게임룸   중앙 간호실

지역 미술가들이 그린 실내 벽화 1   지역 미술가들이 그린 실내 벽화 2

출처: 파인 레지던스 홈페이지(https://www.pinecaregroup.com/en/pine-residence); 저자 직접 촬영

■ 운영 및 관리

홍콩의 '노인장기요양지원제도(Residential Care Homes for the Elderly, RCHEs)'
에 따라 장기요양 등급 판정을 받은 노인들은 다양한 종류의 요양시설로 입소하
게 되는데, 이러한 시설은 크게 정부의 지원을 받는 곳과 정부의 지원없이 자립으
로 운영되는 곳으로 나눌 수 있다. 이는 다시 노인들의 자립적 생활가능 정도에 따
라 가장 돌봄이 많이 필요한 요양원(Nursing Home)에서부터, 돌봄이 필요하나 단
체 생활이 가능할 정도로 건강한 노인을 위한 집중돌봄시설(Care-and-attention

Home), 최소한의 단기적인 돌봄이 필요한 노인거주시설(Home for the Aged)로 구분된다. 장기요양지원제도의 영향을 받는 시설들은 정부가 정한 시설 및 돌봄 서비스 기준을 일정 수준 이상 충족해야 할 의무를 지닌다. 2022년 기준, 홍콩 전역에 장기요양지원제도의 관리를 받는 요양시설에 약 75,000명의 노인들이 입주하고 있다.

표 4 홍콩의 노인돌봄시설 분류 및 입소 정원 현황

구분	정원수(명)	
	정부 지원 유	정부 지원 무
요양원(Nursing home)	4,365	1,798
집중돌봄시설(Care-and-attention home)	26,024	42,277
노인거주시설(Home for the aged) *장기요양서비스는 제공되지 않음	67	550
소계	30,456	44,625
합계	75,081	

출처: 사회복지국(2002)

홍콩은 주택개발비용이 높기 때문에, 주택협회처럼 땅을 무상으로 불하받지 않는 이상 '실버타운'이라는 개념의 민간노인주택을 운영하기가 현실적으로 어렵다. 대신, 민간 개발사와 노인케어회사가 합작으로 노인시설을 개발하여 건물의 일부에 고급 주거공간을 제공하고 나머지는 장기요양시설로 사용하는 경우가 있는데, 파인 레지던스가 이에 해당한다. 파인 레지던스는 파인케어와 차이나켐 그룹(Chinachem Group, 홍콩의 대표적인 부동산 개발회사)이 공동으로 개발 공급한 민간 집중돌봄시설(Care-and-attention Home)로서, 정부의 지원 없이 자체적으로 운영되기 때문에 매달 납부해야 하는 기본 이용료가 높은 편이다. 기본 이용료는 케어 서비스의 등급에 따라 다르게 부과되며, 기본 서비스 이외에 추가로 생활 물품을 구매하거나 의료·재활서비스를 신청할 경우 개별 항목별로 요금이 별도로 부과된다. 장기요양등급 판정을 받지 않더라도, 신체적인 제약으로 병원에 입원했다가 퇴원 후 회복이 필요한 노인들도 단기로 머물 수 있다.

표 5 **월이용료**

구분	기본 서비스(HK$)	프리미엄 서비스(HK$)
고급 디럭스 1인 스위트룸 (Luxury Deluxe Single Suite)	월 65,000	월 80,000
고급 1인 스위트룸(Luxury Single Suite)	월 50,000	월65,000
프리미엄 1인실(Premium Single Room)	월 21,800	월 24,800
일반 1인실(Standard Single Room)	월 18,800	월 21,800
2인실(Two-Person Room)	월 17,800	월 20,800
단기투숙/회복실(Short stay/respite care)	일 800	일 900

출처: 파인 레지던스 안내책자(2022)(2024년 3월 환율 기준, HK$1는 한화 약 172원)

6 시사점

블리스플 플레이스와 파인 레지던스는 홍콩의 독특한 사회적, 환경적인 특징
이 잘 반영된 노인 주거 모델로서 몇 가지 중요한 시사점을 갖는다.

1) 노인 복지 소외계층인 중산층 공략

SEN 주택인 블리스플 플레이스는 노인인구 중에서도 특별히 '중산층'을 목표
로 공급한 주거 모델이다. 저소득층 노인들은 공공임대주택의 저렴한 주거비 혜택
을 누릴 수 있고 정부에서 제공하는 돌봄 서비스에 대해서도 많은 지원을 받고 있
다. 한편 고소득층 노인들은 자신이 소유한 주택에 거주하면서 동시에 민간 의료
및 돌봄 서비스를 이용할 충분한 소득과 자산이 있는 경우가 많다. 그러나 중산
층 노인들은 자신이 보유하고 있는 주택과 약간의 퇴직금을 제외하면, 점차 증가
할 돌봄 서비스 비용을 자신들이 얼마나 부담할 수 있을 것인지, 지금 자신의 주택
에서 얼마나 더 살 수 있을 것인지 불안해하는 경우가 많다. 특히 민간임대주택에
거주하는 노인들은 공공임대주택에 거주하는 저소득 노인들보다 상대적으로 주

거 안정성이 훨씬 취약할 수 있다. 따라서 중산층 노인을 대상으로 하는 SEN의 주거·돌봄 통합 서비스 모델은 일반적인 노인 주거 정책에서 상대적으로 간과될 수 있는 계층의 필요를 미리 예측했다는 점에서 의의가 있다. 우리나라도 노인 주거 모델 개발에 있어서 단순히 소득 수준만으로 수요 계층을 특정하기보다는 노인들의 주거 안정성과 돌봄 서비스 비용 부담 정도를 종합적으로 고려하여 상대적으로 더 취약한 계층을 찾아내 맞춤형 주거 서비스를 제공하려는 노력이 필요할 것으로 보인다.

2) 비영리기관의 역량을 살린 주택과 돌봄서비스의 결합

SEN 주택은 홍콩주택협회라는 독특한 형태의 비영리 주택공급기관이 가진 주택 관련 노하우와 노인 케어 서비스 제공에 특화된 비영리 단체들의 돌봄 서비스 전문성이 잘 결합된 주거 모델이라 할 수 있다. SEN 주택의 건설, 관리, 운영이 비영리 기관을 통해 이루어졌기 때문에 정부의 관료적인 비효율성이나 민간 기업의 이윤 추구 논리에서 상대적으로 자유로울 수 있었다. 물론, 정부의 토지 지원이 없었다면 중산층이 부담할 수 있을 정도의 입주 부담금을 책정하는 일도 불가능했을 것이다. 비록 공급 속도는 수요를 따라가지 못하고 있는 실정이지만, SEN 주택 사업은 오랜 기간 홍콩 정부와 주택협회가 탄탄하게 쌓아 온 주택 정책 파트너십과 주택협회의 저렴 주택 개발 및 관리 역량이 노인 주거 영역에서 빛을 발한 사업으로 평가된다. 이렇듯 SEN 주택 운영에 필요한 전문 인력과 기관의 역량이 제3섹터에서 이미 깊이 뿌리내리고 있었다는 점은 우리에게 시사하는 바가 크다. 우리나라는 현재 정부가 주도하는 노인 복지주택 공급과 사회적 기업이 주도하는 노인 사회주택 공급이 동시에 이루어지고 있는데, 두 가지 유형 모두 주택 건설뿐만 아니라 상당한 의료 및 사회 지원 서비스가 함께 제공되어야 하므로, LH와 지방도시공사, 사회주택 공급자는 노인 복지 서비스를 담당하는 비영리 단체들과 긴밀한 파트너십을 구축해야 할 것이다.

3) 하이엔드 주거서비스로 노인주거모델의 다양성 확립

파인 레지던스 이용료는 정부 지원을 받는 요양시설과 비교할 때 10배에서 많게는 20배 이상 높은데, 이는 수준 높은 서비스와 시설을 제공하므로 운영 관리에 그만큼 많은 비용이 들어가기 때문이기도 하지만, 처음부터 고급 요양시설로서 차별점을 두고 자산 수준이 높은 고령층을 주 고객층으로 삼았기 때문이기도 하다. 홍콩의 요양서비스는 주로 비영리단체에서 저렴하게 제공되어 왔지만 다양성이 부족하다는 소비자들의 지적이 있었다. 파인 레지던스는 이와 같은 노인복지서비스 시장에서 하이엔드 마켓을 공략한 좋은 예라고 할 수 있다. 실제로 파인 케어 그룹은 파인 레지던스 외에도 비슷한 모델의 요양시설을 두 곳 더 공급했는데, 비싼 이용료에도 불구하고 입소율이 지속적으로 증가하고 있다. 저렴한 노인전용주택도 필요하지만 고품질의 시설과 서비스를 제공하는 노인주거모델도 함께 개발되어, 다양한 노인주거의 수요를 충족시키는 전략도 필요할 것으로 생각된다.

참고문헌

- Chui, E. W. T. (2020). A review of ageing in place: Policies and initiatives in Hong Kong since 2010. In Judd, B. (Ed.), *Ageing in Place: Design, Planning and Policy Response in the Western Asia-Pacific* (pp. 139-152). Cheltenham: Edward Elgar Publishing.
- JLL. (2023). *The rise of senior living: Investment opportunities in Hong Kong and the Mainland Cities of the Greater Bay Area.* Hong Kong: JLL.
- Wong, K., Yeung, M. (2019). *Population ageing trend of Hong Kong.* Hong Kong: Office of the Government Economist, HKSAR Government.
- 파인 케어 그룹. (2024). *Pine Residence.* https://www.pinecaregroup.com/en/pine-residence-technology
- 홍콩마사회. (2023). *Jockey Club: Age at home - Gerontech education and rental service.* https://ageathome.hk/en
- 홍콩사회복지국. (2022). Overview of Subsidised and Non-Subsidised Residential Care Services for the Elderly. *LC Paper No.* CB(2)441/2022(01). HKSAR Government: Legislative Council.
- 홍콩주택국. (2024). *Average Waiting Time for Public Rental Housing in 2023.* Hong Kong: HKHA.
- 홍콩주택협회. (2023). *Blissful place.* https://blissfulplace.hkhs.com/en
- 홍콩통계처. (2017). *Poverty situations report 2016.* Hong Kong: Office of the Government Economist, HKSAR Government.
- 홍콩통계처. (2022). *Women and Men in Hong Kong - Key Statistics.* https://www.censtatd.gov.hk/en/EIndexbySubject.html?pcode=D5600619&scode=180
- 홍콩통계처. (2022). *2021 Population census.* https://www.census2021.gov.hk/en/main_tables.html
- 홍콩통계처. (2023). *Age-specific fertility rates.* https://www.censtatd.gov.hk/en/web_table.html?id=115-01016
- 홍콩통계처. (2023). *Hong Kong population projections for 2022-2046 released.* https://www.censtatd.gov.hk/en/press_release_detail.html?id=5368#:~:text=Excluding%20foreign%20domestic%20helpers%2C%20the,people%20will%20be%20an%20elderly

은퇴 후 함께하는
마을 공동체, CCRC

미국의 CCRC
(Continuing Care Retirement Community)

손동화

미국은 베이비붐 세대의 고령화로 2050년 노인이 전체 인구의 약 26%를 차지하는 초고령사회가 될 것으로 예측하고 있다. 일찍이 시니어타운 및 관련 비즈니스가 미국 사회에 자리 잡고 있으며 늘어나는 노인인구에 따른 '케어형' 서비스의 요구도 함께 높아지고 있다.

Continuing Care Retirement Community(이하 CCRC)는 이러한 요구에 맞추어 의료 및 돌봄 서비스를 중점적으로 제공하는 하나의 대규모 커뮤니티로 미국 전역에 분포하고 있다. 2023년 기준, 미국 전국에 약 1,900여 개의 CCRC가 있으며 거주자들은 약 70만 명에 이른다. 특히 펜실베이나주, 일리노이주, 캘리포니아주, 애리조나주, 플로리다주에 가장 많은 CCRC가 있으며 이 장에서는 미국 최초의 CCRC인 선시티(Sun City)의 사례를 통해 CCRC가 제공하는 주거 옵션, 의료 서비스와 운영 및 관리 등을 살펴보고자 한다. 선시티는 한 커뮤니티 내에서 맞춤형 의료 서비스와 생활 관리 서비스를 지속적으로 제공함으로써 은퇴한 노인들의 건강과 미래에 대한 불안을 낮추고 노년기의 새로운 삶을 펼칠 수 있도록 하고 있다. 노인들은 다양한 활동을 통해 은퇴 전과 크게 다르지 않게 사회적 교류를 이어갈 수 있으며 공동체 의식을 가지고 커뮤니티의 운영과 관리에 적극 참여하고 있는 등 선시티는 은퇴자들을 위한 지속가능한 커뮤니티로써 성공적인 사례로 볼 수 있다.

1 미국 CCRC 개요

1) 노인의 지속적인 관리를 위한 커뮤니티(CCRC)의 개념

은퇴자를 위한 지속 돌봄 커뮤니티로 일컫는 CCRC는 일반적으로 65세 이상의 고령자를 대상으로 한 주거, 의료, 돌봄, 여가가 복합된 대규모 단지를 의미한다(Zarem, 2010). 미국 은퇴자 협회(American Association of Retired Persons)는 CCRC를 같은 장소에 머물기를 원하는 노인들을 위한 장기적 치료 옵션이라고 정의하고 있다(CCRC, 2022). CCRC는 전형적으로 하나의 단지 내 아파트 또는 독립생활이 가능한 단독주택, 생활보조 유닛, 간호케어 등 다양한 주거 옵션과 의료 서비스 그리고 편의 시설을 제공함으로써 거주자의 건강을 지속적으로 관리할 수 있다. 거주자들이 나이가 듦에 따라 변하는 단계별 건강 요구사항을 맞춤형 서비스로 제공함으로써 단일 커뮤니티 안에서 노인 생활을 유지할 수 있도록 한다(Zarem, 2010).

대부분의 노인들은 가능한 장소를 옮기지 않고 한곳에서 오랫동안 독립적인 생활을 유지하는 것(Aging In Place)을 선호한다. 전문적인 맞춤형 간호와 생활 지원 및 기타의 서비스가 필요한 경우가 많으므로 거주자가 원하는 서비스 유형에 따라 단계별 프로그램이 제공되고 있으며, 거주자들은 한 곳에서 다양한 사회적인 활동을 유지할 수 있다. CCRC는 노인의 생애주기 변화를 지원하는 공동생활주택(Congregate Housing)이자 계획주거의 형태로 볼 수 있다(김미희, 2022). CCRC는 일반적으로 총 300개 미만의 유닛을 가지고 있으며 도시에서부터 교외까지 여러 지역에서 다양한 형태로 나타나고 있다(Zarem, 2010).

2) CCRC의 주거 및 서비스

CCRC는 거주, 생활 지원, 간호케어 등의 다양한 서비스와 관리를 단지 안에서 제공된다. 거주자들의 건강 상태가 변화하더라도 지역사회를 이동할 필요가 없으며, 한 곳에서 삶을 유지할 수 있는 장점이 있다. 입주자 건강 상태에 따라, 자립형 주택(IL, Independent Living), 생활보조주택(AL, Assisted Living), 너싱홈(NH,

Nursing Home), 메모리서포트(MS, Memory Support)로 구분하여 서비스가 제공된다. 일반적으로 건강하고 자립이 가능한 노인 대상의 주거공간(Independent Living Unit)으로 계획되며 아파트, 타운하우스, 단독주택 등을 포함한다. CCRC에서 제공되는 식사, 가사, 세탁, 수리, 관리 서비스 등의 비용은 대부분 커뮤니티의 이용료에 포함되어 있으며, 미용실, 은행, 우체국 등 일상생활에서 필요한 시설들과 수영장, 피트니스 센터, 산책로, 게임룸, 극장, 도서관 등 다양한 커뮤니티 편의시설도 제공된다. 또한 거주자들의 다양한 요구에 맞추어 맞춤형 의료서비스를 제공하고 있으며 정신건강 및 영양상담, 물리치료 등의 서비스도 포함된다.

제공 서비스는 굉장히 광범위하고 다양하지만 일반적으로 독립적인 생활과 생활지원 서비스, 기억력 케어서비스, 전문 간호서비스는 공통적으로 지원된다. 거주자들의 요구사항에 따라 24시간 의료서비스와 보호관리를 제공하며 거주자들이 가능한 독립된 생활을 유지할 수 있도록 일상생활을 지원한다.

전문 간호 서비스는 생활 지원 서비스와 비슷하며 높은 수준의 24시간 의료 및 보호 서비스를 포함하며, 숙련된 전문가들이 의사의 지시하에 언어치료, 물리치료, 작업치료 등을 제공한다. 또한 치매와 알츠하이머와 같은 인지 장애를 앓고 있는 거주자들은 커뮤니티 내 기억력 케어서비스 시설에서 맞춤관리를 받을 수 있으며, 거주자에게 필요한 다양한 수준의 기억력 관리를 제공할 수 있도록 자격을 갖춘 전문 의료진과 직원이 상주하고 있다(True Legacy Homes, 2023).

표 1 미국의 CCRC 내 시설 유형

시설	입주자	주요 서비스
자립형 주택 (Independent Living, IL)	건강하고 자립한 생활을 보내는 노인	공유지역, 각종 활동에 대한 지원
생활보조주택 (Assisted Living, AL)	일상생활에서 가벼운 간호가 필요한 노인	경도의 개호, 각종 활동에 대한 지원
너싱홈 (Nursing Home, NH)	일상생활에서 심각한 간호가 필요한 노인	24시간 체제의 개호, 간호
메모리서포트 (Memory Support, MS)	치매 등의 노인	치매 지원

출처: 일본정책투자은행(2017), 일본 CCRC에서 생애활약 마을로 – 지방이주 유치시책과 지역활성화 정책

표 2	CCRC 생활의 장단점

CCRC 생활의 장점	CCRC 생활의 단점
다양한 형태의 독립된 주거 옵션	가입비와 월별 서비스 요금에 대한 부담
고급 의료 지원	재정 및 법률 자문 등 계획 필요
다양한 수준의 의료 서비스와 맞춤형 케어	복잡한 계약 과정
노인의 다양한 활동과 사회적 참여 증진	CCRC 서비스 제공업체 파산시 재정적 위험
유지관리가 필요 없는 라이프 스타일 조성	입주 대기와 주택 선택의 제한
잠재적인 세금 혜택	입주 자격 요건이 엄격함
거주자와 보호자에게 심신의 안정 제공	시설 이용을 위한 비용의 지불

출처: True Legacy Homes(2023), https://www.seniorliving.org/continuing-care-retirement-communities

CCRC 생활의 가장 중요한 특징은 다른 노인시설과 비교하여 독립적인 생활이 가능하다는 점이다. 일반 실버타운의 경우, 독립적면서 자율적인 일상생활이 가능한 점은 CCRC와 비슷하지만, 직접적인 의료 서비스가 제공되지 않기 때문에 거주자들의 이주율이 높은 편이다. 노인들은 대부분 변화에 대한 두려움과 스트레스를 가지고 있기 때문에 은퇴 이전에 즐겼던 취미와 라이프 스타일을 비슷하게 유지할 수 있으면서 필요한 경우 주변의 도움과 서비스를 제공받을 수 있는 점은 노인에게 무엇보다 큰 장점이다.

거주자들이 나이가 들면서 필요한 사항이 변화하고 다양한 수준의 돌봄이 필요하게 되는데, CCRC는 노인의 요구에 맞추어 지속적인 관리가 가능하다. 또한 거주자들은 요리, 청소와 같은 유지 관리가 필요한 가사일을 대부분 지원받을 수 있으며, 다양한 사회적 활동을 자유롭게 할 수 있다. 정기적으로 사회활동을 지속하면서 사회적 네트워크를 확장하여 상호 교류 활동이 가능한 은퇴 생활을 누릴 수 있다.

거주자가 원하는 삶의 방식대로 자유롭고 안전한 생활이 가능하므로 거주자와 보호자 모두 정서적 안정감과 평화를 가질 수 있다. 그러나 편리하고 안전한 생활이 가능한 만큼 커뮤니티 입주비와 월별 이용요금이 적지 않으며 늘어나는 수요만큼 대기기간도 늘어날 수 있다. 또한 병력(病歷) 정보와 재정적 자격 요건의 기준이 엄격하고 복잡한 계약 과정이 있으며, 커뮤니티의 구성원이 되기 위해서는 특정 연령 범위만 가능하는 등 비교적 까다로운 제약조건이 있다.

② 미국 CCRC의 현황

미국 통계국(U.S. Censes Bureau)의 자료에 의하면 미국의 65세 이상 노인인구는 2010년부터 2020년 사이에 급격히 증가하여 2020년에는 전체 인구의 약 16.8%인 5,580만 명에 이르는 것으로 나타났다(US Census, 2023). 이러한 증가세는 주로 베이비붐 세대의 고령화에 의한 것으로 2050년에는 노인인구가 미국 전체 인구의 약 26%를 차지하는 초고령사회가 될 것으로 예측된다.

그림 1 미국의 노인인구 추이

(단위: 백만 명)

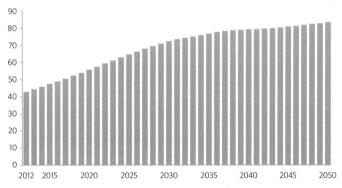

출처: U.S. Census Bureau(2012), Population Estimates and 2012 National Projections

비영리 노인주택 및 관리를 위한 국립 투자 센터(NIC)에 따르면 미국 전국으로 약 1,900여 개의 CCRC가 분포하고 있다(미국은퇴자협회 AARP, 2023). 미국 전역에서 가장 많은 CCRC가 있는 지역은 펜실베니아주의 필라델피아, 일리노이주의 시카고, 뉴욕주의 맨해튼, 하이오주의 신시내티, 미네소타주의 미니아폴리스, 캘리포니아주의 로스앤젤레스, 워싱턴 DC, 미주리주의 세인트루이스, 애리조나주의 피닉스, 플로리다주의 마이애미이다(Ziegler Investment Banking, 2022).

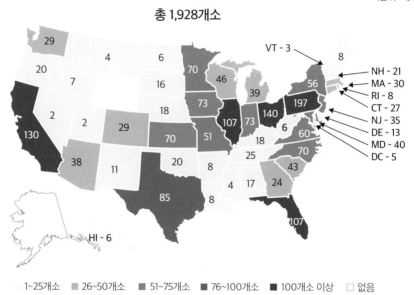

그림 2 미국 전역의 CCRC 현황

출처: Ziegler Investment Banking(2022), Large-Campus Life Plan Communities: National Landscape, Senior Living Finance Z-news April

미국에 분포하는 CCRC의 평균 세대 수는 약 290호이며, 10% 정도의 커뮤니티가 500개 이상의 유닛을 포함하고 있고 9.6%의 커뮤니티가 401~500개, 18.6%의 커뮤니티가 301~400개, 26.6%의 커뮤니티가 201~300개, 26.4%의 커뮤니티가 101~200개, 8.2%의 커뮤니티가 100개 미만의 유닛을 가지고 있다. 미국 전국에서 약 175개의 CCRC가 한 단지 내에 최소 500개의 유닛을 가지고 있으며 이 중 약 60개의 커뮤니티에서 최소 700개의 유닛을 가지고 있다.

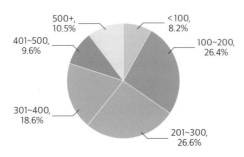

500+,
10.5%

<100,
8.2%

401~500,
9.6%

100~200,
26.4%

301~400,
18.6%

201~300,
26.6%

출처: Ziegler Investment Banking(2022), Large-Campus Life Plan Communities: National Landscape, Senior Living Finance Z-news April

3 미국 CCRC의 유형 및 운영 관리

미국의 CCRC는 병원, 대학교, 스포츠 시설, 종교단체 등의 지역시설과 연계하여 거주자들이 자유롭게 시설을 이용할 수 있는 지역사회 연계 유형이 있다. 특히 스탠포드 대학, 플로리다 대학, 러셀 대학 등은 교내에 교육 연계형 UBRC형 (University Based Retirement Community)을 조성하여 노인들이 평생 교육 프로그램을 수강하고 도서관이나 식당 등을 이용할 수 있도록 하고 있다(Zarem, 2010).

표 3 CCRC의 지역사회와의 연계

시설	유형
병원	의료연계: HBRC형(Hospital Based Retirement Community)
대학교	교육연계: UBRC형(University Based Retirement Community)
스포츠시설	스포츠연계: SBRC형(Sport Based Retirement Community)
종교단체	종교연계: RBRC형(Religion Based Retirement Community)

출처: 김미희(2022), 주거복지미래포럼, 베이비부머 노년을 위한 CCRC(Continuing Care Retirement Community) 모색

미국 전역에 분포하는 모든 CCRC는 주거공간 규모와 제공 서비스가 다양하며 CCRC에서 거주자들에게 제공하는 입주비 계약은 보통 A 타입, B 타입, C 타입의 3가지 타입으로 나뉘며 주거공간에 대한 소유권 옵션을 제공하기도 한다(Zarem, 2010).

A 타입은 포괄적인 라이프 케어 계약(Life-care(Extensive) Contract) 타입으로 주거공간과 편의시설에 대한 입주비와 매월 지불하는 요금에 대한 기본적인 풀서비스 계약이다. 3가지 계약 타입 중 가장 비싸며 보통 모든 범위의 고급 의료 서비스가 포함된다. B 타입은 절충 케어 계약(Modified Contract) 타입으로 거주자는 주거공간과 편의시설(A 타입보다 제한)에 대한 입주비와 월 사용 요금을 지불한다. B 타입 계약은 거주자의 상태와 요구에 따라 계약을 수정하고 요금 변동이 있을 수 있다. C 타입은 서비스별 이용료 계약(Fee-for-service Contract) 타입으로 가장 저렴한 입주비와 시설 이용요금을 매월 지불하는 계약이며 높은 수준의 의료 케어 서비스는 포함되지 않는다. 전체 CCRC의 약 65%에서 75% 정도가 입주비를 포함한 계약을 제공하고 있다(Zarem, 2010).

대부분의 거주자들은 아파트와 단독주택을 포함한 주거공간에서 생활하며 커뮤니티 입주비와 시설 이용료를 지불함으로써 커뮤니티에 거주할 수 있는 권리를 얻으며, 의료 및 기타 서비스의 이용은 계약에 따라 제약이 있고 추가 비용을 지불할 수 있다.

표 4 CCRC의 계약 유형

타입	구분
A 타입 Life-care(Extensive) Contract	주거공간, 편의시설에 대한 풀서비스 계약으로 가장 비싸며 모든 범위의 고급 의료 서비스
B 타입 Modified Contract	A 타입보다 제한된 주거공간과 편의시설에 대한 입주비와 월 사용 요금을 지불
C 타입 Fee-for-service Contract	가장 저렴한 입주비와 시설 이용 요금을 매월 지불 하는 계약으로 높은 수준의 의료케어 서비스는 포함되지 않음

출처: Zarem, J.E.(2010), Today's continuing care retirement community(CCRC). CCRC Task Force, American Seniors Housing Association

비영리 노인주택 및 관리를 위한 국립 투자 센터(NIC)에 따르면 CCRC의 초기 입주비는 평균 약 40만 달러이고 최저 4만 달러에서 2억 달러 이상에 이르기까지 다양하다(AARP, 2023). 월 이용 요금은 3천 달러에서 5천 달러 정도이며 거주자의 요구 조건과 상황에 따라 금액이 구분된다.

CCRC는 하나의 단지 형태로 운영되며 단지 안에 다양한 시설들이 위치하여 거주자들이 커뮤니티 안에서 일상의 대부분의 활동을 할 수 있도록 관리된다. 나이가 들면서 변하는 건강상태에 따라 치료 또는 관리의 수준을 변경하기 위하여 다른 지역으로 이동하거나 장소를 전환해야 하는 것에 불편함이 있으나, CCRC에서는 이러한 이동을 최소화하여 노인들의 자율성과 편의성을 확보한다(Shippee, 2009).

CCRC의 운영과 관리는 거주자들이 지불한 입주비 및 시설 이용요금으로 이루어진다. 커뮤니티는 비영리 또는 영리 단체가 소유하고 있으며 전체 커뮤니티의 약 82% 정도가 비영리 단체의 소유로 운영되고 있다. 대부분의 CCRC는 자율적으로 관리되고 있으며 약 15% 정도는 외부의 관리자를 통하여 관리되고 있다. 또한 다양한 수준의 의료 서비스를 제공하기 위해서 자격 요건을 갖춘 직원과 전문가를 고용하여 커뮤니티 시설을 운영 및 관리하고 있다(Zarem, 2010).

4 CCRC와 관련 제도

CCRC 거주자들의 소비자 보호를 위해 미국 정부의 인증이 엄격히 이루어지고 있다. 정부 기관은 객관적이고 중립적인 인증을 위하여 제3자를 두기도 하며, 정부 인증에는 등록, 면허 허가, 권한에 대한 증명서가 포함된다(Office of the Insurance Commissioner, 2022).

CCRC는 대부분의 주에서 미국 연방정부의 차원보다 주(State) 수준의 규제가 이루어진다. CCRC 규제는 재정이나 보험 상태, 소비자의 불만, 민사 및 형사 조사 및 처벌, 다양한 의료 케어 및 주거공간 관리 서비스와 관련된 자격요건, 「행정법」,

「계약법」, 부동산 등을 포함한 다양한 영역에서 규제가 이루어지고 있다.

일반적으로 주는 CCRC의 허가를 승인하고 커뮤니티의 재정적 상황을 감독하며 거주자들의 보호를 시행하는 역할을 한다. CCRC 파산에 의한 거주자들의 재정적 손실의 위험을 줄이기 위해 일부의 주에서는 커뮤니티에 대한 규제 수준을 높이고 있다.

대부분 주의 규제 기관은 보통 주기적으로 커뮤니티를 모니터링하며 커뮤니티의 재정적 상황과 수수료 및 환불 규정, 서비스에 대한 정보 공개를 요구하고 있다. 그러나 특정 준비금을 유지하거나 입주비 환불에 대한 규정을 의무화하는 주는 현재까지 없는 실정이다(Office of the Insurance Commissioner, 2022).

CCRC를 관리하기 위해 일부 주들은 단일 규제 기관을 두어 규제의 효율성을 높이는 반면, 일부 주들은 둘 또는 그 이상의 규제 기관을 두어 기관들 간 관리 감독을 공유하기도 한다. 캘리포니아주는 단일 규제 기관이 모든 CCRC의 규제를 담당하는 단독 규제 방식을 가지고 있다. 또한 일부 주에서는 당국의 규정을 준수할 수 있도록 독립적인 검토 위원회(Independent Review Board)를 두어 커뮤니티의 업무 관행을 분석하기도 한다. 독립적인 검토 위원회는 커뮤니티에 관한 전문가들로 이루어진다. 규정 준수를 강화하는 것은 거주민들을 위한 소비자 보호에 매우 중요하기 때문에 소비자가 커뮤니티의 규정 위반에 관련하여 불만을 제기할 수 있는 절차가 마련되어야 하고 불만 사항과 규정 위반을 감독하도록 지정된 기관은 세부적인 조사에 참여하고 문제를 해결할 수 있도록 해야 한다. 미국의 50개 주 중에서 38개의 주에서는 CCRC의 운영의 다양한 측면을 감독하는 구체적인 수준의 규제가 있다.

그림 4 미국 전역의 CCRC 규제 수준

38개의 주는 CCRC의 규정을 마련하고 있지만
워싱턴 D.C.와 12개 주는 마련하고 있지 않음

CCRC 규정을 마련한 주
CCRC 규정을 마련하지 않은 주

출처: Office of the Insurance Commissioner(2022), Continuing Care Retirement Community(CCRC) Study

5 사례

1) 미국 최초의 CCRC인 애리조나주 선시티(Sun City)

선시티(Sun City)는 애리조나주 피닉스 대도시 지역에 위치한 미국 최초의 대규모 은퇴자 커뮤니티로 여의도의 13배 면적인 약 38km²에 달하는 규모이며 현재 약 4만 명이 거주하고 있다. 선시티는 마리코파(Maricopa) 카운티 내의 통합되지 않은 지역이며 도시가 아닌 커뮤니티로 시정부가 존재하지 않는다. 부동산 개발 업체인 델 웹 디벨롭먼트 컴퍼니(DEVCO)는 1960년 1월 1일 애니조나주 선시티에 5개의 모델 주택을 오픈하고 주택을 판매하기 시작했다. 은퇴는 했지만 활동적인 성인을 위한 커뮤니티를 형성하여 양질의 은퇴 라이프 스타일을 제공하고자 하였다.

선시티 내에서 거주자들의 모든 요구사항을 해결할 수 있는 커뮤니티를 만들기 위해 개발 기간 동안 쇼핑센터와 기업을 위한 토지를 마련하였고 장기 요양, 의료 등과 같은 서비스를 제공하기 위한 시설이 계획되었다. 커뮤니티 내 2016년 추가로 건설된 140개의 단독주택을 포함하여 현재 약 27,500여 개의 주거유닛이 있다.

거주자들은 이사회와 위원회를 만들어 직접 커뮤니티 시설 운영방안을 마련하고 도시 정책에도 영향력을 행사하고 있으며 애리조나 주립대학과 연계하여 연구 프로젝트를 진행하는 등 다양한 활동을 하고 있다(지방정부TV, 2018). 커뮤니티는 거주자들의 연회비와 시설 이용료 등을 통해 운영되고 있으며 거주자들이 봉사활동을 통해 인건비를 절약하고 이를 병원시설의 확충에 이용하는 등의 방식으로 재원을 조달하여 운영되고 있다.

표 5   선시티 사례 개요

주소	16824 N. 99th Ave. Sun City, AZ 85351	
주택 형태	5가지 유형의 주거 옵션(가든형 아파트, 다층형 아파트 콘도, 단층연립주택, 비단독주택, 단독주택)	
준공 연도	1960년 1월 1일 모델 주택 오픈	
층수 및 실	단층의 단독주택, 다층의 아파트 등	
계약조건	주택 당 최소 1명의 55세 이상 거주자, 19세 미만은 90일 이상 거주 불가	
임대료	주택 소유 및 임대	
사업주체	델 웹 디벨롭먼트 컴퍼니(DEVCO)	

출처: 미국 선시티(2024), https://suncityaz.org

■ 주거옵션 및 관리

거주자는 주택을 일정 계절 또는 1년 이상을 임대하거나 소유할 수 있으며 주택의 소유자는 자신의 필요에 맞게 주택을 리모델링하거나 개조할 수 있다. 비영리 단체인 주택 소유자협회(The Sun City Home Owners Association)는 1963년부터 선시티 커뮤니티 가치를 보존하기 위한 필수적인 역할을 하고 있으며 CC&R(Covenants, Conditions, and Restrictions)로 알려진 커뮤니티 표준 규약을 시행하고 있다. 또한, 이사회를 선출하고 매월 2회 모여 회의를 진행하고 업무를 수행하고 있으며 선시티의 주민들도 참여할 수 있다.

선시티의 주택 소유자는 커뮤니티 표준 규약인 CC&R(Covenants, Conditions,

and Restrictions)에 따라 특정한 경우를 제외하고 각 주거 단위의 최소 한 명의 거주자는 55세 이상이어야 하며, 19세 미만의 경우 90일 이상 거주할 수 없다. CC&R에는 단독주택, 시공기준, 차량, 동물 등에 대한 제한 사항을 포함하고 있다. 선시티에서 선택할 수 있는 주거 옵션은 유형에 따라 가든형 아파트(Garden Apartment Homes), 다층형 아파트 콘도(Multi-Level Apartment Style Condominiums), 단층연립주택(Patio Homes), 2호 연립주택(Twin Homes), 단독주택(Single-Family Detached Homes)이 있으며 67.8~297.2m^2 규모의 다양한 크기의 주택이 제공된다.

모든 유형의 주택은 주택 소유자협회에서 자체 CC&R을 통해 주택의 외관 및 외부, 공용공간 등의 유지관리를 담당하고 있다. 가든형 아파트는 저층 단지에 위치하여 있으며 잔디밭, 정원, 나무 또는 조경으로 둘러싸여 있는 주택이다. 다층형 아파트 콘도는 개별적으로 소유하는 주택 유형이며, 일부 단지에서는 식사 옵션도 제공하고 있다. 단층연립주택은 최소 1면의 벽을 공유하는 주택이며 보통 1~4개의 주택이 연속적으로 연결되어 있는 주택이다. 2호 연립주택은 2개 세대가 결합된 주택을 말한다. 단독주택은 앞마당, 뒷마당, 진입로, 차고가 포함되어 있다.

표 6 선시티의 주거 옵션

유형	특징	CC&R에 포함된 서비스 범위
가든형 아파트 (Garden Apartment Homes)	가든으로 둘러싸인 아파트	주택 외관, 외부, 공용 공간의 유지 관리
다층형 아파트 콘도(Multi-Level Apartment Style Condominiums)	개별적으로 소유하는 다층 아파트	주택 외부 및 공용구역의 유지 관리
단층연립주택(Patio Homes)	최소 1면의 벽을 공유하는 단층 주택	주택의 유지 및 보수와 다양한 서비스
2호 연립주택(Twin Homes)	2개 단위세대가 결합된 주택	조경 및 주택 유지 관리 서비스
단독주택(Single-Family Detached Homes)	단독 주택	주택의 모든 유지 관리

출처: 미국 선시티(2024), https://suncityaz.org

그림 5 선시티의 주거 전경

가든형 아파트

다층형 아파트 콘도

단층연립주택

2호 연립주택

단독주택

주택단지

출처: 미국 선시티(2023), https://suncityaz.org

■ 선시티의 운영 및 관리

선시티는 마리코파(Maricopa) 카운티 내의 통합되지 않은 지역으로 선시티의 거리와 중앙분리대는 마리코파 카운티에서 관리하고 있다.

선시티 레크레이션 센터(Recreation Centers of Sun City, RCSC)는 애리조나주 선시티에서 비영리 법인으로 RCSC 이사회를 구성하여 매년 선시티(Sun City)에 있는 약 27,500개의 부동산을 평가하고 선시티의 공동 커뮤니티 레크레이션 센터과 골프장, 볼링 센터, 야외 원형 경기장, 인공 호수, 애견 공원 등을 포함하는 모든 시설의 관리를 하고 있다.

RCSC 이사회와 경영진은 RCSC 시설에 대한 모든 표지판 게시, 출판물 배포와 광고를 감시하고 있으며 특정 상업회사가 센터에서 제품이나 서비스를 판매하려면 RCSC 이사회의 승인을 받아야 한다.

RCSC 이사회는 7월과 8월을 제외하고 매월 정기적으로 이사회 회의를 개최하여 업무를 수행하고 있으며 볼링 위원회, 클럽조직 위원회, 장기 계획 위원회, 기술 위원회, 재정 및 예산 위원회, 보험 위원회, 선거관리 위원회, 재산 위원회, 전략적 대안 위원회 등 다양한 위원회를 설립하였다.

위원회는 RCSC 회원으로 구성되어 있으며 커뮤니티 규칙, 규정 및 정책 변경에 대한 의견을 제시하고 이사회에 권고한다. RCSC 이사회는 정기 회의를 통해 재무 및 예산 정보와 건설 및 유지 관리 프로젝트의 비용 및 세부 정보, 골프 및 그라운드에 관한 업데이트 정보 등이 포함된 경영 보고서를 웹사이트와 이메일을 통해 선시티 주민들에게 전송한다. RCSC 카드 소지자이자 선시티 주택 소유자는 RCSC 이사회에서 활동하고 선거에서 투표할 수 있는 권한을 가진다.

표 7 선시티 레크레이션 센터의 시설 운영 수수료

항목	비용
연간 부동산 평가 비용	부동산당 연간 525달러
보존 및 개선 비용	건당 4,000달러
양도 비용	건당 300달러
등록 비용	건당 30달러
RCSC 회원 카드	거주지당 2명까지 제공
연간 프리빌리지 카드	연간 1명당 262.5달러
단기간 프리빌리지 카드 (30-60-90days)	매월 1명당 75달러

출처: 미국 선시티(2023), https://suncityaz.org

선시티의 주택 소유자는 연회비로 볼 수 있는 자산 평가 비용을 매년 의무적으로 내야 하며 가구당 최대 2명까지 RCSC 카드를 발급받을 수 있다. RCSC 카드 소지자는 골프와 볼링을 제외하고 모든 RCSC 시설을 무료로 이용할 수 있고 특정 상황에 따라 손님용 카드 발급이 가능하다. 선시티에 거주하는 주택 비소유자는 1인당 연간 287.5달러 또는 월 75달러를 지불하여 RCSC 시설을 이용할 수 있는 프리빌리지 카드를 구매할 수 있다.

연간 자산 평가 비용을 제외하고 상황에 따라 선시티에 위치한 주택의 소유권에 대한 구매, 취득, 양도, 상속, 증여, 변경 등에 대한 수수료, 보존 및 개선 비용, 연체료 등이 부과된다. 자산 평가 비용과 프리빌리지 카드 수수료 등은 매년 RCSC 이사회에서 책정하고 있으며 선시티 거주지에 대한 증서 제한 및 커뮤니티 표준 규약(CC&R)을 시행할 책임은 주택 소유자 협회(SCHOA)에 있다.

RCSC 이사회는 매년 자원봉사자를 선정하고 있으며 자원봉사자들을 통해 선시티 거주자들이 원하는 서비스를 제공하고 커뮤니티의 유지 및 관리 비용을 최소화하고 있다. 커뮤니티 시설에 상주하는 자원봉사뿐만 아니라 선시티에서 개최되는 다양한 이벤트나 행사 등에 자원봉사자로 참여하면 보상적 차원으로 일당이나 지역 투어, 카지노 이용권 등 무료 상품권이 제공되고 있으며 선시티는 자원봉사자의 도시라고 불릴 만큼 자원봉사자들의 참여율이 높은 편이다.

표 8　**입주자 현황 및 자원봉사 비율**

입주기간	1~5년	6~10년	11~15년	16~19년	20~25년	26~29년	30년 이상
비율	39%	29%	16%	6%	7%	1%	1%
자원봉사 비율							
남성		18%		여성		16%	

출처: Recreation Centers of Sun City Needs Assessment(2023)

선시티에서 거주자가 이용할 수 있는 시설은 테니스, 수영, 댄스, 피트니스 센터, 골프, 조깅, 잔디 볼링, 테라피풀, 라켓볼, 핸드볼, 농구, 당구, 셔플보드, 낚시 등의 신체활동과 봉제 및 퀼팅 클럽, 메탈 워킹 클럽, 도자기 클럽, 목공 및 조각 클럽, 미술 및 회화 동아리, 캘리그라피 클럽, 뜨개질 클럽, 스테인드글라스 클럽 등 120개 이상의 클럽 활동을 할 수 있는 8개의 레크리에이션 센터와 11개의 골프장, 2개의 볼링장, 33에이커의 인공 호수, 1개의 애견 공원, 2개의 도서관, 30개의 교회 및 쇼핑 센터가 있다.

레크리에이션 센터에는 회의실, 사교홀을 포함하여 상업적으로 대여가 가능한 시설이 있으며 RCSC 카드 소지자 및 비소지자 모두 이용이 가능하다. 골프와 볼링 시설 이용 시는 추가 요금이 발생 되며 모든 RCSC 카드 및 프리빌리지 카드 소지자와 초대된 게스트 회원이 이용 가능하다. 클럽 사무국이 선시티 레크레이션 센터의 클럽 활동을 감독하고 관리하고 있다. 선시티 거주자들은 연령별, 취향별 선택할 수 있는 커뮤니티 내 다양한 활동을 통해 사회적 교류를 이어가고 있다.

그림 6 기타 시설

레이크뷰 레크리에이션 센터

해시계 레크리에이션 센터

리버뷰 골프 코스

볼링 센터

출처: 미국 선시티(2024), https://suncityaz.org

■ 의료시설 및 의료지원

선시티에는 의료 서비스를 제공하는 수많은 의료 센터가 있으며 중심부에는 선시티의 최고 의료 시설인 배너 보스웰 메디컬 센터(Banner Boswell Medical Center)가 위치해 있다. 병원은 1970년부터 선시티의 거주자들이 이용하고 있으며 700명 이상의 의사가 상주하여 환자를 치료하고 다양한 의료 서비스를 제공하는 의료 인프라가 구축되어 있다. 특히 알츠하이머병, 파킨슨병, 관절염, 암, 뇌졸중 등 노년기 관련 질환의 진료와 예방적 차원의 노년기 질환 관련 교육 프로그램을 운영하고 있다.

병원은 노인에게 최적의 치료를 제공하기 위한 기준을 충족하는 NECH(Nurses Improving Care for Health System Elders)로 지정되었으며 2010년에는 웨스트 밸리의 1차 뇌졸중센터로 인증되었다. 또한 미국 내 31개의 알츠하이머병 핵심 센터 중 하나인 배너선 건강연구원(Banner Sun Health Research Institute)에서 노화 관련 질환에 대한 연구와 임상 치료를 진행하고 있다.

선시티 거주자들은 커뮤니티 내 교통수단으로 골프 카트를 소유하고 있으며 선시티 내의 의료 센터에 편리하게 접근할 수 있다. 응급 의료 지원이 필요한 경우 선시티의 거주지에서 가까운 곳에서 구급대가 파견되며 거주민들의 주택에는 구급대원이 집안으로 접근이 가능하도록 집 열쇠가 있는 상자가 구비되어 있다.

선시티에서는 의료지원이 필요한 경우 지속적인 간호를 받을 수 있는 노인주택과 의료 옵션을 선택할 수 있다. 커뮤니티 내 쇼핑센터, 레스토랑, 다양한 엔터테인먼트 시설들과 가까운 곳에 노인들의 상태와 요구 사항에 맞는 다양한 단계의 주택과 지속적인 치료 옵션을 제공하고 있다. 노인들은 특정 니즈에 따라 자립적 생활이 가능한 주택, 독립적 생활과 함께 일부 생활의 보조 서비스, 지속적인 의료 및 간호와 메모리 케어와 식사 서비스를 선택하고 제공받을 수 있다.

표 9	선시티의 노인주택 옵션	

주택 옵션	주요 서비스
자립형 주택(Independent Living, IL)	자립 생활
생활보조주택(Assisted Living, AL)	생활의 보조
지속적인 관리(Continuing Care)	지속적인 의료 및 간호
메모리 케어(Memory Care)	치매 등의 노인을 위한 메모리 케어
간호 및 재활 치료(Skilled Nursing and Rehabilitative Care)	숙련된 간호 및 재활 치료
식사제공(Gourmet dining)	식사 제공
활력증진 활동(Life-enriching activities)	다양한 활동 제공

출처: 미국 선시티(2023), https://suncityaz.org

■ 지역 대학교와 협업

선시티는 애리조나 주립대학교(University of Arizona)와 연계하여 다양한 연구과 프로젝트를 진행하고 있다. 선시티 레크레이션 센터는 애리조나 주립대학과의 연구의 일환으로 선시티 거주자들의 커뮤니티 이용 만족도와 관심사에 대한 지역사회 전체 설문조사를 진행하여 커뮤니티의 미래 계획 시 거주자들이 원하는 기준을 마련하고 그들이 커뮤니티 활동을 유지할 준비가 되어 있는지 지속적으로 확인하고 있다. 일례로 2023년 시행된 선시티 전체 거주자 설문조사에서 설문에 참여한 남성의 78%와 여성의 75%에서 커뮤니티 안에서 공동체 의식을 느끼고 있다고 답했다. 2024년 3월 7일에는 연례 틸 리본 토너먼트(Teal Ribbon Tournament)를 개최하여 수익금을 애리조나 대학교의 난소암 연구 센터에 기부하는 등 다양한 활동을 이어가고 있다.

6 시사점

CCRC는 하나의 단지형 환경 내 주거 및 의료 돌봄이 가능한 시설을 마련하여 은퇴한 노인에게 지속적인 서비스를 제공할 수 있는 커뮤니티를 말한다. 미국의 CCRC 사례는 주거와 의료, 편의시설을 제공함으로써 노인의 자립적인 활동을 지원하고 자체적인 커뮤니티를 형성해 가는 데 있다. 안정적인 거주가 가능한 노인 주거공간, 일상생활을 편리함과 사회적 소통을 지원하는 서비스, 연령대에 따른 의료지원 서비스가 중심이 되어 노인이 일정한 지역에서 건강한 노후생활을 보장해주는 데에 그 특징이 있다.

미국의 CCRC는 중·고소득 노인을 대상으로 한 민간 주도 사업으로 시작되었으며 보통 주 정부가 커뮤니티의 인증과 운영에 대한 관리, 감독의 역할을 한다. CCRC 내에서 거주자의 활동이 이루어질 뿐만 아니라, 지역사회와 연계와 사회적 참여를 적극적으로 지원하고 있다. 미국 최초의 CCRC인 애리조나주의 선시티는 활동적인 은퇴자들을 위한 지속가능한 커뮤니티로서 성공적인 사례로 볼 수 있다. 생활 반경이 넓지 않은 노년기의 특성에 맞게 커뮤니티 경계를 벗어나지 않고도 모든 일상이 가능하도록 설계되었으며 우정, 사교, 취미 활동 등을 통해 이웃들과 사회적 교류를 이어가고 공동체 의식을 가질 수 있는 기회를 제공하였다. 커뮤니티의 운영과 관리가 거주자들의 자치적 참여와 봉사로 이루어짐으로써 지속적인 유지와 발전을 촉진한다고 볼 수 있다.

참고문헌

- AARP. (2022). How Continuing Care Retirement Communities Work. AARP News. https://www.aarp.org/caregiving/basics/info-2017/continuing-care-retirement-communities.html
- Caplan Z. (2023). The Older Population: 2020. United States Censes Bureau. https://www.census.gov/library/publications/2023/decennial/c2020br-07.html https://www.seniortimes.kr/news/articleView.html?idxno=1243824 https://www.thevoiceofus.co.kr/news/article.html?no=836
- Sun City. (2024). https://suncityaz.org
- Tetyana Pylypiv Shippee, PhD. (2009). "But I Am Not Moving": residents' Perspectives on Transitions Within a Continuing Care Retirement Community.
- The Gerontologist 49(3). 418-427. https://academic.oup.com/gerontologist/article/49/3/418/746894
- Williamson, P. (2020). Continuing Care Retirement Communities(CCRC Definition). True Legacy Homes.
- Zarem, J.E. (2010). Today's continuing care retirement community(CCRC). CCRC Task Force, American Seniors Housing Association.
- 고영호, 최가윤, 권영란, 한승연. (2022). 지역사회 고령친화 생활마을 조성 모델 및 정책개선 방안 연구. 건축공간연구원 일반연구보고서.
- 고영호, 허재석, 최가윤, 한승연. (2021). 고령친화 생활환경 조성을 위한 건축도시정책의 개선 방향 연구, 건축공간연구원 일반연구보고서.
- 김미희. (2022). 주거복지미래포럼, 베이비부머 新노년을 위한 CCRC(Continuing Care Retirement Community) 모색. 주거복지미래포럼.
- 박공식. (2018년 12월 3일). [미국 애리조나주] 선시티 은퇴자마을_요양원은 No! 같이 모여 즐겁게 산다. 지방정부 tvU.
- 신수지. (2023년 9월 14일). 민간 주도 美, 시니어타운에 70만 명 거주… 애리조나 '선시티' 유명. 조선일보. https://www.chosun.com/economy/real_estate/2023/09/14/ZZ5U7K3PTBGKFH7BCHFERJ33X4
- 정순영. (2018년 11월 15일). 미국의 '선시티(Sun City)'를 통해 본 연령친화적 커뮤니티. 시니어타임스.

일본의 CCRC
(Continuing Care Retirement Community)

손동화

　　일본은 2055년에 전체 인구의 약 40%가 65세 이상의 노인이 될 것으로 예측하고 있다. 또한 도시권의 노인인구 급증으로 심각한 의료 인력 부족이 예상되며, 도시와 지방의 지역별 격차와 불균형도 커질 것으로 전망하고 있다. 이러한 문제점을 해결하기 위해 지방 창생 정책의 하나로 일본 CCRC(Continuing Care Retirement Community) 구상이 시작되었으며 도시권과 연계성이 높은 지방으로의 이주를 권장하는 방향으로 이주형 마을 만들기가 진행되고 있다. 본 장에서는 일본 CCRC의 특징과 서비스를 살펴보고 도쿄도와의 접근성이 높은 지역인 나가노현 사쿠시 CCRC의 사례를 통해 일본 CCRC의 성과를 알아보고자 한다. 일본은 미국의 CCRC를 모델로 하고 있으며 일찍이 발달한 요양산업을 이용하여 일본의 특색을 살린 CCRC를 형성하였다. 일본은 평범한 은퇴자를 중심으로 사업을 진행하였으며 노인뿐만 아니라 다양한 세대가 공존할 수 있는 개방형 지역 만들기를 목표로 한다. 지방의 CCRC로 이주하고자 하는 희망자에게 지자체에서 입주 및 정착을 지원하고 다양한 사회활동과 평생 학습 프로그램을 제공한다. 나가노현 사쿠시(長野県佐久市)는 이러한 방향성을 잘 보여주고 있는 사례로 볼 수 있으며 노인 문제와 지역 활성화 문제를 동시에 대응하고자 하는 이상적인 방향성을 제시하고 있다.

일본 국토교통성은 2055년에는 일본 전체 인구의 약 30%가 감소하고 인구의 약 40%는 65세 이상의 노인이 될 것으로 예측하고 있다. 특히 75세 이상의 고연령 노인이 크게 늘어날 것으로 예상되며 일본의 지역별 격차와 불균형을 완화하고 수도권 등의 도시권의 심각한 의료 인력 부족을 해결하기 위한 대책 마련이 필요했다. 이에 지방의 새로운 사람의 흐름을 만드는 지방 창생 정책의 하나로 일본 CCRC 구상이 시작되었다(일본 CCRC 구상 유식자회의, 2015).

일본 CCRC 구상에서는 노인이 가능한 건강한 상태에서부터 입주하여 재취업, 평생 학습 등의 활동을 적극적으로 참가하는 주체적인 존재로서 살아갈 수 있도록 하며 현지 주민이나 어린이, 젊은 세대와 교류, 협동할 수 있는 개방형 거주를 기본으로 하고 있다. 빈집이나 공공시설 등의 지역 자원을 활용하여 지역의 문제점 해결 및 지역의 활성화를 도모하여 지방으로의 이주를 추진하고 있다. 이주하고자 하는 지역의 지자체는 이주 희망자에게 사전 상담을 통해 현지의 정보를 제공하고 커뮤니티나 지역사회의 실정을 체험할 수 있도록 세심한 지원을 하며 일정 기간 동안 시범 거주나 두 지역 거주 등을 통해 입주를 판단할 수 있는 구조를 마련하고 있다.

일본 CCRC 구상에서 제공하는 주택은 서비스 결합 고령자용 주택이나 기존의 주택을 기본으로 한다. 노인들이 자립적인 생활이 가능할 수 있도록 거주환경을 제공하며 일상적인 생활과 건강 상태를 파악할 수 있는 지역 코디네이터를 배치한다.

일본 CCRC 구상은 후생 노동성의 지역 포괄 케어 시스템과 같은 장기적인 정책과 함께 지속적인 케어 확보를 도모하는 가운데 지방 창생 정책으로 이주 마을 만들기의 성격을 강화하는 방향으로 진행되고 있으며 '평생 활약 거리 구상'이라는 명칭으로 불리기도 한다.

그림 7 연령대별 인구와 비율 추이(1920~2060)

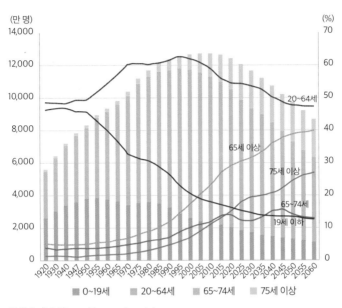

출처: 국토교통성 홈페이지(https://www.mlit.go.jp)

표 10 일본 CCRC의 7가지 기본 콘셉트

구분	내용
(1) 도쿄권을 비롯한 대도시 노인의 지방이주 지원	현지 지자체 중심으로 노인의 요구에 맞추어 이주 지원 및 입주, 정주의 연결
(2) 건강하고 액티브한 생활의 실현	노인의 사회활동 및 평생학습 참여를 돕고 목표 지향형의 플랜을 책정하여 건강하고 액티브한 삶을 실현할 수 있도록 함
(3) 지속적인 케어의 확보	지역의 의료 기관과의 연계를 통해 지속적인 의료 및 개호 서비스를 제공
(4) 지역사회와의 협동	어린이와 젊은 세대 등 다세대와의 협동 및 교류를 지원하여 노인이 지역사회에 녹아들 수 있도록 함
(5) IT 활용 등을 통한 효율적인 서비스 제공	노동력 인구가 감소하는 시대를 대비하여 IT를 활용한 효율적인 서비스를 제공하고 노인의 적극적인 참여를 유도
(6) 거주자의 참여 및 정보공개 등에 의한 투명성 높은 사업 운영	노인이 직접 커뮤니티의 운영에 참여할 수 있는 기회를 마련하고 사업운영에 관한 기본정보, 재무상황 등을 적극적으로 공개
(7) 관련 제도나 지방창생특구 등의 활용을 통한 정책지원	지방창생특구나 지역재생계획 등의 정책 지원을 적극 활용

출처: 일본 CCRC 구상 유식자회의(2015)

미국의 CCRC가 부유층을 대상으로 한 민간 주도 사업이었던 반면 일본은 정부가 주도하여 일본의 평범한 은퇴 인구를 대상으로 사업을 진행하였다. 일본의 평범한 은퇴 부부의 후생 연금의 표준적인 연금 월수령액인 약 218,000엔으로 생활하는 수준으로 가정하고 있으며, 미국의 CCRC는 주로 노인이 거주하는 것과 달리 일본은 다양한 세대가 공존하여 서로 지지하는 지역 만들기를 목표로 하고 있다.

일본은 지방 CCRC로 이주하고자 하는 희망자에 한해, 해당 지자체에 의한 입주 및 정착을 지원하고 있다. 이주하기 전 사전 상담을 통해 커뮤니티 정보와 맞춤형 매칭 서비스를 제공하며 커뮤니티의 실제 생활 환경과 지역사회의 실정을 미리 체험해 볼 수 있는 2개 지역 시범 거주 서비스를 통하여 노인은 커뮤니티 입주 여부를 판단할 수 있는 기회를 가질 수 있다(일본 CCRC 구상 유식자회의, 2015).

노인의 인생의 마지막 단계까지 지속적인 관리가 가능한 의료 체제를 확보하고 중증이 되어도 커뮤니티에 거주하면서 의료서비스를 받는 것을 기본으로 하고 있다. 노인의 건강유지를 위한 지속적인 의료 관리뿐만 아니라 경제적 활동도 이어 갈 수 있는 것을 목표로 다양한 사회활동과 평생 학습 프로그램 등을 지원하고 있다(일본 CCRC 구상 유식자회의, 2015). 공동생활과 개인생활의 균형을 잡을 수 있는 생활환경을 조성하고 자립적인 생활을 할 수 있도록 단독주택, 아파트 등의 주거공간을 제공한다. 또한 피트니스 클럽, 체육관, 음악 스튜디오, 노래방 등 거주자들이 활동할 수 있는 다양한 편의시설 등이 제공된다(일본 CCRC 구상 유식자회의, 2015).

일본의 CCRC는 기존의 노인 시설과 다르게 인근 지역사회와 개방적인 연계가 이루어지며 커뮤니티에 거주하는 노인이 지역사회에 다양한 세대와 교류가 가능한 개방형 거주가 기본이 된다. 거주자들은 커뮤니티 인근 지역과 교류하여 직업 활동을 지속적으로 이어갈 수 있으며 공동 점포 운영, 커뮤니티 운영 등 커뮤니티 내에서도 다양한 활동이 가능하다. 또한 주변의 어린이나 젊은 사람들을 포함한 다세대의 지역 주민과 교류할 수 있는 활동과 다양한 공간을 형성하고 지역의 육아, 교육, 환경개선 등의 활동을 통해 대가를 받거나 자원봉사 활동에 참가하여 지역에 공헌할 수 있는 기회를 제공한다. 또한 노동력 인구 감소에 대응하고 효율적인 서비스를 제공하기 위해 IT 기술을 활용하고 노인의 참여를 유도하고 있다(일본 CCRC 구상 유식자회의, 2015).

3 일본 CCRC의 운영 및 관리

일본의 CCRC의 주요 입주 대상자는 건강하고 자립한 노인이고 계약 시 연대 보증인과 신원 인수인이 필요하다. 커뮤니티의 비용은 일본의 일반적인 보통의 은퇴자 부부가 입주할 수 있는 비용을 기본으로 하고 있으며 부유층을 대상으로 한 다양성도 고려된다. 도쿄권의 CCRC 내 주택의 비용은 평균 약 250,000엔이며 중위권 현인 후쿠이현, 코오치현, 미에현의 경우 평균 약 126,000엔으로 도쿄권의 절반 정도의 비용에 불과하다.

일본의 CCRC의 운영에 대해서는 민간기업, 의료 및 사회복지법인, 학교법인 등 다양한 사업 주체가 참여하며 지자체는 이러한 사업 주체를 뒷받침하는 역할을 한다.

거주자가 입주 전, 후 커뮤니티의 기획 단계부터 운영까지 참여할 수 있도록 기회를 제공하고 있으며 커뮤니티 운영에 있어 거주자나 지역의 이해 관계자에게 커뮤니티에 관한 기본정보, 재무상황, 의료상황, 의료서비스 관련 정보 등을 공개할 의무가 있다. 또한 제3의 기관을 두어 커뮤니티 사업 운영을 평가하고 등급설정 인증을 실시하는 구조가 추진되고 있다.

4 사례

1) 나가노현 사쿠시

나가노현 사쿠시(長野県佐久市)는 나가노현 토우신(東信)지방에 있는 사쿠(佐久) 지역의 중심 도시로 인구는 약 10만 명이고 고속철도(신칸센)로 도쿄도와 약 70분

떨어져 있어 수도권과의 접근성이 높은 지역이다. 대도시권으로의 왕래의 편리성을 이용하여 이주자 유치를 위한 노력과 고용 창출을 통한 지역경제 활성화를 도모하였다.

사쿠시는 시내에 중증 의료를 담당하는 의료센터와 2개의 종합 병원, 7개의 병원이 제휴하여 지역과 일체화된 보건 예방 활동이 활발하게 이루어지고 있는 지역이다.

이러한 특성을 살려 일본 CCRC 구상을 통해 지역 병원을 거점으로 하여 지역 주민이 지속적으로 건강을 유지할 수 있는 평생 활약 마을 만들기를 실시하였다. 상업시설이 많이 갖춰져 있고 교통이 편리한 '사쿠다이라역의 주변 지구'와 전통적인 특색이 남아 있는 '우스타 지구' 두 지구를 대상 지구로 선정하여 서비스 결합 고령자용 주택을 정비하고 지역 포괄의 의료서비스, 노인의 경험을 살릴 수 있는 취업 지원 등의 사업을 전개하였다.

사쿠시의 사쿠종합병원을 비롯한 다수의 병원 진료를 통한 지역 포괄 의료가 충실히 구현되고 있으며 지역의 노인이 참여할 수 있는 강좌와 학습 프로그램이 연간 300개가 넘게 개설되고 있다. 노인들은 이와 같은 평생 학습 활동에 충실하며 지역의 전통과 문화를 계승하는 역할을 한다.

표 11 나가노현 사쿠시 사례 개요

사업명	우스타지구 "농촌형" 생활 중시 프로젝트	
대상 지구	사쿠다이라역 주변지구, 우스타 지구	
주변 시설	사쿠종합병원, 행정 기관, 금융 기관 등	
준공 연도	2019년	
의료 및 개호	지역 포괄 케어와의 제휴	
사업체	시, 민간, 마을 만들기 회사	

출처: 일본정책투자은행(2017), 일본 CCRC에서 생애활약 마을로 – 지방이주 유치시책과 지역활성화 정책

■ 이주 지원

시골 풍경이 남아 있고 전통 행사나 지역 활동이 활발한 우스타 지구를 '농촌형 생활 중시 구역'으로 선정하였으며 상업시설이 많은 사쿠다이라역 주변 지구는 '도시형 편의성 중시 구역'으로 선정하여 도시형과 농촌형 병용으로 타 지역에서 온 폭넓은 층의 이주자를 수용자고자 하였다.

이주자는 후생연금 수급 정도의 일반적인 소득의 퇴직자를 대상으로 하며 노인의 건강하고 활기찬 생활을 위한 프로그램과 평생학습 등을 제공하고 노인의 희망에 따라 취업, 사회활동 등을 지원한다.

운영 추진 기능을 통해 이주자의 생활 전반을 관리, 조정하며 코디네이터를 배치하여 이주자의 요구와 생활 상태 등을 파악하여 적절한 지원을 한다. 이주 희망자는 이주 체험 투어, 커뮤니티의 실정 체험, 이주 촉진 서포트 플랜 등의 프로그램을 통해 사쿠시의 생활환경을 미리 체험해볼 수 있으며 이주자들이 현지 주민들과 협동, 교류할 수 있는 지역 거점을 정비하였다. 또한 이주자들의 주택 취득비나 중고 주택의 수리비 등을 보조하고 있다.

표 12 사쿠시의 도시형, 농촌형 지구

구분	도시형	농촌형
위치	사쿠다이라역 주변 지구 등	우스타 지구 등
형태	편의성 중시	농촌형 생활 중시
병원과의 제휴	아사마종합병원	사쿠종합병원
특징	사쿠다이라역 주변 등 교통의 편리성이 높은 시가지 주변부를 중심으로 상업시설, 공공시설, 대학교 등에 가까운 지역의 장점을 활용 재취업, 자원봉사, 학습 강좌, 취미, 동아리 등의 활동을 통해 사회적 교류를 이어나감	산 주변부나 농촌 등 자연이 풍부한 지역을 중심으로 농업이나 지역 활동 참가 자연 속에서 건강을 지키며 지역 주민들과 활발한 교류를 통해 유대관계를 이어가고 삶의 보람을 느끼며 풍부한 삶을 사는 것을 목표로 함

출처: 사쿠시 평생 활약 마을 구상(2015.10.)

그림 8 사쿠시의 우스타지구, 사쿠다이라역지구 위치

출처: 사쿠시 평생 활약 마을 구상(2015.10.)

2) 타 지역에서 온 이주자 전용의 집합 주택 단지(호시노마치 단지)

호시노마치 단지는 타 지역에서 우스타 지구로 온 이주자 전용의 임대 주택 단지로 사쿠시 평생 활약의 거리 구상으로부터 시작되었으며 공실 문제가 있던 시영 단지의 일부를 리모델링하여 2021년 4월에 오픈하였다. 4층 건물로 구성된 단지로 총 16개의 단위세대를 운영하고 있다. 노인뿐만 아니라 다양한 세대가 이주하여 교류하고 있다. 슈퍼, 편의점, 병원, 우체국, 시청, 음식점 등의 대부분의 시설이 500m 내의 도보권에 있어 일상생활을 편리하게 유지할 수 있다. 호시노마치 단지 내의 코워킹 스페이스는 주민들이 무료로 사용할 수 있는 공간으로 이벤트, 파티, 워크숍 장소로 이용할 수 있다. 364일 상주하는 직원이 있어서 곤란한 상황에 대응이 가능하며 쉐어카, 쉐어자전거 등의 이동 수단이 제공된다. 또한, 호시노마치 단지로 이주 전 최대 일주일까지 무료로 체험 이주가 가능하다.

만 50세 이상인 경우 1, 2층의 서비스 결합 고령자용 주택으로 입주할 수 있으며 안부 확인, 생활 상담 서비스를 제공 받을 수 있는 서비스 비용이 추가 발생한다. 또한 서비스 결합 고령자용 주택으로 입주하는 경우 건강진단서를 제출해야 한다.

그림 9 호시노마치 단지의 위치도

출처: 호시노마치 홈페이지(https://hoshinomachi.jp)

표 13 호시노마치 단지의 입주 요금

구분	
1, 2층	• 1LDK: 65,000엔, 3DK: 80,000엔(2개월분) • 1, 2층은 만 50세 이상인 경우, 서비스 결합 고령자용 주택으로서의 입주가 가능하며 집세와 별도로 서비스비가 발생 • 서비스 비용은 1인: 11,000엔, 2인: 16,500엔
3층	• 1LDK: 54,000엔, 3DK: 69,000엔(2개월분) • 연령 제한 없음
4층	• 1LDK: 56,000엔, 3DK: 71,000엔(2개월분) • 연령 제한 없음
공익비	• 4,000엔 • 공용 부분 및 부대 시설의 유지 관리에 필요한 수광열비, 청소비, 점검비, 사무소비
주차비	1대당 2,090엔
서비스비	서비스 부착 고령자용 주택의 요건으로서 정해지는 안부 확인, 생활 상담 서비스 비용
기타	각 주거의 수, 광열비, 식비, 소모품, 개호 보험료, 의료비는 개별 부담

출처: 호시노마치 홈페이지(https://hoshinomachi.jp)

그림 10 호시노마치 단지의 주택 평면도 유형

1LDK(54m^2)

3DK(71m^2)

출처: 호시노마치 홈페이지(https://hoshinomachi.jp)

그림 11 호시노마치 단지의 내외부 전경 및 입주자 활동

주택 외부 모습

주택 단지 전경

주택 내부 모습

공유 오피스

입주민들의 활동

입주민들의 활동

출처: 호시노마치 홈페이지(https://hoshinomachi.jp)

■ 지역 자원 재생 사례: 체류형 시민 농원 정비 사업

도시로부터 지방으로 이주하여 농촌형 생활을 원하는 사람들을 위하여 사쿠시의 유휴, 황폐 농지를 활용하는 체류형 시민 농원 정비 사업이 기획되었다. 영농지도원이 상주하여 흙 만들기, 농기구의 사용법 등을 지도하고 있으며 풍부한 자연 속에서 농업 체험이 가능하다.

숙박 시설이 포함된 농원은 총 20동으로 일반동 19동과 배리어프리동 1동이 있으며 농기구 오두막 1동과 공동 농원 1구획으로 계획되었다. 시설의 연간 사용료는 398,000엔으로 공공요금은 별도이다.

그림 12 **사쿠시 체류형 시민농원 단지의 조감도**

출처: 사쿠시 홈페이지(https://www.city.saku.nagano.jp)

표 14 **체류형 시민농원의 시설**

시설 정보	내용
숙박 시설이 포함된 농원	20동(각 동은 40~50m^2) • 19동: 일반동 • 1동: 배리어프리동
농기구 오두막	1동
공동 농원	1구획(300m^2)
산책로	456m
연간 사용료	398,000엔/연·구획(공공요금은 별도)

출처: 사쿠시 홈페이지(https://www.city.saku.nagano.jp)

그림13 숙박시설의 평면도

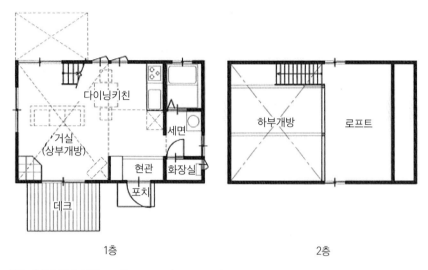

다이닝키친

세면

거실
(상부개방)

현관

화장실

포치

데크

하부개방

로프트

1층

2층

출처: 사쿠시 홈페이지(https://www.city.saku.nagano.jp)

■ 의료시설 및 의료지원

사쿠시에는 사쿠종합병원과 아사마종합병원이 있으며 방문 진료와 간호 등의 의료 지원 서비스를 통한 지역 포괄 케어가 지역 깊이 뿌리 내리고 있다. 종합 병원 외 일반 진료소, 치과 진료소, 개호노인 복지시설, 개호노인 보건 시설 등이 있어서 지역 주민의 요구에 따라 보건, 의료, 복지 서비스를 충실하게 제공하고 있으며 지역 의료의 역사를 바탕으로 세계 최고 건강 도시 만들기를 추진하고 있다. 주변 의료 기관과의 연계로 지속적인 케어 체제를 유지하고 인생의 최종 단계까지 존엄한 생활을 할 수 있도록 한다. 개호가 필요한 상태가 된 경우 이주자의 희망에 따라 지역의 개호 서비스를 제공받을 수 있으며 중증이 되어도 지역에 거주하면서 개호 서비스를 받을 수 있다.

그림 14 사쿠시의 종합병원

사쿠종합병원 본원   아사마종합병원

출처: 사쿠시 평생 활약 마을 구상(2015.10.)

5 시사점

　CCRC는 하나의 커뮤니티에 주택 및 의료 서비스가 가능한 시설을 마련하여 은퇴한 노인의 자립적인 활동을 지원하고 있다. 안정적으로 생활할 수 있는 주거 공간, 일상생활의 편리함을 지원하는 서비스, 연령대와 건강 상태에 따른 의료 지원 서비스를 중심으로 노인이 일정한 지역에서 건강한 노후생활을 보장받을 수 있는 것이 특징이다.

　일본은 평범한 은퇴 인구를 대상으로 지역 활성화 정책 중 하나인 이주정책과 연계하여 다양한 세대가 공존하는 일본 CCRC를 제시하였다. 빈집이나 건물 등 노후화된 지역 자원을 재생하여 쇠퇴하는 지역의 중심 시가지를 활성화하고 지역 거점 병원과 협력 할 수 있는 방안을 검토하는 등 지역 활성화의 측면을 고려하여 커뮤니티를 형성하고 있다.

　노인뿐만 아니라 다양한 세대의 교류가 가능하고 커뮤니티 인근 지역의 병원과 다양한 시설이 연계되어 지역의 거점으로써의 역할을 할 수 있는 오픈형 커뮤니티와 같은 환경을 제시하고 있다. 도쿄 거주자의 향후 이주에 관한 의향 조사(2014년 8월)에 따르면 도쿄도 거주자 중 50대 남성의 절반 이상 및 50~60대 여성의 30% 정도가 지방으로의 이주 의향을 가지고 있는 것으로 나타났으며 이러한 대도시의 노인의 희망을 실현하고 지방의 활성화를 가져오는 측면으로 평생 활약의 거리 구상이 가지는 의의가 크다.

그러나 노인 문제와 지역 활성화 문제를 동시에 대응하고자 하는 이상적인 방향성을 제시하고 비교적 저가의 환경을 제시하고 있으나, 낯선 환경에 이주하여 노후를 보내야 하는 점이 노인에게 부담으로 작용하기도 한다. 가능한 노인들이 거주했던 지역에서 CCRC를 조성하여 지역이나 도시 인프라의 연계성을 강화하고 활용하는 사례가 바람직할 것으로 보인다.

참고문헌

- 사쿠시 평생 활약 마을 구상. (2015). https://www.city.saku.nagano.jp/shisei/seisaku_shisaku/usudakatuyaku/usuda-ccrc.files/kousou.pdf
- 사쿠시. (2024). https://city.saku.nagano.jp
- 일본정책투자은행. (2017). 일본판 CCRC에서 생애활약 마을로 - 지방이주 유치시책과 지역 활성화 정책.
- 일본판CCRC구상유식자회의. (2015). 일본판 CCRC 구상.
- 호시노마치 (2024). https://hoshinomachi.jp

CHAPTER

07

향후 한국의 방향은?

한국, 노인을 위한 다양한 주거선택권

홍이경

2025년 한국은 노인인구가 전체인구의 20%가 넘는 초고령사회에 이를 것으로 전망되면서 노인단독가구 및 노인 1인 가구의 증가와 같은 인구구조의 변화를 겪고 있다. 한국 노인주택의 대표적인 유형은 공급주체에 따라 공공이 주도하는 공공형과 민간주도의 민간주도형, 그리고 공공과 민간의 협업형태인 민관협업형으로 나눌 수 있으며 주택형으로서 공공형인 고령자복지주택, 주택형으로 민관협업형인 공동체주택과 사회주택, 시설형으로서 주로 민간에 의해 공급되는 노인복지주택과 노인요양시설 등을 공급하고 있다. 이러한 노인주택의 유형 중 시사점 있는 사례로서 어르신 맞춤형 공동체주택인 해심당(海心堂), 모두를 위한 사회주택인 유디하우스 수유, 귀촌을 위한 은퇴세대의 공동체주택인 제주 오시리가름 협동조합주택, 분양형 노인복지주택인 스프링카운티자이, 집과 같은 노인요양시설인 서초빌리지의 주택 및 주거지 특성과 운영 관리 및 주거지원 서비스 특성을 파악한다. 이러한 다양한 노인주택의 사례를 통해 한국 노인을 위한 다양한 주거 선택의 대안을 모색한다.

1) 노인인구 및 노년부양비 증가

2023 고령자통계 자료(통계청, 2023)에 따르면 한국의 65세 이상 노인인구는 전체 인구의 18.4%인 950만 명이며 2025년에는 노인인구가 전체 인구의 20%가 넘는 초고령사회에 이를 전망이다. 생산연령인구 100명이 부양하는 노인인구를 의미하는 노년부양비는 2023년 26.1명이며, 2035년에는 48.6명, 2050년에는 78.6명으로 증가하면서 노인인구에 대한 생산가능인구의 경제적 부담이 매우 커질 전망이다.

그림 1 한국의 노인인구 및 노년부양비

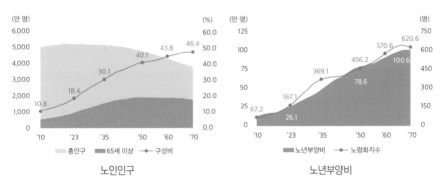

출처: 통계청(2023), 2023 고령자통계

2) 노인 단독 가구 및 1인 가구 증가

가구주 연령이 65세 이상인 노인가구는 2023년 549만 1천 가구로 전체 가구의 25.1%이며 65세 이상 노인가구는 계속 증가하여 2039년에는 천만 가구를 넘고, 2050년에는 우리나라 전체 가구의 절반(49.8%)으로 전망되고 있다. 가구 유형별로 보면 1인 가구가 36.3%로 가장 많고, 부부 35.3%로 노인단독가구의 비율이 71.6%로 대다수를 차지하고 있다.

그림 2 노인 가구비중 및 가구유형별 구성비

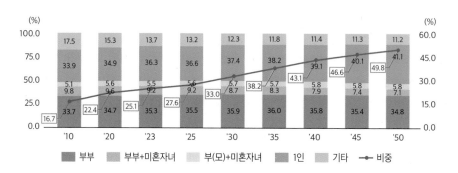

출처: 통계청(2023), 2023 고령자 통계

3) 노인인구의 거주현황

노인이 거주하는 주택유형은 아파트 거주비율이 44.0%로 가장 높았다. 2020년까지는 단독주택 거주 비율이 가장 높았음에 비해 노인가구의 단독주택 거주비율은 계속 감소하고 아파트 거주비율은 증가하는 추세를 보이면서 도시화와 아파트 중심의 거주 특성을 반영하고 있다. 노인가구의 점유형태는 대부분 자가(75.7%)에 거주하여 비교적 안정적인 주거점유형태를 보인다(국토교통부, 2022).

그림 3 노인이 거주하는 주택유형 및 점유형태

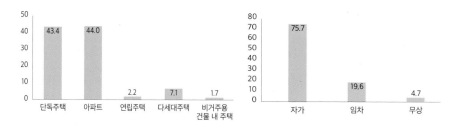

출처: 국토교통부(2022), 2021 주거실태조사(특성가구)

2020년 노인실태조사에 따르면 노인주택의 8.9%는 생활하기에 불편한 구조이고 71.3%는 생활하기 불편한 구조는 아니지만 노인을 배려한 설비가 없는 것으로 나타났으며 노인을 배려한 설비를 갖추고 있는 비율은 19.8%로 나타났다. 또한 노인가구는 일반가구에 비해 주택만족도가 낮았다(국토교통부, 2022). 현재 거주하는 주택에 대해서 만족하지 않는 이유 중 가장 높은 비율은 주방, 화장실, 욕실 등이 사용하기 불편하다는 응답이 32.3%이며, 다음으로 일상생활을 하기에 공간이 좁아서 19.4%, 주택의 출입이 불편해서(출입구, 계단 등) 10.2%로 나타나(보건복지부, 2021) 노인을 위한 주택계획 시 노인을 배려한 공간계획과 설비가 필요함을 시사하고 있다.

그림 4 주택에 대한 생활편리성과 주택만족도

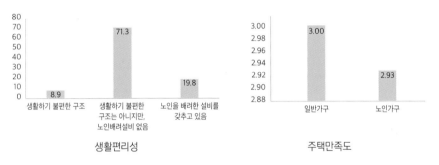

출처: 좌 – 보건복지부(2021), 2020 노인실태조사, 우 – 국토교통부(2022), 2021 주거실태조사(특성가구)

노인의 공공임대주택의 거주현황을 보면 공공임대주택 유형 핵심 5종(영구, 국민, 행복, 기존주택 매입, 기존주택 전세) 중 영구임대주택에 노인의 거주비중(50.8%)이 가장 높다(진미윤 외 2023). 영구임대주택 거주자의 평균 연령은 65.2세로 고령가구가 대부분이고 국민임대 27.9%, 기존매입 17.6%로서 노인의 공공임대주택의 거주비중이 높음을 알 수 있다. 이는 공공임대주택의 공급 후 시간이 경과와 함께 입주자들의 고령화가 진행되면서 향후 더욱 노인의 비율이 높아질 것으로 예상되고 있다. 현행 제도상 공공임대주택은 노인가구만을 대상으로 공급하는 경우는 많지 않고 노인부양 시 가점을 부여하거나 일부 우선순위를 주는 경우가 대부분이며 공급대상도 저소득 노인에게 집중되어 있다.

| 표 1 | 공공임대주택 임대유형별 특성가구의 거주현황 |

구분	영구임대		국민임대		행복주택		기존 매입		기존 전세	
	가구수	비중(%)	가구수	비중(%)	가구수	비중(%)	가구수	비중(%)	가구수	비중(%)
(전체 가구)	150,478	100.0	485,693	100.0	68,765	100.0	108,060	100.0	257,193	100.0
청년	4,831	3.2	43,904	9.0	46,838	68.1	16,410	15.2	50,166	19.5
신혼 부부	0	0.0	6,571	1.4	9,562	13.9	15,638	14.5	50,872	19.8
아동 가구	4,831	3.2	93,333	19.2	631	0.9	14,386	13.3	39,428	15.3
고령자 가구	76,429	50.8	135,688	27.9	7,396	10.8	19,064	17.6	37,639	14.6
중장년 가구	64,386	42.8	206,197	42.5	4,338	6.3	39,143	36.2	67,274	26.2
주거 상향 가구	–	–	–	–	–	–	3,418	3.2	11,814	4.6

출처: 진미윤 외(2023), 공공임대주택 거주실태조사, 토지주택연구원

시설에 거주하는 노인을 보면, 65세 이상 전체 노인인구(8,851,033명, 2021.12.31. 주민등록 인구 기준) 대비 노인주거복지시설에 입소 중인 노인(세대)은 19,383명(세대)(전체 노인의 0.22%)로 아주 미비한 실정이며, 노인의료복지시설에 입소 중인 노인은 214,683명(전체 노인의 2.43%)으로 전체 노인 대비 총 2.65%에 해당하는 매우 적은 수치이다. 입소율의 측면에서 보면 노인주거복지시설 72.6%, 의료복지시설 87.8%로 의료복지시설의 입소율이 높다. 노인주거복지시설 중 노인복지주택의 입소율은(2017~2021년) 90%로 가장 높으며 증가 추세인 반면 양로시설, 노인공동생활가정의 입소율(2017~2021년)은 60% 정도의 낮은 입소율을 나타내고 있다.

표 2 **시설거주 현황**

구분	노인주거복지시설			노인의료복지시설		전체 노인인구 (%)
	양로시설	노인공동 생활가정	노인복지 주택	노인요양 시설	노인요양 공동생활가정	
인구수(명)	9,962	930	8,491	199,134	15,549	8,851,033
비율(%)	0.11	0.01	0.1	2.25	0.18	100
계(명, %)	19,383(0.22)			214,683(2.43)		
	234,066(2.65)					8,851,033(100)

출처: 보건복지부(2023), 2023 노인복지시설현황; 저자 정리

한편 지역사회에서의 계속 거주(Aging In Place, 이하 AIP)하고자 하는 욕구가 증가하면서 노인의 주거와 지역 환경의 중요성이 더욱 높아지고 있다. 2020년 노인실태조사에 의하면 건강 유지 시 노인의 희망거주형태는 현재 집(83.8%)에서 계속 거주하기를 희망하고 건강 악화 시 현재 집에서 재가서비스를 받고(56.5%) 계속 거주하기를 희망하여 AIP에 대한 높은 요구를 보였다. AIP를 위한 각종 서비스에 대한 필요에 대해서는 전반적으로 높은 편으로 특히 재택의료서비스, 병의원 동행 및 외출지원 서비스, 주거환경개선에 높은 욕구를 나타낸다. 이처럼 노인이 살던 곳(지역사회)에서 계속 거주하기 위해서는 안정적 주거환경과 다양한 서비스 지원이 필요하다.

2 한국 노인주택의 유형

한국 노인주택의 대표적인 유형은 공급주체에 따라 공공이 주도하는 공공형과 민간주도의 민간주도형, 그리고 공공과 민간의 협업형태인 민관협업형으로 나눌 수 있으며, 관련 법령에 따라 「주택법」의 적용을 받는 주택형과 「노인복지법」에 따른 시설형으로 나눌 수 있다. 은퇴노인이 선택할 수 있는 주거유형으로서 공공형(고령자복지주택, 어르신 맞춤형 주택), 민관협력형(사회주택, 공동체주택), 그리고 주로 민간에 의해 공급된 노인복지주택과 건강상태가 좋지 않은 노인들을 위한 노인의료복지시설로서 노인요양시설을 중심으로 살펴본다.

표 3 **한국 노인주택의 대표 유형**

구분	주택형				시설형	
공급주체	공공형		민관협업형		민간주도형	
대표 유형	고령자 복지주택	어르신 맞춤형 주택	사회주택	공동체주택	노인복지 주택	노인요양 시설
근거 법령	공공주택 특별법 시행 규칙 제23조 제1항 제1호	공공주택 업무처리지침과 주거취약계층 지원처리지침	서울특별시 사회주택 활성화 지원 등에 관한 조례 제2조 제1항	서울특별시 공동체주택 활성화 지원 등에 관한 조례 제1장 제2조 제1항	노인복지법 제32조 제3항	노인복지법 제34조 제1항
주요 공급주체	국토부, 지자체	지자체, LH, SH	사회적 경제주체 (사회적기업)	사회적 경제주체, 민간 (협동조합)	민간	민간
공급방식	공공임대주택 (영구임대)	매입임대	민간임대 (공공지원)	민간임대 (분양)	민간임대 (분양)	민간임대
연령	65세 이상	65세 이상	제한 없음	제한 없음	60세 이상	65세 이상
소득 수준	월평균소득 50% 이하의 저소득 노인, 생계급여, 수급자 등	도시근로자 월평균소득 70% 이하	소득 6분위 이하 (월평균소득 70~100% 이하)	제한 없음	제한 없음	입소비용의 지불방법에 따라 차등
건강상태	독립적인 생활 가능하여 일상 생활에 지장이 없는 상태	독립생활이 가능한 상태	독립생활이 가능한 상태	독립생활이 가능한 상태	단독취사 등 독립된 주거 생활 가능	치매·중풍 등 노인성 질환 등으로 일상 생활에 도움 필요
특징	문턱 제거, 높낮이조절 세면대 등 무장애 설계 및 복지서비스가 제공되는 사회 복지시설	노인을 위한 공간 및 설계 (무장애, 인지 디자인)	공공의 자본이 투입되고 민간 사회적 경제주체에 의해 공급 운영되는 주택	협동조합형 공동체주택	노인을 위한 각종 공용공간 및 프로그램, 주거서비스 제공	노인을 위한 각종 공용공간 및 프로그램, 의료서비스 제공
대표 사례	시흥 은계, 성남 위례, 분당 목련, 장성 영천 등	해심당 보린주택, 미소주택 등	유디하우스 수락, 상계 등	구름정원 사람들, 제주 오시리가름 등	스프링카운티 자이, KB평창 카운티, VL 르웨스트 등	KB 서초 빌리지, 벨포 레스트 등

1) 공공형 노인주택

■ 고령자복지주택

고령자복지주택은 무장애 설계가 적용된 임대주택과 사회복지시설을 복합하여 무주택 고령자에게 주거와 복지서비스를 함께 제공하는 주택을 말한다. 이 용어의 법률적 근거는「공공주택 특별법 시행규칙」제23조 제1항 제1호에 정의되어 있는데 주택과 사회복지시설이 복합 설치된 영구임대주택, 국민임대주택, 행복주택 또는 통합공공임대주택으로서 노인의 주거 안정을 위하여 국토교통부장관이 해당 지방자치단체와의 협의를 거쳐 지정한 주택을 의미한다. 2016년 '공공실버주택'으로 시작되었으며 2019년 '고령자복지주택' 사업으로 바뀌어 현재까지도 진행되고 있다.

공급주체는 국토부와 지자체의 공공으로서 지자체 등이 주택 수요 및 사회복지시설 운영계획을 제안하고 국가와 사업 시행자는 주택 및 복지공간을 제공한다. 임대주택은 규모에 따라 건설비의 80%를 지원하고 사회복지시설은 1개소당 일정 건설비를 지원한다. 주로 공공임대(영구임대)로 공급되며 전체 주택 호수의 50% 이상(혹은 100호 이상)을 노인용 영구임대주택으로 공급하고 지자체 등이 희망시 국민·행복주택도 함께 공급이 가능해 다양한 세대의 혼합공간구성이 가능하다. 공급대상은 65살 이상이면서 도시근로자 월평균 소득 50% 이하의 저소득 노인, 국가유공자, 장애인, 생계급여 수급자 등 우선권을 가지며 임대료는 시세의 30% 수준이다.

고령자복지주택은 문턱 제거, 무장애설계로 계획되며 복지서비스가 제공된다. 복지서비스는 사회복지시설을 통해 제공되며 지자체가 운영·관리하는데 건강, 생활, 문화활동 등 노인친화형 복지 프로그램을 운영한다. 2023년 6월 기준 총 72곳 7,548호가 선정되었고 27곳 3,254호가 준공되었다(국토교통부, 2023.7.).

그림 5 고령자 복지주택 개념도

고령자 복지주택 개념도

출처: 국토교통부 보도자료(http://www.molit.go.kr/USR/NEWS/m_71/dtl.jsp?lcmspage=1&id=95088641)

■ 어르신 맞춤형 주택

수요자 맞춤형 주택은 다양한 수요자를 고려하여 각 유형에 맞추어 공급하는 주택으로 공공주택 업무처리지침과 주거취약계층지원 처리지침에 따라 지자체장이 입주자와 공급물량을 선정하여 조정하고 결정한다(손능수 외 2022).

LH의 수요 맞춤형 임대주택은 다양한 입주 수요에 따른 맞춤형 공간구성과 다양한 주거서비스를 제공하는 임대주택으로 노인, 청년, 장애인, 예술인 등을 위한 맞춤형 공간 구성과 서비스를 제공하여 입주자의 주거비부담을 낮춰 안정적인 주거생활을 지원한다. 서울시 수요자 맞춤형 주택은 서울시, 서울주택도시공사, 자치구와 상호 협력하여 공급을 추진하고 있다. 노인을 위한 맞춤형 주택으로 의료안심주택과 홀몸어르신주택(보린주택, 미소주택, 은빛주택) 등이 있다.

이들 주택은 공급방식에 따라 건설형과 매입형으로 구분되는데 건설형은 공급자가 직접 주택을 건설하여 공급하며, 매입형은 도시내 다가구주택 등을 매입하여 저렴하게 공급하는 방식이다. 대상자는 신혼부부, 홀몸어르신, 청년 등 주로 가구원수나 가구형태를 고려한 입주자이다. 노인을 위한 어르신 맞춤형 주택은 지자체

주도의 수요자 맞춤형 주택으로 법률에서 규정하고 있는 용어는 아니나 주로 공공매입 임대주택으로 개발되고 있다.

그림 6 서울시 수요자 맞춤형 임대주택의 개념

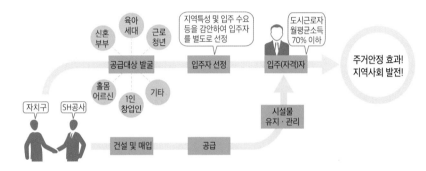

수요자 맞춤형 임대주택이란?
다양한 수요자 특성을 고려하여 각 유형에 맞추어 공급하는 주택이다.

출처: 김진성, 이미연(2019), 수요자 맞춤형주택 사업평가와 발전방안, SH도시연구원

2) 민관협업형 노인주택

공공의 지원을 받아 민간에 의해 주로 공급되는 민관협업형 노인주택으로서 사회주택과 공동체 주택은 노인만을 대상으로 하는 전용주택의 개념은 아니다. 주택의 공급 시 민간과 공공의 협력적 모델로서 사회주택의 경우 사회경제적 약자를 대상으로 소득, 자산기준에 충족하는 노인이 포함되거나, 공동체주택의 경우 은퇴세대 전용 또는 여러 세대가 함께 거주할 수 있는 형태로 개발되고 있다.

■ 사회주택

사회주택은 1인 가구 증가, 청년세대의 주거비 부담 문제 등 민간임대주택 확대가 필요한 상황에서 사회경제적 약자를 대상으로 사회적 경제주체에 의해 공급되는 민간임대주택을 말한다. 노인을 위한 전용주택은 아니지만 주거취약계층, 주거약자 등 입주자격에 해당하는 노인들이 선택할 수 있는 주택유형으로서 주거안정과 주거권을 보장하는 지속가능한 주거대안의 한 유형이다.

사회주택의 법률적 정의는 서울특별시 사회주택 활성화 지원 등에 관한 조례 제2조 제1항(시행 2018.1.4.)에서 "사회주택"이란 사회경제적 약자를 대상으로 주거 관련 사회적 경제 주체에 의해 공급되는 임대주택 등을 말하는 것으로 규정되어 있다. 여기서 사회경제적 약자란 「사회적기업 육성법」에 따른 취약계층, 「장애인·고령자 등 주거약자 지원에 관한 법률」의 주거약자, 공공임대주택 거주자, 무주택 세대구성원, 청년 1인 가구 등을 말하며, 주거 관련 사회적 경제 주체란 비영리법인, 공익법인, 협동조합(연합회), 사회적협동조합(연합회), (예비) 사회적기업, 건설업, 부동산업 및 임대업, 전문, 과학 및 기술서비스업(건축설계 및 관련 서비스업에 한함)에 해당하는 중소기업을 말한다.

사회주택의 공급은 민간과 공공의 협력을 통해 토지임대부, 리모델링 등의 형태로 공급되어 왔다. 토지임대부 사회주택은 공공에서 토지를 민간에 장기간 저렴하게 빌려주면 민간사업자가 그 토지에 주택을 지어 저렴하게 장기 임대해주는 유형으로 공급자에게 토지비 부담을 줄이고 거주자에게는 주거 안정성을 보장한다. 리모델링형 사회주택은 노후된 주택 또는 비주택을 리모델링하여 재임대함으로써 주거환경을 개선하여 안정적인 주거를 공급하는 사회주택이다.

이러한 사회주택은 시세의 80% 수준에서 안정적인 거주기간을 보장하고 있어 최장 10년까지 거주가 가능하다는 특징이 있다. 또한 운영주체는 입주자들이 주도적으로 공동체성을 회복할 수 있도록 다양한 커뮤니티 공간을 활용한 프로그램을 운영·지원한다. 서울시가 공급 완료 및 계획을 가지고 있는 사회주택은 2021년 8월 기준 총 209개 사업장 3,209호이며(정윤혜 외, 2021), 서울시 사회주택 플랫폼에는 총 106개의 사회주택이 등록되어 있다. 사회주택의 입주를 위해서는(2024년 기준) 무주택세대구성원으로서 전년도 도시근로자 월평균 소득기준 120% 이하 소득기준을 충족하여야 한다. 노인의 경우 3억 4,500만 원 이하의 자산기준을 충족하여야 한다.

■ 공동체주택

공동체주택은 1인 가구 증가, 주거비 상승, 공동체 해체로 인한 고립, 주거불안, 육아, 등의 문제를 개인이 아닌 입주자가 함께 해결하기 위해 입주자들이 공동체공간 커뮤니티 공간과 공동체 규약을 갖추고 입주자 간 공동 관심사를 상시적으로 해결하여 공동체 활동을 생활화하는 주택을 의미한다(서울시 공동체주택 플랫폼). 공동체주택 역시 노인전용을 위한 주택유형은 아니지만 그 유형에 따른 입주자격에 해당하거나 협동조합을 조직하여 자립적 공동체를 만들 수 있다.

공동체주택은 공동체 공간이라는 물리적 요소와 공동체규약이라는 사회적 요소를 포함한 유형적 특징을 가지고 있으며 공동의 가치나 목적을 가진 사람들이 함께 거주하는 주택으로 공동체 공간과 공동체 규약을 바탕으로 생활문제를 해결하는 주택을 의미한다. 이러한 개념은 「서울특별시 공동체주택 활성화 지원 등에 관한 조례」 제2조 제1항에 명시되어 있는데(시행 2017.7.13.) "공동체주택"은 「주택법」 제2조에 따른 주택 및 준주택으로 입주자들이 공동체공간과 공동체규약을 갖추고, 입주자간 공동 관심사를 상시적으로 해결하여 공동체 활동을 생활화하는 주택으로 규정되어 있다.

공동체주택의 유형은 임대형 공동체주택과 자가소유형 공동체주택으로 나뉘며 임대형 공동체주택은 공공임대형, 민관협력형, 민간임대형으로 구분된다. 공동체주택은 사업 활성화를 위한 제도적 지원을 받는데 공공으로부터의 토지임대, 사업시행을 위한 건설자금 융자 및 보증, 입주자를 위한 전세자금보증 등을 주요 내용으로 하고 있다(최민아 외, 2021). 공동체주택의 건설자금 조달은 총 사업비의 90% 범위내 대출시 대출보증 및 이자 지원을 받을 수 있으며 임대료 및 분양가는 시세의 95% 이하로 설정해야 한다. 민관협력형의 경우 최장 40년 동안 거주할 수 있고 민간임대형과 자가소유형은 거주기간이 제한이 없다.

표 4   **공동체주택 공급유형의 특징**

순위	공공임대	민관협력 (토지임대부)	민간임대	자가소유
공급방식	신축	신축	신축	신축
대상건물	다가구 매입임대주택 (자치구수요맞춤형)	다가구 다세대, 도시형생활주택, 공동주택(아파트)	다가구 다세대, 도시형생활주택, 공동주택(아파트)	다가구 다세대, 도시형생활주택, 공동주택(아파트)

사업주체	건설, 주택관련 등록 사업자(중소기업 포함)			조합 및 3가구 이상 개인(사업증소지)
지원내용	입주 전후 프로그램 운영(공동체주택 코티네이터 파견)	공공토지 장기저리 임대(최대 40년,3년 예금금리), 건설자금 융자/이자 지원 (사업비 90%, 이자 2%, 8년)	건설자금융자/이자 지원(사업비 90%, 이자 2%, 8년)	건설자금융자/이자 지원(사업비 90%, 이자 2%, 8년)
공급대상	도시근로자 월평균 소득 50% 또는 70% (신혼부부, 청년)	무주택자	제한 없음	무주택자
공급조건	최장 20년, 시세 50%	시세 95%	시세 95%	시세 95%

출처: 최민아 외(2021), 공동체주택 활성화를 위한 제도 개선 및 사업지구 적용방안

3) 민간주도형 노인주거시설

한국 '노인복지법」 제31조에 규정된 노인복지시설은 노인주거복지시설, 노인의료복지시설, 노인여가복지시설, 재가복지시설 등 7개의 유형으로 분류되며 노인의 일상생활에 필요한 편의를 제공하는 주거복지시설은 양로시설, 노인공동생활가정, 노인복지주택으로, 건강상 요양이 필요한 노인을 위한 노인의료복지시설은 노인요양시설, 노인요양공동생활가정으로 분류되며 그 내용은 다음과 같다(표 5).

표 5 **노인복지시설의 종류와 내용**

	종류	설치목적	입소대상
노인 주거 복지 시설	양로시설	노인을 입소시켜 급식과 그 밖에 일상생활에 필요한 편의를 제공	• (무료) 65세 이상 생계급여 또는 의료급여 수급자, 부양자로부터 적절한 부양을 받지 못하는 65세 이상의 자 • (실비) 전년도 도시근로자 월평균소득액 이하인자로 65세 이상의 자 • (유료) 60세 이상의 자
	노인공동 생활가정	노인들에게 가정과 같은 주거여건과 급식, 그 밖에 일상생활에 필요한 편의를 제공	
	노인복지 주택	노인에게 주거시설을 분양 또는 임대하여 주거의 편의·생활지도·상담 및 안전관리 등 일상생활에 필요한 편의를 제공	단독취사 등 독립된 주거생활을 하는 데 지장이 없는 60세 이상의 자

노인 의료 복지 시설	노인요양 시설	치매·중풍 등 노인성 질환 등으로 심신에 상당한 장애가 발생하여 도움을 필요로 하 는 노인을 입소시켜 급식·요양과 그 밖에 일상생활에 필요한 편의를 제공	노인성질환 등으로 다음 각 호의 어느 하나 에 해당하는 자 가. 장기요양급여수급자 나. 기초수급권자로 65세 이상의 자 다. 부양의무자로부터 적절한 부양을 받지 못 하는 65세 이상의 자 라. 입소자로부터 입소비용의 전부를 수납하 여 운영하는 경우는 60세 이상의 자
	노인요양 공동생활 가정	치매·중풍 등 노인성 질환 등으로 심신에 상당한 장애가 발생하여 도움을 필요로 하 는 노인에게 가정과 같은 주거여건과 급 식·요양, 그 밖에 일상생활에 필요한 편의 를 제공	

출처: 「노인복지법」 제32~34조, 「노인복지법 시행규칙」 제14~15조에서 규정한 노인복지시설의 종류와 내용을 정리

■ 노인복지주택

흔히 실버타운이라 불리는 노인복지주택은 노인주거복지시설 중 하나로 노인에게 주거시설을 임대하여 주거의 편의·생활지도·상담 및 안전관리 등 일상생활에 필요한 편의를 제공함을 목적으로 하는 시설이다(노인복지법 제32조 제3항). 이의 설치에 대해 국가 또는 지방자치단체는 노인주거복지시설을 설치할 수 있고, 국가 또는 지방자치단체 외의 자가 노인주거복지시설을 설치하고자 하는 경우에는 특별자치시장, 특별자치도지사, 시장, 군수·구청장에게 신고해야 함을 명시하고 있다. 또한 시설, 인력 및 운영에 관한 기준과 설치신고, 설치·운영자가 준수하여야 할 사항, 그밖에 필요한 사항을 보건복지부령으로 정하고 있다.

입소정원은 30세대 이상의 규모를 가져야 하며 노인의 활동에 편리한 휠체어 이동이 가능한 공간의 확보, 미끄럼방지, 안전손잡이 부착, 소화용 기구비치 및 비상구 설치, 입소자의 건강한 생활영위를 위한 도서관, 스포츠·레크리에이션 시설 등을 갖추어야 한다. 노인복지주택 의 시설기준으로는 침실 1, 관리실 1(사무실·숙직실 포함), 식당 및 조리실 1, 체력단련실 및 프로그램실 1, 의료 및 간호사실 1, 식료품 또는 매점 1, 비상재해대비시설 1, 경보장치 1을 설치해야 한다(노인복지법 시행규칙 제17조 제1항 별표 2).

2022년 12월 31일 기준 노인복지주택으로 등록된 시설은 총 39개소이며 이중 서울 11개소, 경기도 15개소로 수도권에 거의 집중되어 있다. 그 외 전북 4개소, 경남 2개소, 부산, 인천, 대전, 세종, 강원, 충남, 경북에 각 1개소씩 운영되고 있다. 노인복지주택의 입소현황을 보면 전체 8,840세대 중 8,121세대가 입주해

있어 입소율 91.2%에 달하고 있으며 노인복지주택당 평균 입주세대수는 200세대 이상으로 비교적 대규모이며 주로 민간 영리주체인 개인, 주식회사나 재단법인, 학교법인 등의 단체와 같은 민간주도로 공급된다(보건복지부, 2023).

■ 노인요양시설

노인요양시설은 치매·중풍 등 노인성질환 등으로 심신에 상당한 장애가 발생하여 도움을 필요로 하는 노인을 입소시켜 급식·요양과 그 밖에 일상생활에 필요한 편의를 제공함을 목적으로 하는 시설(노인복지법 제 34조 제1항)로 노인의료복지시설에 해당한다. 노인요양시설도 노인복지주택과 마찬가지로 국가 또는 지방자체단체가 노인의료복지시설을 설치할 수 있고, 국가 또는 지방자치단체 외의 자가 노인의료복지시설을 설치하고자 하는 경우 특별자치시장, 특별자치도지사, 시장, 군수·구청장에게 신고해야 함을 명시하고 있다. 또한 시설, 인력 및 운영에 관한 기준과 설치신고, 설치·운영자가 준수하여야 할 사항, 그밖에 필요한 사항을 보건복지부령으로 정하고 있다.

노인요양시설은 입소정원이 10명 이상 이어야 하고, 입소정원 1명당 연면적 23.6m² 이상의 공간을 확보해야 하며 시설의 구조 및 설비는 일조·채광·환기 등 입소자의 보건위생과 재해방지 등을 충분히 고려해야 한다. 복도·화장실·침실 등 입소자가 통상 이용하는 설비는 휠체어 등이 이동 가능한 공간을 확보해야 하며 문턱제거, 손잡이시설 부착, 바닥 미끄럼 방지 등 노인의 활동에 편리한 구조를 갖춰야 함을 규정하고 있다(노인복지법 시행규칙 별표 4).

2022년 12월 31일 기준 노인요양시설로 등록된 시설은 총 4,346개소이며 이 중 경기도 1,549개소로 가장 많이 분포되어 있으며 서울 229개소로 수도권에 상당수가 집중되어 있다. 그 외 경북 305개소, 인천 392개소, 충남 250개소 순이다. 노인요양시설 전체 입소정원 216,784명 대비 171,899명이 입소해 있어 79.3%의 입소율에 달하며 1개 요양시설당 평균 약 50명 정도의 입소규모로 공급되고 있다. 노인복지주택과 마찬가지로 민간주도로 공급되고 있다(보건복지부, 2023).

그림 7 노인복지시설의 연도별 현황

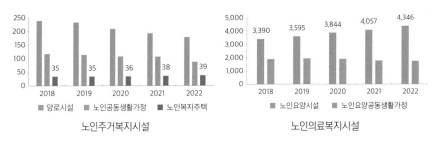

노인주거복지시설

노인의료복지시설

출처: 보건복지부(2023), 2023 노인복지시설현황

3 사례

1) 어르신 맞춤형 공동체주택: 해심당(海心堂)

■ 개요

해심당은 기존 노후주택을 LH가 매입·철거·신축한 매입임대주택으로 어르신들이 살던 곳에서 건강한 노후 실현이 가능하도록 안정적인 주거 제공 및 주거서비스를 연계한 어르신 맞춤형 주택이다. '바다와 같은 마음과 따뜻한 햇살이 있는 집'을 의미하는 해심당(海心堂)은 주거편의시설과 건강, 돌봄 등의 서비스가 연계된 생활형 SOC 공간이 일체화된 공공임대주택으로 노인과 함께 거동이 불편한 이들도 거주할 수 있도록 설계되었고 LH 최초로 소규모주택 BF 인증[1]을 취득했다.

해심당의 입주자격은 서울시 도봉구에 주민등록이 등재되어 있는 무주택 세대구성원인 만 65세 이상의 노인을 대상으로 1, 2순위 자격을 갖춘 자이다. 입주절차는 LH와 지자체의 모집공고가 나면 입주대상자의 신청접수 후 입주자격에 대

---

1 BF(Barrier Free) 인증 제도는 「장애물 없는 생활환경 인증에 관한 규칙」에 근거하여 어린이, 노인, 장애인, 임산부뿐만 아니라 일시적 장애인 등이 개별시설물 접근, 이용, 이동함에 있어 불편을 느끼지 않도록 계획·설계·시공·관리 여부를 공신력 있는 기관이 평가하여 인증등급을 부여하는 제도이다.

한 검색절차를 거쳐 예비입주자를 선정하고, 이후 계약체결 및 입주가 이루어진다. 계약기간은 2년이며 입주자격 유지 시 2년 단위로 재계약이 가능하며 9회까지 가능하여 최장 20년까지 거주가 가능하다. 임대조건은 시중 전세가의 45% 이하 수준의 임대보증금과 임대료를 지불하면 되는데, 임대보증금은 29.92m²(1인용)의 경우 7,421,000원, 월임대료 378,700~384,210원, 부부형인 42.40m²의 경우 보증금 10,390,000원, 월임대료 431,340원이며 월임대료의 60% 한도 내에서 보증금으로 전환이 가능하다. 현재 65세 이상 단독가구, 부부가구, 장애인가구 등 22명이 해심당에 거주하고 있다(이연숙 외, 2023).

표 6 해심당 사례 개요

주소	서울시 도봉구 시루봉로 15나길	
주택 형태	연립주택(어르신 맞춤형 공동체주택)	
준공 연도	2021.5.	
층수 및 실	지하 1층, 지상 4층, 21가구	
계약조건	만 65세 이상의 무주택 노인	
임대료	• 보증금 52,518,000~60,551,000원 • 월임대료 150,000~171,000원	
개발·공급	서울시, LH	

출처: 발주처 – LH, 건축가 – 지음플러스(김성훈 대표)

■ 주택 및 주거지 특성

해심당은 500m 반경에 주민센터, 종합사회복지관, 도깨비 시장 등 노인들을 위한 다양한 주거편의시설이 위치해 있으며 10분 이내 지하철 역에 접근 가능한 곳에 있다. 주택의 규모는 지하 1층, 지상 4층, 연립주택 1개동으로 총 21가구로 구성되어 있다. 대지면적 665.70m², 건축면적 356.56m², 연면적 1,488.75m²이며 각 호별 전용면적은 1인 가구형 29~32m², 부부형은 37~42m²이다. 모든 개별주택은 약 33m² 내외의 원룸형으로 구성되어 있으며 노인과 함께 거동이 불편한 이들도 거주할 수 있도록 장애물 없는 생활환경이 계획되었다.

그림 8 해심당 평면도

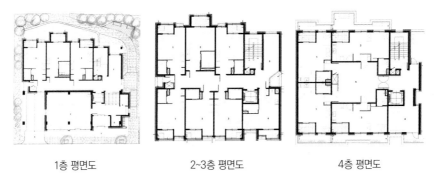

| 1층 평면도 | 2~3층 평면도 | 4층 평면도 |

출처: 발주처 - LH, 건축가 - 지음플러스(김성훈 대표)

해심당은 전 층과 옥상에 커뮤니티 공간을 갖추고 있다. 각 층마다 입주민들의 소통을 위한 공간인 소담터가 배치되었고, 알코브형 현관 및 복도 폭에 변화를 주어 입주민끼리 교류와 소통이 가능하도록 계획되었다. 4층에는 휴식, 교류, 여가 활동을 지원할 수 있는 천창이 있는 복도(안마당)가 조성되어 있다. 디자인 주요 콘셉트는 고령자를 위한 바이오필릭 디자인이 옥상녹화, 입면, 실내특화공간 등에 적용되어 있다. 옥상 텃밭은 먹을거리로 활용할 수 있는 채소와 허브, 꽃과 열매 등으로 꾸며져 있으며, 거주민들과 이용자들이 자연과 쾌적한 분위기를 느낄 수 있도록 계획되었다. 이를 통해 노인의 면역력 증대, 치유 및 힐링 등 심리적 안정을 도모하고 있다. 각 층 공용공간에는 벽면녹화를 적용한 바이오필릭 디자인을 건축계획에 반영하여 실내공간에서도 자연을 만날 수 있다. 1층에는 지역커뮤니티 공간인 카페 '향'을 설치하여 지역주민들과 함께 사용하고 있으며 지하 공간에는 8대를 주차할 수 있는 주차장과 노인일자리 사업을 연계할 작업공간이 마련되어 있다.

세대별 개별공간은 1층 장애인, 2층 여성노인, 3층 남성노인, 4층은 부부로 구분하여 세대특성에 맞게 공간을 구성하고, 노인들이 복도 및 현관문의 색채, 질감 등을 통해 자신의 집을 쉽게 찾을 수 있도록 인지건강 디자인이 적용되었다. 홀몸 어르신의 고독사 방지를 위해 움직임 자동감지센서를 설치하고 주출입구 CCTV

설치 등 안전장비를 갖추고 있다. 개별공간은 원룸형으로 되어 있으며 설계단계에
서부터 노인주택으로 계획되어 문턱이 제거되어 있고, 엘리베이터, 안전손잡이, 비
상벨, 거실 안전등이 설치되어 있다.

그림 9 해심당의 내외부 전경

옥상정원(키친가든)	4층 휴게공간	2층 휴게공간
4층 안마당	1층 복도	카페 향
1층 장애인용 화장실	세대 출입구	세대내 거실안전등, 욕실 비상벨

출처: 저자 직접 촬영

■ 운영 및 관리 특성

해심당의 운영 및 관리는 사회적 경제주체인 유니버설하우징 협동조합에 일부
위탁하여 운영되고 있다. 유니버설하우징 협동조합은 임대차계약, 임대료 수납 등
임대운영과 입주자관리, 주택관리 업무, 프로그램 운영을 수행하며 시설 및 커뮤

니티 담당 1인과 임대관리 1인이 해심당을 담당하고 시설 및 커뮤니티 담당 1인은 비상주로 필요시 방문하여 각종 민원을 해결하고 있다. 건물의 하자보수는 LH 담당으로 유니버설하우징 협동조합은 LH에서 선정한 매입임대주택 위탁관리업체에 하자관리를 요청할 수 있으며 호당 월 1만 원 내외 금액이 소요된다. 근생시설은 도봉구 시니어클럽이 관리 및 운영을 담당하고 있다. 해심당의 생활규칙 또는 운영 매뉴얼은 '서울시 사회주택 커뮤니티 관리 규약 가이드라인'을 참고로 수정·보완해서 사용하고 있다. 입주민자치회에서 자치규약을 정하였으며 자치규약에 따라 매월 1회 반상회를 진행하고 이때 필요한 교육에 대해 회의를 진행한다(손능수 외 2022). 관리비는 월 5만 원 내외로 CCTV 유지비, 안심서비스, 승강기유지보수, 공용부 청소 및 소독, 공동전기 및 수도요금, 인터넷, 케이블TV 및 일반관리비를 포함하고 있고 공과금은 세대별 사용요금만 부과하고 별도의 지원제도는 없다.

■ 주거지원서비스

해심당은 노인의 자립적 생활을 위한 일자리 창출과 공동체형성을 위한 서비스 등 주거지원서비스가 지원되고 있다. 도봉구 시니어클럽과 연계하여 카페 "향"을 운영하고 어르신 바리스타 사업 등 일자리를 창출하여 노인의 경제활동을 지원하여 자립적이고 활동적인 노후생활이 가능하도록 하고 있다. 초기에는 도봉구 주거복지 협력사업의 일환으로서 입주자를 고용하여 입주노인의 경제활동을 지원할 예정이었으나 입주자가 75세 이상의 후기 노인이 많아 1층 카페는 도봉구 시니어클럽이 관리·운영을 담당하고 있다. 현재 입주민 2명이 파트타임으로 카페에 근무하고 있으며 건물 청소에 2인이 시간제로 참여하고 있다.

또한 공동체 형성을 위해 서울시 도시농업 협력사업의 지원을 받아 옥상에 텃밭 정원이 조성되어 있다. 다양한 생물과 식물이 상호작용하는 지속가능한 정원과 농업이 결부된 파머컬처로 설계되어 다양한 생태계가 공존하는 도심 정원 역할을 하고 있다. 옥상정원을 중심으로 주민들의 커뮤니티를 도모하고자 비빔밥 및 BBQ 파티 등 이벤트성 프로그램을 진행하고, 이러한 활동을 통해 입주자 만족도가 높게 나타났다. 도봉구 도시농업지원센터에서 강사를 파견하여 입주민 교육과 상자텃밭, 모종과 퇴비를 지원하고 있으며, 파트타임으로 텃밭을 관리하고 있는 2

명의 입주자의 인건비도 지원하고 있다. LH에서는 주거공동체 자율운영 매뉴얼 수립 및 공동체 코디네이터를 활용한 공동체 활성화 지원하고 있는데 입주한 입주자의 대부분이 후기노인으로 활동이 활발히 이루어지지는 않고 있다. 6개월간 (2020.6.12.~12.18.) LH 홀몸어르신 돌보미 파견사업의 지원을 받아 입주초기 입주자 상담 및 민원을 해결하였으나 홀몸어르신 돌보미 파견사업은 단기파견 근로자로서 지속성은 낮았다.

그림 10 해심당의 공동체 활동

출처: 입주자 제공

2) 모두를 위한 사회주택: 유디하우스 수유

■ 개요

유디하우스 수유는 서울토지지원리츠 토지임대부 사회주택이다. 공공지원 민간주택으로서 유니버설하우징 협동조합이 개발·공급하였다. 청년, 신혼부부, 노인, 장애인, 비장애인 등 모든 세대가 함께 어울려 살 수 있도록 계획되었으며 건축물 전체에 '유니버설디자인'을 적용하였다. 주택의 층수는 지하 1층, 지상 5층이며 총 16세대와 공용시설인 커뮤니티공간 1호, 근린생활시설 1호가 계획되어 있다.

표 7	유디하우스 수유 사례 개요	
주소	서울시 강북구 삼각산로 28길 84	
주택 형태	도시형 생활주택(다세대주택)	
준공 연도	2020년 10월	
층수 및 실	지하 1층, 지상 5층(주택 16세대, 커뮤니티 1호)	
계약조건	서울시에 거주하는 무주택자(소득, 자산, 자동차가액 기준을 충족)	
임대료	• 보증금 7,200만 원(원룸형)~1억 900만 원(2침실형) • 월임대료 138,000~207,000원	
개발·공급	유니버설하우징협동조합	

출처: 유니버설디자인협동조합 홈페이지(https://udhouse.co.kr/ud-house/soo-yoo/#)

입주자격은 모집공고일 현재 서울시에 거주하는 무주택자로서 소득(전년도 도시근로자 가구원수별 가구당 월평균소득의 120% 이하), 자산(노인의 경우 가계금융복지조사에 따른 소득 3분위 가구의 순자산 평균값 이하), 자동차가액 기준(공공임대주택 자동차가액 산정기준 적용)을 충족하여야 한다. 임대기간은 최초 2년 계약으로 2년 단위 계약 갱신이 가능하며 최장 10년 거주가 가능하다(4회까지 재계약 가능). 임대조건은 인근시세 대비 80% 이하의 임대료가 적용되며 임대보증금 및 임대료 인상의 제한이 있다(2년 5% 이내). 주택의 임대료는 주택의 규모에 따라 원룸형의 경우 보증금 7,200만 원이며, 2침실형의 경우 1억 900만 원이고, 월임대료는 138,000~207,000원이다.

■ 주택 및 주거지 특성

주택의 입지는 서울 4호선 수유역, 화계역 5분 거리에 위치해 있으며 내부순환도로, 동부간선, 북부간선도로의 접근이 용이하다. 주변에는 오패산, 북한산국립공원 둘레길 3구간, 우이천 등이 1km 이내 위치해 있어 자연 환경이 양호하다. 경사진 대지에 놓인 주택은 마을길의 자연스런 연장을 통해 배치되었으며 동네 사람들과의 교류가 촉진되는 소통의 장소로 활용된다.

주택의 공용시설로는 엘리베이터, 무인택배보관함, 자전거보관소, 옥상정원, 커뮤니티실 등이 있다. 코어(엘리베이터 계단)를 주택의 중심에 배치하여 공용공간을 확보하였는데, 4세대의 중심에 위치한 공용공간은 노약자와 장애인의 이동편의성을 확보하고 일상 생활공간의 영역을 확대시켜 세대간 다양한 교류와 만남의 장소로 이용될 수 있도록 하고 있다. 안전에 대비하기 위해 각 층에는 응급처치용 AED(자동심장충격기)가 설치되어 있다. 특히 1층에는 접근성을 고려하여 자동문과 점형 점자블록과 전동휠체어의 회전반경을 확보한 15인승 엘리베이터가 설치되어 있다. 또한 인지공간디자인을 적용하여 입주자가 거주하는 2~5층 공용부분의 색채를 다르게 계획하고 있다. 주택의 평면은 원룸형, 1침실형, 2침실형으로 총 6개의 평면타입으로 구성되어 있으며 세대 내에는 기본적으로 신발장, 붙박이장, 냉장고, 세탁기, 에어컨, 인덕션 등이 제공된다.

그림 11 유디하우스 수유의 평면도

평면도(2층) 202호(UD 플러스, 전용 27.99m²) 201호(UD 베이직, 전용 28.63m²)

출처: 유니버설하우징협동조합 홈페이지(https://udhouse.co.kr/ud-house/soo-yoo/#)

유디하우스 수유는 장애인, 노인 등 주거약자들도 편리하게 생활할 수 있도록 유니버설디자인[2]을 적용한 주택이다. 이 주택은 유니버설디자인 적용범위에 따라 '유니버설디자인베이직(UD베이직)'과 '유니버설디자인플러스(UD플러스)' 2가지 타입으로 구분되며 총 16세대 중 UD 베이직 12세대+UD 플러스 4세대로 구성되어 있다. UD 베이직에는 주택 전체(접근부, 공용부, 세대내부)에 적용되는 기준으로

---

2 유니버설디자인(Universal Design)이란 연령·성별·능력에 관계없이 모든 사람들이 최대한 사용하기 편리하게 만들어진 제품이나 환경에 대한 디자인을 말한다.

노인, 장애인을 포함한 모두가 편리하게 생활할 수 있는 기본적인 기준을 적용하여 무단차(단차 2cm 이하 포함), 충분한 문/복도/계단 폭, 넓은 엘리베이터, 구획된 공간별(화장실, 주방 등) 최소 면적 기준 적용, 안전손잡이, 바닥 미끄럼방지, 자동심장충격기 등을 설치한다. UD 플러스에는 노인, 장애인 등 이동·주거약자들이 편리하게 생활할 수 있도록 전용세대 맞춤형 기준을 적용하여 휠체어보관소, 높낮이 조절 세면대, 접이식 샤워 의자와 침대 등 필요한 제품, 가구, 설비 및 공간 등을 제공하고 있으며 향과 조망을 고려하고 사용자의 행동특성을 반영한 평면 레이아웃이 적용된다.

그림 12 유니버설디자인이 적용된 유디하우스 수유

| 주출입구 무단차 | 세대 내 무단차 | 미닫이문 |

출처: 저자 직접 촬영

■ 운영 관리 및 주거지원 서비스 특성

관리비는 월 7만 원 정도로 공용부 청소비, 공용비 공과금, 각종 수수료 등 실제 발생한 비용이 실비로 청구되며 주차장 이용자는 정기주차비 월 3만 원을 납부한다. 세대 공과금(수도, 전기, 가스)과 인터넷 사용료는 각 세대가 수납기관에 직접 납부한다. 유디하우스 수유는 자발적 사회교류 프로그램을 제공하고 있는데 지하층에서부터 1층 공유카페, 필로티주변, 2~5층의 공용공간, 그리고 옥상의 공유 텃밭으로 연결되는 공용공간을 통해 단순한 공간이 아닌 하나의 마을로 인식되도록 하며 공유프로그램을 통해 더불어 살아가는 공동체를 위한 물리적 토대로서 입주자와 주민들 간의 자치와 연대를 전제로 운영된다.

그림 13 유디하우스 수유의 공용공간

주택 입구

1층 공용부

옥상

2~5층 세대 앞 공용부

출처: 유니버설하우징협동조합 홈페이지 (https://udhouse.co.kr/ud-house/soo-yoo/#)

3) 귀촌을 위한 은퇴세대의 공동체주택: 제주 오시리가름 협동조합주택

■ 개요

제주 오시리가름주택은 제주 표선면 가시리 자연취락지구에 건립된 은퇴세대
를 위한 협동조합주택으로 은퇴를 앞둔 16가구가 모여 공동으로 땅을 구입하고
집을 짓고 소유권은 조합이 갖는 협동조합 주택단지이다. '오시리가름'이라는 명칭
은 '가시리'라는 지역명에 '자주 오라'는 의미와 마을이라는 뜻의 제주 방언 '가름'
을 합한 이름이다.

오시리가름 주택협동조합[3]은 국내 최초 주택협동조합인 하우징쿱 주택협동조

---

3 주택협동조합은 공동으로 소유되고 민주적으로 운영되는 주택공급과 관리사업을 하는 법인
   체를 통하여 안전하고 경제적이고 편리하고 아름답고 쾌적한 주택 및 커뮤니티에 대한 필요와
   욕구를 충족시키기 위하여 주택소비자들이 자발적으로 모여 결성한 자율적 단체이다(기노
   채, 2017).

합에서 나온 2호 주택으로 전체 토지면적 6,965m²에 단독주택이 군락을 이루는 형태로 구성되어 있다. 단독주택 16동, 조합원 커뮤니티 시설 1동, 작은도서관 1동과 구옥 1동은 리모델링을 거쳐 청년공유주택이 포함되어 있으며 2016년 10월 제11회 한국농촌건축대전에서 완공건축부문 대상을 수상했다. 오시리가름 주택 조합원들은 은퇴를 준비하거나 은퇴한 세대들로 이들 대부분은 은퇴한 2인 가구로서 서울과 제주를 오가며 살다가 점차 제주에 정착하기를 바라고 있다.

표 8   제주 오시리가름 사례 개요

주소	제주특별자치도 서귀포시 표선면 가시리 2054-1외 7필지	
주택 형태	단독주택 16동, 커뮤니티하우스 1동, 작은도서관 1동, 청년 공유주택1동	
준공 연도	2016년 3월	
면적	6,965m²(대지), 1,260m²(건축)	
공사비	가구당 3억 원 전후	
건축주	오시리가름 주택협동조합	
시공·설계	아틀리에건설(주), EMA 건축사사무소(주)	

출처: 건축설계 – EMA 건축사사무소(이은경 대표), 사진작가 – 노경(Kyung Roh)

■ 주택 및 주거지 특성

제주 오시리가름 주택 16가구는 가시리 마을 자연취락지구 대지에 지어진 단독주택들로서 각 주택은 2층으로 설계되었고 면적은 79~102m²이다. 단독주택들의 외관은 비슷하지만 주택 내부구조는 거주자가 원하는 설계를 반영하여 다양하게 계획되어 있다. 주택들은 대지 중앙에 있는 길을 중심으로 배치되어 있으며 조금씩 다른 방향을 바라보도록 하여 사생활을 보호와 함께 공동 주차장에서 집에 가는 동안 각 주택의 창문을 통해 이웃과의 상호작용이 이루어질 수 있도록 하고 있다.

공용공간인 커뮤니티하우스는 조합원들이 사용하는 공간으로 공동주방과 식당을 계획하여 16가구가 같이 식사하며 이야기를 나눌 수 있고 한 달에 한 번 조합의 회의를 가진다. 이 커뮤니티하우스는 단지 후면에 위치해 있다. 또 다른 공용

공간인 작은도서관은 지역사회에 개방하여 지역주민들과 함께 사용할 수 있도록 하였으며 단지 전면에 배치되어 있다. 단지의 양끝에 주차장을 배치하여 단지 안은 보행자 공간과 조경으로 계획되어 있다.

약 100m² 정도 규모의 각 주택들은 1층은 면적이 넓고 2층은 작은 것을 기본으로 하면서 평면은 16가구 모두 다르게 계획되어 있다. 1층에는 개방감 있는 마당을 계획하여 주민들과의 상호작용도 이루어질 수 있도록 하면서 2층에는 테라스를 두어 사적 공간을 갖도록 하고 있다. 또한 제주 지역의 자연재료를 이용하여 주변지역과 조화를 이루고 있다.

■ 운영 관리 및 주거지원 서비스 특성

이곳 주택 조합원은 언론인·의사·변호사·금융인 등 직업이 다양한데 각자의 전문지식과 경험을 활용해 주택조합의 결성과 사업진행에도 큰 역할을 하였다. 또한 작은 도서관을 조합원들의 독서나 회의 장소로서 사용하는 것뿐만 아니라 지역주민에게도 개방하여 귀촌한 지역사회와의 교류를 넓히고 있다. 공용공간인 커뮤니티하우스에서 조합원들 간에 식사나 대화, 취미활동, 파티등의 용도로 사용하며 한달에 한번 조합 월례회의를 통해 자발적인 공동체를 유지한다. 오시리가름 주택 조합원들은 개인의 행복과 프라이버시에 대한 존중이 우선되고 좋은 이웃과 함께 대화하고 작고 느슨한 공동체 활동을 통해 생활한다.

그림 14 제주 오시리가름의 내외부 전경

주택단지

커뮤니티하우스 내부

출처: 건축설계 – EMA 건축사사무소(이은경 대표), 사진작가 – 노경(Kyung Roh)

4) 분양형 노인복지주택: 스프링카운티자이

■ 개요

스프링카운티자이는 용인시에 위치한 분양형[4] 노인복지주택으로 총 1,345세대의 대규모로 공급되었다. 주택의 매매(소유권 이전) 및 전세 월세의 임대가 가능하다. 입주자격은 노인복지주택의 입주자격인 단독취사등 독립된 주거생활을 하는데 지장이 없는 60세 이상의 자 이다. 분양가는 평당 1,000만 원 정도로 24평형 기준 2억 1,000만 원~31평형 3억 5,000만 원이며 현재는 분양이 완료되었다.

표 9 스프링카운티자이 사례 개요

주소	용인시 기흥구 동백죽전대로 333	
주택 형태	노인복지주택(아파트)	
준공 연도	2019년 10월	
세대수	• 8개동 지하 5층~지상 25층 1,345세대 • 전용면적 47m², 59m², 73m², 74m²	
계약조건	60세 이상, 독립된 생활이 가능	
분양가	3.3m²당 1,000만 원 선	
관리비	일반관리비(24평형 기준 월 25만 원 정도)+식비(1세대당 1식 의무식, 월 23만 원 정도)	
개발·공급	GS건설	

출처: 스프링카운티자이 홈페이지(http://yiscxi.xisnd.co.kr/page/view); 저자 직접 촬영

■ 주택 및 주거지 특성

스프링카운티자이는 도시근교인 용인 동백지구에 위치해 있으며 강남, 광교, 판교까지 이어가는 수도권 교통 중심지로서 동백역과 어정역에 가까이 입지해 있

---

4 2015년에 분양형 노인복지주택은 폐지되었고 임대형만으로 주택을 설치 운영하도록 되어 있다. 그러나 2024년 7월 민간영역에서의 시니어 레지던스 활성화를 위해 임대형을 일정비율 포함한 新분양형 실버타운(노인복지주택)을 인구감소지역(89개소)에 도입('24 .下 노인복지법 개정 추진)할 예정이다(대한민국 정책브리핑, 2024).

다. 또한 용인세브란스 병원이 바로 인접해 있어 보다 편리하게 의료서비스를 받을
수 있다.

노인의 다양한 활동 지원과 서비스 제공을 위해 두 개의 자이안센터를 중심으
로 공용공간이 집중 배치되어 있다. 센터 1에는 노인거주자의 생활지원을 위한 생
활지원센터 및 시설팀이 위치해 있으며 센터 2에는 복지지원센터사무실과 건강관
리실이 배치되어 노인을 위한 건강 및 생활지원 서비스를 제공하고 있다. 건강을
위한 공간으로서 피트니스센터, 실내골프연습장, 사우나 등이 갖춰져 있으며, 생활
편의를 위해 식당 및 카페, 베이커리, 편의점 등이 자이안센터 두 곳에 배치되어 있
으며 취미와 문화생활을 위한 공간으로 프로그램실, 다목적실, 연회장 등이 마련
되어 있다. 또한 가족이나 손님이 머무를 수 있도록 게스트하우스 9세대를 운영
중이다.

그림 15 스프링카운티자이의 공용 공간

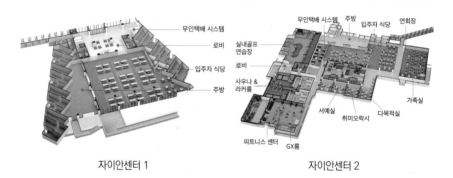

자이안센터 1　　　　　　　　　　자이안센터 2

출처: 스프링카운티자이 홈페이지(http://yiscxi.xisnd.co.kr/page/view)

주택의 평면은 1~3침실형까지 공급면적별로 총 9개의 평면 타입(전용면적
47~74m²)을 가지고 있다. 특히 노인을 위한 설계상 특징으로는 날씨와 관계없이
휠체어를 이용해 8개 동을 편하게 다닐 수 있도록 연결통로를 조성되어 있으며, 주
거공간내 비상콜버튼(거실, 침실), 비상폰(욕실), 안전손잡이(욕실)가 설치되어 있다.
또한 스마트홈 서비스를 적용하여 세대내 감지기 설치(화재/방범/비상문자알림서비
스), 홈네트워크 케어서비스(움직임미감지시, 에너지사용량 미변동시 관리실/지정연락처

통보), 승강기내 방범, 위급상황대비 핸드레일(핸드레일 끝부분에 비상호출버튼)을 갖추고 있다.

그림 16 스프링카운티자이의 평면도

47m² (1침실)　　　　59m² D(2침실)　　　　74m² A(3침실)

출처: 스프링카운티자이 홈페이지(http://yiscxi.xisnd.co.kr/page/view)

그림 17 스프링카운티자이의 내외부 전경

주거동 외관　　　　공용시설(자이안센터)　　　　주동 간 연결통로

공용식당　　　　공용시설 로비　　　　무인택배시스템

| 개인 주호 내 거실 | 개인 주호 내 부엌 | 개인 주호 내 욕실 |

출처: 저자 직접 촬영

■ 운영 관리 및 주거지원서비스 특성

스프링카운티자이는 일반 아파트처럼 매월납부방식으로 기본관리비가 부과되는데 분양 면적 24평형 기준 일반관리비는 25만 원 정도이며 여기에는 공동시설 관리 및 유지 비용, 셔틀버스 이용료, 직원 인건비 등과 함께 각종 편의시설 이용료가 포함된다. 상하수도 요금, 전기 요금, 급탕비 등 개인이 쓴 비용은 별도이며 이 밖에 가구당 1일 1식(1식: 9,000원) '의무식' 규정에 따라 한 달에 약 27만 원의 식비가 관리비와 함께 부과된다.

주거지원을 위해 제공되는 서비스로는 건강의료서비스, 식사서비스, 문화여가서비스, 생활편의서비스 등의 주거지원 서비스가 지원된다. 건강의료서비스는 간호조무사가 상주하고 기본 건강상담과 응급상황 시 신속히 병원으로 후송되도록 연계되어 있으며 간병인이나 요양보호사와 연계서비스를 제공한다. 또한 인접해 있는 용인세브란스 병원과의 MOU 체결을 통해 병원 내 전담창고를 운영하고 종합건강검진 및 각종 건강강좌, 의무인력 심폐소생술 교육 등을 실시하고 있다. 입주노인의 건강을 위해 휘트니스센터운영 및 헬스기초운동지도, 체지방, 혈압측정, 건강상담을 무료로 제공하고 있으며 헬스개인강습, 골프강습 프로그램을 유료로 제공한다.

또한 노인들의 취미여가생활을 위해 자이안센터 문화여가 프로그램이 유료로 제공된다. 노래, 수채화, 생활공예, 시니어댄스, 한국무용, 실버요가 등이 운영되며 아뜰리에(공방), 북카페, 서예실, 바둑장기실, 노래연습실, 영화감상실이 있어 원하는 취미생활을 할 수 있다. 노인들의 생활편의를 위해 가사도우미 업체를 연계하며 셔틀버스 2대를 운영하여 시내, 마트, 역으로의 접근성을 높이고 있다.

특히 노인 돌봄 전문업체인 케어닥과 MOU를 맺고 단지 내 스프링카운티 돌봄센터를 개관하여 입주민을 대상으로 종합적인 돌봄 서비스를 제공하고 있다. 센터 내에는 20년 경력의 노인 전문 간호사 출신 센터장을 비롯해 전담 케어코디와 방문재활운동 전문가가 배치되어 있어 다양한 서비스를 이용할 수 있다.

5) 집과 같은 노인요양시설: KB서초빌리지

■ 개요

서초빌리지는 KB골든라이프케어가 개발·공급주체로 안정적이고 전문적인 요양시설 및 요양서비스 차별화를 목표로 설립되었다. KB골든라이프케어에서는 현재 노인요양시설인 위례빌리지, 서초빌리지, 노인복지주택인 평창카운티, 데이케어센터인 강동데이케어센터를 운영중이다. 입주자격은 노인장기요양보험 등급 판정을 받은 어르신으로 일상생활 수행에 도움이 필요한 어르신을 대상으로 한다. 입소비용은 장기요양보험 제공분을 제외한 본인부담액(20%)을 기준으로 1인실 310~320만 원, 2인실 219~227만 원, 치매전담실의 경우 319~325만 원이며, 이 금액에는 요양보호사 케어비, 기저귀, 생활소모품, 세탁비 등이 포함되어 있다.

표 10	KB서초빌리지 사례 개요	
주소	서울시 서초구 우면동 700	
주택 형태	노인요양시설	
준공 연도	2021년 5월	
층수 및 실	• 지하 2층, 지상 3층 • 80명(1인실 36명/2인실 44명)	
계약조건	노인장기요양 시설등급 판정 노인 치매, 뇌졸중, 만성질환 등으로 일상생활 수행에 도움이 필요하신 어르신	
이용료	• 1인실: 310~320만 원 • 2인실: 219~227만 원 • 치매전담실: 319~325만 원 * 장기요양보험 제공분을 제외한 본인부담금액(20%)	
개발·공급	KB골든라이프케어	

출처: KB골든라이프케어 홈페이지(https://www.kbgoldenlifecare.co.kr/page/Seocho_Rg), 사진: 저자 직접 촬영

■ 노인요양시설 및 입지 특성

노인요양시설인 서초빌리지는 보호자와 입소노인의 접근성이 높은 도심에 위치해 있다. 서초구 우면동의 정비된 택지개발지구에는 아파트와 대기업 R&D 캠퍼스가 자리하고 있고, 바로 인접해 전원마을이 있는 곳으로 도심과 전원이 공존하는 입지특성을 충분히 반영하고 있으며 우면산을 비롯한 주변 자연 및 건물과 동화되도록 계획되었다. 또한 박공형식의 외관을 통해 주변 환경과의 조화뿐만 아니라 위례빌리지와의 아이덴티티를 유지하고 있다. 다세대 주택과 마주보는 부분은 창이 아닌 벽으로 처리하여 주민과 입소노인의 프라이버시를 보호하고 있다.

서초빌리지의 공간은 1인실, 2인실, 치매전담실로 운영되며 80명 규모를 갖추고 있다. 집과 같은 환경을 위해 공간의 배치는 유닛구조로 소규모 생활단위를 구성하였는데 공용거실을 중심으로 1~2인실 침실이 배치되며 물리치료실, 프로그램실, 1층 로비 및 옥상정원이 계획되어 있다. 또한 베리어프리 설계, 모든 문에 손가락 끼임 방지, 적정 온도와 습도 유지 시스템, 친환경 자재가 사용되고 있다. 특히 위례빌리지의 사용 후 평가를 기반으로 서초빌리지에서는 응급상황 시 신속하

326 CHAPTER 07 향후 한국의 방향은?

게 대응할 수 있는 공간과 공간별 적절한 조도가 확보되고 있으며 개인실, 화장실, 목욕실 전실, 프로그램실 등 각 공간별로 다양한 수납공간이 확보되어 있다.

그림 18 서초빌리지의 내부 공간

옥상정원	1층 입구	중정
공용거실	프로그램실	재활치료실
1인실	화장실	공용 목욕실

출처: 저자 직접 촬영

■ 운영 관리 및 주거지원서비스 특성

일상생활을 수행하기 어려운 노인을 대상으로 집과 같은 환경을 마련하기 위해 5개 유닛으로 나누어 관리하고 있으며 운영 및 관리를 위해 총 60명의 직원이 참여하고 있다. 특히 스마트 기술을 접목하여 노인들을 일상생활을 지원·관리하고 있다. 에어모니터링 IT 기술을 통해 각 유닛의 온도, 습도, 미세먼지를 실시간으로 모니터링하고 관리하며, 노인의 낙상을 방지하기 위해 낙상감지카메라가 설치되어 있다.

서초빌리지에 지원하는 주거지원서비스로는 생활지원서비스(청결, 배변, 이동, 식사 도움), 간호서비스(24시간 간호사 상주, 당뇨관리, 매일 건강 체크 및 관리, 전문간호, 투약관리, 건강상태 상담), 의료지원서비스(계약의·자문의 진료, 가정간호서비스 연계, 분야별 전문병원 연계, 응급 시 대응체계), 재활치료서비스(인지재활, 삼킴훈련, 운동치료, 열전기치료, 공기압박치료), 식사서비스(전문 영양사에 의한 개별 영양관리, 개인별 상태에 따른 맞춤 식사 제공, 친환경 고품질 식자재, 철저한 위생관리), 여가 및 지역사회 교류 프로그램(지역사회, 가족, 지원 교류 프로그램, 문화공연, 명절행사, 음악 미술 원예 여가활동) 등이 제공된다.

4 시사점

1) 다양한 주거대안을 위한 공공-민간의 협력모델

공공이 공급하는 노인주택의 유형에서는 대부분 주거환경이 열악하고 주거확보가 취약한 저소득 노인을 대상으로 하고 있다. 보편적 복지의 차원에서 보면 기존 저소득 노인을 대상으로 한 공공주도형 노인주택은 지속적으로 공급될 필요가 있다. 그러나 이와 함께 공공에서 커버할 수 없는 대다수 중소득 노인을 위한 주거대안은 여전히 시각지대에 놓여 있다. 이를 위해 주택공급방식에 있어서 공급주체가 다양화될 필요가 있으며 이러한 측면에서 토지임대부 사회주택이나 공동체주택은 공공-민간의 협력모델 구축을 통한 공공과 민간의 역할을 시사하고 있다. 또한 민간을 중심으로 노인주거시설인 노인복지주택보다 노인요양시설에 집중되고 있는 상황이지만 최근들어 금융기관, 제약회사 등 각 기관들이 가진 차별성을 바탕으로 노인주거의 대안들의 공급이 진행 중이다. 다수의 민간이 시장에 참여하기 위해 정부는 법, 제도적 지원을 통해 뒷받침하는 협력체계가 구축이 필요하다.

2) 일자리 창출과 지역사회와의 커뮤니티 활성화를 통한 지속가능성

주택의 공급을 넘어서 지속적이고 자족적인 주거의 구현을 위해서는 지역사회와의 커뮤니티 활성화가 필요하다. 해심당의 경우 도봉구 시니어 클럽과 연계사업으로 카페 "향"을 운영하여 노인의 경제활동을 지원하여 자립적이고 활동적인 노후생활이 가능하도록 하고 있으며 이 공간은 이웃 간의 커뮤니티가 형성되는 공간이 되고 있다. 물론 입주노인의 연령이 높아 입주민 중 2명만이 파트타임으로 일하고 있지만 경제적 활동이 가능한 일자리를 창출하여 자족적인 공동체를 모색하였다는 점에서 시사하는 바가 있다. 또한 거주민 주도의 협동조합형 주택인 제주오시리가름의 경우 주택단지 내 작은도서관을 지역주민에게 공유하여 지역사회와의 커뮤니티 활성화를 통한 지역내 정착을 모색하고 있다. 공공이든, 민간이든 공급주체에 관계없이 지역사회속에서 함께 거주하기 위해서는 지역사회와의 커뮤니티 활성화가 지속가능성을 위한 선결과제임을 시사하고 있다.

3) 커뮤니티 활성화를 위한 공간계획 및 공동체 프로그램

공동체 주택사례에서는 커뮤니티 활성화를 위한 공간의 계획과 프로그램의 중요성을 보여주고 있다. 공동체 활동은 기본적으로 입주자협의회를 통해 정하도록 되어 있으며, 입주민들이 주체가 되는 공동체 활성화 프로그램과 지역주민도 함께 참여할 수 있는 프로그램으로 구성되어 있다. 입주민 선정에서부터 주택의 계획까지 자체적으로 진행한다. 주민 간 커뮤니티를 활성화하기 위한 공간이 계획되고 이 공간들은 사회적 교류를 지원할 수 있게 되어 있다. 그러나 공동체 주택의 경우 같이 거주하는 사람들이 중요함에도 불구하고 공공임대주택 공급특성상 불특정 다수가 입주하여 공동체 형성이 어려운 수 있다는 한계는 존재한다. 따라서 공동체 주택의 커뮤니티 활성화를 위해 공동체 공간에 대한 지원 확대, 코디네이터 지원, 공동체 프로그램 운영에 대한 지속적 지원이 필요하다.

　노후에 어디에서 살 것인가, 누구와 함께 살 것인가의 문제는 초고령사회를 목전에 둔 현 시점에서 우리사회가 함께 생각해 봐야 할 문제이다. 노인을 위한 주거는 개인의 취미생활과 사회활동을 위해 건강을 유지하며 안정적인 노후 생활을 영위할 수 있도록 구상되어야 한다. 이를 위해 한국에서 시도된 다양한 주거 대안의 혁신적 사례들이 시사하는 점을 바탕으로 다양한 주거선택 대안의 모색이 필요하다.

참고문헌

- KB골든라이프케어. 서초입소안내·접수. KB골든라이프케어. Retrieved January 6, 2024, from https://www.kbgoldenlifecare.co.kr/page/Seocho_Rg
- 정윤혜, 김진성, 김지원. (2021). 사회주택 커뮤니티 활성화를 위한 지원체계 구축. SH도시연구원.
- 공공주택 특별법 시행규칙 제23조 제1항 제1호(시행 2024.7.3.).
- 국토교통부. (2023년 7월 28일). 고령자복지주택 사업 대상지 7곳 선정. 국토교통부 보도자료. Retrieved from http://www.molit.go.kr/USR/NEWS/m_71/dtl
- 국토교통부. (2022). 2021 주거실태조사(특성가구). 국토교통부.
- 기노채. (2017). 협동조합주택의 공급과 전망. 한국주거학회.
- 김진성, 이미연. (2019). 수요자 맞춤형 주택 사업 평가와 발전 방안. SH도시연구원.
- 노인복지법 시행규칙 제14조, 제15조, 제17조 제1항 별표 2, 별표 4(시행 2024.4.3.).
- 노인복지법 제32조 제3항, 제33조, 제34조 제1항(시행 2024. 5. 17.).
- 대한민국 정책브리핑. (2024년 3월 21일). 윤 대통령 "어르신 주거·식사·여가·건강·의료·돌봄 지원 확대" #22차 민생토론(3.21.). Retrieved September 30, 2024, from https://korea.kr/%20news/policyNewsView.do?newsId=148927270
- 보건복지부. (2021). 2020 노인실태조사. 보건복지부.
- 보건복지부. (2023). 2023 노인복지시설현황. 보건복지부.
- 서울시 공동체주택 플랫폼. 공동체주택이란. Retrieved January 6, 2024, from https://soco.seoul.go.kr/coHouse/main/contents.do?menuNo=200011
- 서울특별시 공동체주택 활성화 지원 등에 관한 조례 제2조 제1항(시행 2017.7.13.).
- 서울특별시 사회주택 활성화 지원 등에 관한 조례 제2조 제1항(시행 2018.1.4.).
- 손능수, 최병숙, 김도연. (2022). 경상북도 지역친화적 노인주거 모델 개발방안. 경북행복재단.
- 스프링카운티자이. Retrieved January 6, 2024, from http://yiscxi.xisnd.co.kr/page/view
- 유니버설디자인협동조합. 해심당 입주자 모집 공고. Retrieved January 6, 2024, from https://udhouse.co.kr/notice/?uid=61&mod=document&pageid=1
- 유니버설디자인협동조합. Retrieved January 6, 2024, from https://udhouse.co.kr/ud-house/soo-yoo

- 이연숙, 박재현, 황유미, 이다영, 안창헌. (2024). 노인공공임대주택 거주자의 공동체 활성화 요인 추출 연구. 한국주거학회논문집, 35(2), 11-24.
- 진미윤, 정기성, 정경미. (2023). 공공임대주택 거주실태조사. 토지주택연구원.
- 최민아, 김명식, 송기욱, 김효진, 김태구, 임수현, 이승은. (2021). 공동체주택 활성화를 위한 제도 개선 및 사업지구 적용방안. 한국토지주택공사 토지주택연구소.
- 통계청. (2023). 2023 고령자통계. 통계청.
- 하우징쿱. Retrieved January 6, 2024, from https://cafe.daum.net/housecoop/ThLE/6
- 하우징쿱. Retrieved August 6, 2024, from https://cafe.daum.net/housecoop/ThLE/8

서울시, 도심형 노인주택의 고민

정종대

서울은 2021년 출생아 수보다 사망자 수가 많아지는 '데스크로스'에 진입했다. 그리고 이제 전 연령 대비 노인인구가 20% 이상인 초고령사회에 진입을 목전에 앞두고 있다. 장례인구추계에 따르면 2050년이 되면 한 번도 경험해보지 못한 고령인구 300만 시대가 다가 올 것이라고 예측하고 있는데, 이는 서울에 거주하는 2.5명당 1명은 65세 이상의 노인인 셈이다.

고령화 문제는 생산인구 감소, 경제성장 둔화, 도시경쟁력 약화 등 경제·사회 전반에 부정적 영향을 미칠 것으로 우려된다. 따라서 공간행정시스템은 과거 인구 성장기 4인 가족가구 중심에서 변화하는 인구구조에 적응하여 다변화가 필요하다.

이에 서울시는 2021년부터 인구변화 대응을 위한 다양한 정책을 발굴하고, 중장기 기본계획을 수립하였으며, 특히 주거측면에서는 고령친화도시 조성을 위한 주거복지 시스템 재설계를 구상하고 있다.

이 장에서는 서울시의 노인인구 현황과 고령화 추이를 살펴보고 주거공간 관점에서 노인복지시설을 비롯한 다양한 고령자 중심의 주택정책을 소개, 그리고 맞춤형 노인주택 공급 방향성에 대해서 논하고자 한다.

1 서울시 노인인구 현황 및 고령화 추이

1) 서울의 인구가구 구조 변화

서울의 인구는 한국전쟁 이후 1949년 144만 명에서 산업화 시대를 거치면서 비약적으로 증가하여 1990년 1,060만 명으로 7배 이상 급증한 후, 꾸준히 줄어들고 있는 상황으로 2022년 기준 940만 명으로 고점대비 12.7% 감소하였다. 반면 연령별 인구구성 비율을 보면 65세 이상의 고령인구는 2022년 156만 명으로 전체 인구의 17.4%를 차지하고 있으며, 이와같은 추세가 계속된다면 2025년에는 고령인구가 185만 명까지 증가하여 20%가 넘는 초고령사회에 진입할 것으로 예상된다.

그림 1 서울시 인구수 및 구조 변화

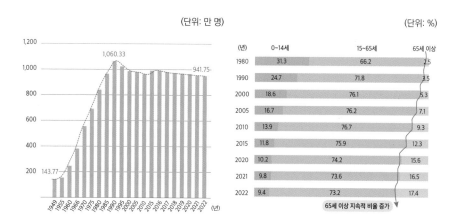

(단위: 만 명)   (단위: %)

(년)	0~14세	15~65세	65세 이상
1980	31.3	66.2	2.5
1990	24.7	71.8	3.5
2000	18.6	76.1	5.3
2005	16.7	76.2	7.1
2010	13.9	76.7	9.3
2015	11.8	75.9	12.3
2020	10.2	74.2	15.6
2021	9.8	73.6	16.5
2022	9.4	73.2	17.4

65세 이상 지속적 비율 증가

출처: 통계청 총조사인구; 서울연구원 '통계로 본 서울연구'(1980~2010); 통계청 총조사인구 연령 및 성별 인구 (2015~)

장래인구추계에 따르면 2050년에는 서울인구가 791만 명으로 1978년 당시로 회귀할 것이 예측되는 상황으로, 2000년대에는 15~34세가 많았던 인구구조에 반해 앞으로 다가올 2030년, 더 나아가 2050년에는 가장 많은 연령대가 75~79세까지 증가하여 경제활동인구의 감소가 심각할 전망이다. 특히, 청년과 고령인구로 구분해 보면 2020년에 비해 10년 후인 2030년에는 청년인구(20~39세)가 14.4% 감소하고, 고령인구는 48% 증가할 것으로 예측되어 이와 같은 인구변화는 경제·사회 전반에 광범위한 영향을 미칠 것으로 예상된다.

그림 2 서울시 장래인구추계

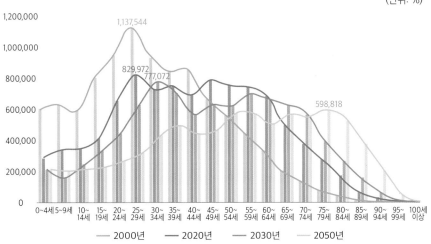

(단위: %)

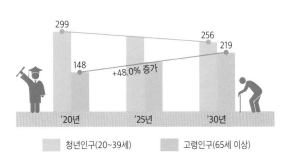

(단위: 만 명)

출처: 통계청 장래인구추계

2) 고령인구 증가원인 및 대응

서울의 고령인구 증가의 가장 큰 원인을 살펴보면 기대수명의 증가와 함께 지속적으로 낮아지고 있는 출생아 수의 영향을 꼽을 수 있다. 우리나라 합계출산율[1]은 2023년 기준 0.81이며, 최근 발표된 2024년 1분기 출생아 수는 총 60,474명으로 전년 대비 3,994명이 줄어들어 합계출산율은 0.76명까지 감소하고 있음을 알 수 있다. 서울시는 이보다 심각한 0.59명으로 더욱 심각한 수준이며, 전 세계적으로 비교해 보았을 때도 현재 우리나라 합계출산율은 세계 최하를 기록하고 있는 상황이다.

그림 3 OECD 회원국 합계출산율(2021)

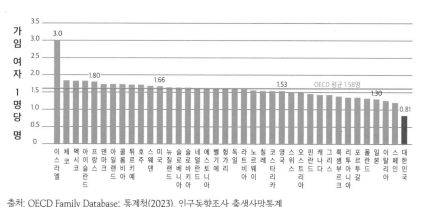

출처: OECD Family Database; 통계청(2023), 인구동향조사 출생사망통계

서울시가 전국 대비 합계출산율이 낮은 원인은 결국 높은 주택가격으로 인한 젊은층의 유출이 타 시도 대비 심각하기 때문으로 보인다. 서울시 주거실태조사에 따르면 신혼부부의 자녀계획 시 1순위는 주거문제(51.0%)로 매년 증가추세이며, 이외에도 가계경제 및 고용상태 등 경제적 불안에 대한 이유로 자녀계획을 미루는 것으로 나타났다. 실제로 서울 아파트 평균 매매가격과 서울의 출산율은 반비례 관계임을 데이터를 통해 확인할 수 있다.

---

1 가임여성 1명당 출생아 수

그림 4 자녀계획 시 고려사항(1순위)

(단위: %)

주택 마련, 주거비, 주택규모 등의 주거문제: 48.1 / 49.5 / 51.0
가계경제 및 고용상태: 16.0 / 17.1 / 18.3
자녀 양육비용 및 교육비용: 20.3 / 19.2 / 18.4
일/가정 양립가능성: 11.5 / 10.1 / 8.8
가족가치관 및 라이프스타일: 4.0 / 4.1 / 3.6
기타: 0.1 / 0.1 / 0.0

■ 2020년 ■ 2021년 ■ 2022년

출처: 서울시 주거실태조사(2022)

표 1 서울시 주거실태조사

구분		주택 마련, 주거비, 주택규모 등의 주거문제	가계경제 및 고용상태	자녀 양육 비용 및 교육비용	일/가정 양립 가능성	가족가치관 및 라이프 스타일	기타
점유형태 I	자가 거주	32.9	22.8	26.8	12.9	4.6	–
	임차 거주 계	58.8	16.6	14.0	7.2	3.3	–
	임차 거주 전세	58.7	17.5	13.7	6.8	3.3	–
	임차 거주 월세	59.3	14.0	14.8	8.5	3.4	–
	무상 거주	57.1	10.1	29.9	2.9	–	–

출처: 서울시 주거실태조사(2022)

그림 5 서울 합계출산율 및 아파트 평균 매매가격

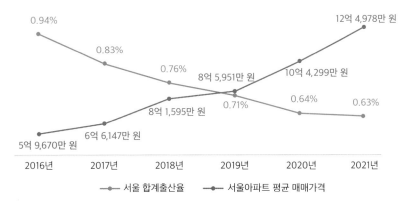

0.94%
0.83%
0.76%
0.71%
0.64%
0.63%

5억 9,670만 원
6억 6,147만 원
8억 1,595만 원
8억 5,951만 원
10억 4,299만 원
12억 4,978만 원

2016년 2017년 2018년 2019년 2020년 2021년

―●― 서울 합계출산율   ―●― 서울아파트 평균 매매가격

출처: KB국민은행; 통계청

서울의 높은 주거비 부담은 단기간 내 해소될 수 있는 문제가 아니나, 초저출생 초고령화 시대에 대응하여 꾸준한 주택공급을 확대하는 한편, 증가하는 1~2인 노인수요에 대응하여 어르신 친화적인 주거공간 조성 및 맞춤형 노인주택 공급을 위해 고민할 시점이다.

2 서울시 노인주거시설 현황 및 미래수요

1) 노인주거복지시설 현황

국내 노인주거시설의 현황을 보면 비교적 중저소득자가 입소할 수 있는 공공에서 지원하는 시설로 무료 양로시설, 노인공동생활가정이 있고, 임대주택의 유형으로 고령자복지주택 등이 건강상태에 따라 돌봄이 필요한 저소득층을 대상으로 공급하고 있으며, 민간에서 공급하는 노인복지주택, 유료 양로시설은 수영장, 골프장, 음악감상실 등 다양한 고급 커뮤니티 시설을 도입하여 보증금, 임대료가 높은 고급형 복지주택이 다수를 이루고 있다.

그러나 노인주거복지시설은 최근 증가하는 고령인구에 따라 중요성이 대두되고 있고, 이는 전 소득계층에 해당되는 것이다. 이러한 노인주거복지시설의 양극화된 공급은 중위 소득분위 계층의 소외가 없도록 해당 부분에 대한 공급도 필요함을 시사한다.

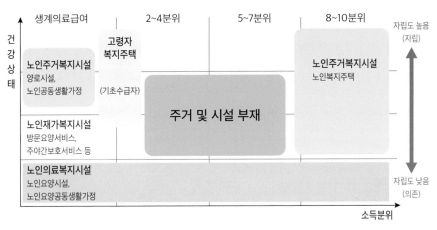

그림 6 소득분위별 노인복지시설 공급현황

생계의료급여 | 2~4분위 | 5~7분위 | 8~10분위

건강상태

고령자
복지주택

노인주거복지시설
양로시설,
노인공동생활가정

(기초수급자)

주거 및 시설 부재

노인주거복지시설
노인복지주택

자립도 높음
(자립)

노인재가복지시설
방문요양서비스,
주야간보호서비스 등

노인의료복지시설
노인요양시설,
노인요양공동생활가정

자립도 낮음
(의존)

소득분위

출처: 변나향 외(2018), 고령 1인 가구의 주거복지 지원을 위한 노인복지주택 개선방안

2) 서울시 노인주거복지시설 현황

전국 노인주거복지시설 현황을 보면 양로시설이 180개소로 압도적으로 많고, 노인공동생활가정 89개소, 노인복지주택 39개소 순이나, 입소율은 노인복지주택이 91.9%로 양로시설 61.4%, 노인공동생활가정 56.2%로 나타난다. 반면, 서울시는 노인복지주택은 총 11개소로 가장 많고, 입소율은 96%이다. 양로시설은 9개소, 입소율 75.2%, 노인공동생활가정은 3개소, 입소율 66.7%로 나타났다.

표 2 2023년 노인주거복지시설 시설 수 및 입소율

구분	노인인구	노인복지주택		양로시설		노인공동 생활가정	
		시설수	입소율	시설수	입소율	시설수	입소율
전국	926만 명	39	91.9%	180	61.4%	89	56.2%
서울	165만 명	11	95.7%	9	75.2%	3	66.7%

출처: 보건복지부(2023)

현재 서울에서 민간이 운영 중인 노인복지주택 현황은 다음과 같다.

표 3 서울시 노인복지주택 리스트

순번	단지명	위치	개소연도	정원수	운영주체
1	노블레스타워	성북구 종암로 90(종암동)	2008	478	주식회사
2	더시그넘하우스	강남구 자곡로 204-25(자곡동)	2017	230	주식회사
3	상암카이저팰리스클래식	마포구 월드컵북로47길 37(상암동)	2011	240	주식회사
4	서울시니어스타워(주) 서울본부	중구 다산로 72(신당동)	2015	144	개인
5	서울시니어스타워(주) 가양본부	강서구 화곡로68길 102	2008	600	개인
6	서울시니어스타워(주) 강남본부	강남구 자곡로 100-2	2015	105	개인
7	서울시니어스타워(주) 강서본부	강서구 공항대로 315(등촌동)	2003	220	개인
8	시니어캐슬클라시온	은평구 은평로21길 34-5(녹번동)	2007	150	주식회사
9	정동상림원	중구 정동길 21-31(정동)	2008	98	주식회사
10	하이원빌리지	용산구 한강대로40가길	2009	114	재단법인
11	후성누리움	강동구 둔촌동 79-23	2007	51	기타

출처: 보건복지부(2023)

서울시에 위치한 양로시설 9개소는 주로 사회복지법인, 재단법인에서 운영하며 그 현황은 아래와 같다. 그중 2009년 개소한 '더 클래식 500'은 서울시의 대표적인 노인 대상 주택 중 하나이다. 고소득 고령자를 대상으로 최고급 서비스와 부대시설을 제공하고 있는 시설로 비용은 평균 보증금 9억을 상회한다. 건국대학교법인에서 운영하고 있어, 건국대학교병원 연계 건강관리센터와 간호사 상시 대기 및 원스탑 메디컬 서비스 등 의료 측면에서 다양한 프로그램을 제공한다.

표 4 서울시 양로시설 리스트

순번	단지명	위치	개소연도	정원수	운영주체
1	더 클래식 500	광진구 능동로 90	2009	760	학교법인
2	자애로운 성모의 집	도봉구 우이천로38마길 19(쌍문동)	2008	26	재단법인
3	시립수락양로원	노원구 동일로250길 44-142	2010	80	사회복지법인
4	홍파양로원	노원구 동일로248길 30	1981	44	사회복지법인

5	성우회	은평구 통일로92길 13(불광동)	1987	25	재단법인
6	잔쥬강의 집	강서구 까치산로14길 67	2005	25	재단법인
7	섭리의 집	금천구 시흥대로 40길 111-5(시흥5동)	1998	28	재단법인
8	혜명양로원	금천구 금하로29길 36	1982	64	사회복지법인
9	시립고덕양로원	강동구 고덕로 199(고덕동)	1969	104	사회복지법인

출처: 보건복지부(2023)

그림 7 더 클래식 500 시설 현황

출처: 더 클래식 500 홈페이지(http://www.theclassic500.com/)

노인공동생활가정은 3개소로 아래와 같다. 3개소 중 2개소는 개인이 운영하고 있으며 정원 수가 적다는 특징이 있다.

표 5 서울시 노인공동생활가정 리스트

순번	단지명	위치	개소연도	정원수	운영주체
1	모니카의 집	광진구 자양로33길 36(구의동)	2006	9	재단법인
2	요셉의 집	도봉구 시루봉로15라길 69	2012	9	개인
3	실버하우스 늘봄	양천구 목동중앙남로3길 42	2019	9	개인

출처: 보건복지부(2023)

그 외에도 서울시에서는 고령자를 대상으로 하는 공공임대주택인 의료안심주택과 어르신 맞춤형 공동체 주택 등을 시도하였으나, 증가하는 고령인구 대비 턱

없이 부족한 실정이다. 특히, 해당 주택들은 주로 저소득층에 초점을 맞추고 있어 중위 소득분위 계층을 위한 새로운 고령자, 은퇴자 주거에 대한 고민이 필요한 시점이다.

노인과 환자 등 의료 취약계층을 위한 의료안심주택은 홀몸어르신, 노인가구, 만성질환관리제도 대상자 등 의료수요가 있으신 분들이 보다 편리하게 생활할 수 있도록 건설하고 공급하는 공공임대주택이다. 공동체주택(보린주택)은 비슷한 돌봄환경에 있는 어르신을 대상으로 맞춤형 의료서비스와 생활서비스를 제공하는 공공임대주택이다.

그림 8 의료안심주택(신내 의료안심주택 개요 및 전경)

명칭	신내 의료안심주택
위치	중랑구 신내로16길 33(신내동)
공급유형	국민임대
세대수	222
월임대료	910~142만 원
특징	복지서비스 연계형주택 베리어프리(Barrier-free) 시설이 설치, 의료시설이 인근에 건설

출처: 서울 주거상담 홈페이지(https://www.seoulhousing.kr/); SH청약시스템(https://www.i-sh.co.kr/)

그림 9 공동체주택(보린주택 1호점 개요 및 전경)

명칭	보린주택 1호점
위치	금천구 독산로47가길 38(독산동)
공급유형	도시형생활주택
세대수	16
월임대료	5~13만 원
특징	저렴한 임대료로 기초생계, 의료, 주거급여를 받는 어르신을 대상으로 공급

출처: 서울 주거상담 홈페이지(https://www.seoulhousing.kr/)

3) 서울시 은퇴 고령자 주거수요

■ 현 거주지 거주형태

최근 서울시에서는 향후 5년 이내에 은퇴 예정이거나 이미 은퇴한 만 55세 이상 65세 미만 서울시 거주자 500명을 대상으로 은퇴 후 주거의향조사[2]를 실시한 바 있다. 조사결과에 따르면 서울시 은퇴고령자들은 현재 주로 아파트(66.6%)에 거주하는 것으로 나타났다. 점유형태는 자가가 70%로 가장 높게 나타났다. 주거생활 유지를 위한 관리비는 월 평균 '20~30만 원 미만'을 지출하는 가구가 36.0%로 가장 높았으며, 은퇴고령자들의 절반(50.2%)은 300만 원 미만의 월 평균 생활비로 생활하고 있었다. 또한, 현재 동거하고 있는 가족구성원 대부분(78%)은 배우자와 거주하고 있었으며, 평균 동거인은 3.0명, 거주 기간은 평균 11.7년으로 나타났다.

표 6 현 거주지 거주형태

구분	1순위 응답	2순위 응답	3순위 응답
현 거주지 거주 유형	아파트(66.6%)	빌라/다세대/연립/상가주택 (24.8%)	단독주택(7.2%)
현 거주지 점유 형태	자가(70.0%)	전세(19.4%)	월세(10.2%)
현 거주지 주택 가격(base: 현 거주지 자가 소유자)	10~15억 원 미만 (24.0%)	7~10억 원 미만 (20.6%)	5억 원 미만 (16.9%)
현 거주지 전세 보증금(base: 현 거주지 전세 거주자)	3억 원 미만(57.7%)	3~5억 원 미만 (16.5%)	5~7억 원 미만 (13.4%)
현 거주지 월세(base: 현 거주지 월세 거주자)	70만 원 미만(72.5%)	70~100만 원 미만 (13.7%)	100~150만 원 미만 (9.8%)

2 서울시 은퇴세대 주거의향 온라인 패널조사 개요('23.12.11.~12.14.)

지역별 응답자 수	강북권	250	강남권	250
연령별 응답자 수	남성	243	여성	257
학력별 응답자 수	고졸 이하	97	대학교 졸업	310
	대학원 재학/졸업	93	–	–

현 거주지 월세 보증금(base: 현 거주지 월세 거주자)	3,000만 원 미만 (56.9%)	3,000~5,000만 원 미만, 1~3억 원 미만(각 11.8%)	
현 거주지 월 평균 관리비	20~30만 원 미만 (36.0%)	10~20만 원 미만 (23.0%)	30~40만 원 미만 (20.8%)
현 거주지 월 평균 생활비	300만 원 미만 (50.2%)	300~400만 원 미만 (24.6%)	400~500만 원 미만 (12.4%)
현재 가구 내 생활비 조달 재원	근로소득(72.0%)	사업소득(9.8%)	재산소득(7.6%)
현재 동거하고 있는 가족 구성원	배우자(78.0%)	자녀(69.0%)	독거(8.6%)
현 거주지 거주 기간	10년 이상(50.0%)	5~10년 이내(23.0%)	3~5년 이내(11.6%)
현 거주지 거주 면적	30~40평 미만 (33.4%)	20~30평 미만 (27.4%)	10~20평 미만 (17.0%)

■ 은퇴 후 거주지 이전 계획 및 선호형태

그림 10 은퇴 후 거주지 이전 의향

의향 있음 57.8%   42.2% 의향 없음

　은퇴 후 거주지 이전 계획이 있다는 응답은 57.8%로 은퇴고령자의 과반 이상을 차지하며, 의향이 없다고 응답한 응답자는 42.2%, 사유는 현재 거주지에 대한 만족 때문이라고 응답하였다.

　거주지 이전 의향이 있는 예비 은퇴자들이 은퇴 후 예상 월 생활비를 현재 생활비와 유사한 수준인 월 300만 원 미만으로 응답한 비율이 전체의 56.4%를 차지한다. 그러나 현재 예비 은퇴자들의 대다수는 생활비 조달방법으로 근로소득(72%), 사업소득(9.8%)를 활용하고 있기 때문에 정년·명예퇴직 후 은퇴로 인해 고령자들은 기존에 있던 근로소득이 없어질 때를 대비하여 현재의 자산을 활용하여 노후 생활비를 충당하고자 하는 의지가 큰 것으로 나타났다.

실제로 은퇴 후 생활비 조달 재원으로는 34.2%가 개인연금 및 퇴직금이라고 답했으며, 26%는 본인 및 배우자의 국민연금이라고 했다. 즉, 절반 이상의 은퇴고령자들은 연금으로 생활비를 충당해야 하는 상황이며, 은퇴 후 함께 동거할 인원 수는 평균 2.4명으로 현 거주 형태에서 동거하고 있는 인원 수가 3명인 것에 반해 0.5명 적게 나타나 은퇴 후 보다 작은 면적으로의 이전도 가능하기 때문에 은퇴한다면 현 자산을 활용하여 은퇴 후 일정한 생활수준을 유지할 수 있을 것으로 판단된다.

표 7 예상하는 은퇴 후 생활

		1순위 응답	2순위 응답	3순위 응답
	현재 월생활비	300만 원 미만 (50.2%)	300~400만 원 미만 (24.6%)	400~500만 원 미만 (12.4%)
은퇴 후	월생활비	300만 원 미만 (56.4%)	300~400만 원 미만 (27.8%)	400~500만 원 미만 (10.2%)
	생활비 조달 재원	개인 연금 및 퇴직금 활용(34.2%)	본인 및 배우자의 국민연금(26.0%)	현재 보유자산을 활용한 금융수익(24.8%)
	동거할 가족 구성원 및 인원 수	배우자(78.6%)	자녀(37.6%)	독거(10.8%)
		평균 인원 수: 2.4명		

■ 은퇴 후 거주지 이전 시 지불 가능한 금액

기존 자산을 처분하여 여유자금을 확보하고 생활해야 한다면 그 규모는 가격 측면에서 5억 원 미만이 28.1%, 5~7억 원 미만이 26.0%로 조사되었으며, 이에 맞춰 주택관리비도 월평균 20~30만 원을 지불하고 있는 경우가 36%로 가장 많았으나, 은퇴 후에는 10~20만 원의 관리비가 적정하는 의견이 40.3%로 가장 높았고, 은퇴고령자 절반의 희망 거주지 면적도 현재 30~40평 미만(33.4%)에서 20~30평 미만(50%)을 선호하는 것으로 나타났다.

앞 장에서 언급했던 고소득층을 위한 민간에서 운영하는 노인복지주택의 월

평균 관리비는 100만 원 이상[3]이며, 고령자복지주택의 임대료는 최하 3만 원에서 23만 원대[4]인 것으로 고려해 보면 해당 조사 결과는 중소득층을 위한 새로운 노인주택모델이 필요하다는 것을 의미하는 결과로 볼 수 있다.

표 8 은퇴 후 거주지 이전 시 지불 가능한 금액

구분	1순위 응답	2순위 응답	3순위 응답
주택 가격	5억 원 미만(28.1%)	5~7억 원 미만(26.0%)	7~10억 원 미만(19.4%)
전세 보증금	3억 원 미만(44.1%)	3~5억 원 미만(29.4%)	5~7억 원 미만(11.8%)
월세	70만 원 미만(50.0%)	70~100만 원 미만(33.3%)	150~200만 원 미만(16.7%)
월세 보증금	3,000~5,000만 원 미만(33.3%)	3,000만 원 미만, 5,000~7,000만 원 미만, 7,000원~1억 원 미만, 1~3억 원 미만(각 16.7%)	
월평균 관리비	10~20만 원 미만(40.3%)	20~30만 원 미만(34.7%)	30~40만 원 미만(10.6%)
경제적 여건을 고려한 희망 면적	20~30평 미만(50.0%)	30~40평 미만(26.7%)	10~20평 미만(15.7%)

4) 주거 정책 개발을 위한 수요 파악

■ 은퇴고령자는 AIP(Aging In Place)를 중시

서울은 교통접근성 및 주변에 의료복지시설 등의 인프라가 갖춰져 있는 대도시이며, 은퇴 고령자는 대학원 재학 또는 졸업자가 전체의 86%, 평균소득은 800만 원 이상이 83.5%를 차지할 정도로 구매력 있는 중산층[5]이 많은 상황이다. 또한 대다수는 아파트(66.6%)에 자가로(70%) 거주하고 있고, 현 거주지의 익숙성, 편리성 등으로 인해 기회가 있다면, 현 거주지에서 계속 거주하기를 희망하고 있다.

특히, 은퇴 후에도 거주지 변경의향이 없는 응답자가 42.2%를 차지하였는데, 그 사유 역시도 동네가 살기 편하고 익숙해서(46.5%), 현재보다 더 나은 공간을 찾

---

3   서울시 더 시그넘하우스(노인복지주택) 월평균 관리비 참고

4   2024년 국토교통부에서 공급하는 고령자복지주택 공고 내 월임대료 참고

5   2024년 도시근로자 평균소득: 1인 335만 원, 2인 500만 원, 3인 671만 원, 4인 762만 원, 5인 804만 원, 6인 870만 원(통계청)

기 어려워서(19.9%)로 현거주지에서 계속해서 살고 싶은 의지가 컸다.

더욱이 은퇴 후에 소득 감소 등의 이유로 이주의향이 있는 57.8%도 현재 거주 주택보다 다소 저렴한 곳으로 이전에 대한 의향은 있으나, 서울 내(49.1%)에서 자가(83.1%)로, 아파트(63.6%)에서 거주하기를 희망하였다. 다만 가격 측면에서 현재 살고 있는 주택유형은 유지를 선호하였다.

표 9 현 거주지 주택가격과 은퇴 후 주택가격 비교

구분	1순위 응답	2순위 응답	3순위 응답
현 거주 주택가격 (현 자가 소유자)	10~15억 원 미만 (24.0%)	7~10억 원 미만 (20.6%)	5억 원 미만 (16.9%)
은퇴 후 거주 주택가격 (은퇴 후 자가 소유 희망자)	5억 원 미만 (28.1%)	5~7억 원 미만 (26.0%)	7~10억 원 미만 (19.4%)

더욱이 서울의 고령인구는 지속적 증가추세로 서울 내 도심형 은퇴 고령자를 위한 주택수요 역시 증가가 예상되며, 도심형 은퇴고령자의 안정적 주거공간 마련에 관심이 필요한 실정이다.

■ 서울 도심 내 고령자를 위한 주택조성 필요

앞서 조사결과와 같이 서울의 은퇴고령자 예정자는 "현재 살고 있는 서울에서 살고 싶은 욕구(AIP)"가 높은 만큼 향후, 고령자를 위한 주택공급의 필요성에도 대부분(73.4%)이 긍정을 나타냈으며, 이때 가장 중요하게 생각하는 요소가 주변 편의시설, 교통인프라 등 입지적 특성을 중요하게 생각하였으며, 반드시 필요한 시설로는 현재의 건강 여부와 관계없이 의료 및 건강지원 프로그램에 대한 수요가 높게 나타났으며, 사회적 특성 부분으로는 '문화활동 향유가 가능한 프로그램 운영'이 37.2%로 가장 높게 나타났으며, '사회적·경제적 수준이 유사한 인원들과의 커뮤니티(31.4%)'가 다음으로 높게 나타났다.

따라서 도심 내 은퇴고령자 주택공급 시, 교통 및 편의시설 접근성과 의료 및 건강관리활동이 원활하게 이루어질 수 있도록 관련 인프라가 중점적으로 검토되어야 할 것이다.

표 10 **고령자 주택 특성 중 중요하게 생각하는 부분**

구분	1순위 응답	2순위 응답	3순위 응답
가장 중요하게 생각하는 특성	입지적 특성(26.2%)	경제적 특성(23.8%)	물리적 특성(22.6%)
입지적 특성 중 가장 중요하게 생각하는 부분	주변 편의시설 (69.2%)	교통인프라(20.4%)	주택단지 규모(7.4%)
물리적 특성 중 가장 중요하게 생각하는 부분	주택단지 내 자연환경 (61.0%)	무장애 설계(17.8%)	경로당, 다목적 홀 등 모임 공간(13.2%)
사회적 특성 중 가장 중요하게 생각하는 부분	문화활동 향유가 가능한 프로그램 운영 (37.2%)	사회적, 경제적 수준이 유사한 인원들과의 커뮤니티(31.4%)	사회적, 경제적 수준이 다른 인원들과의 커뮤니티 (19.6%)
프로그램 중 가장 중요하게 생각하는 부분	의료 및 건강프로그램 지원(60.6%)	운동·체육 프로그램 운영(23.6%)	커뮤니티 조성을 위한 여가 프로그램 운영(10.2%)
반드시 필요하다고 생각하는 서비스	의료 및 건강프로그램 지원(52.4%)	일상생활 지원(16.2%)	식사 지원(15.4%)

3 서울시 도심형 노인주거의 고민

1) 세대 통합형 어르신 안심주택

■ 어르신 안심주택 정의

어르신 안심주택은 서울시에서 추진하고 있는 도심형 노인주택의 일환으로 새로운 임대주택 공급모델이다. 19~39세에게 공급하는 '청년안심주택'처럼 고령자를 위한 '어르신 안심주택'을 도입하여 어르신에게는 주변시세 저렴하게 공급한다는 개념이다.

특히, 어르신 안심주택은 주로 시 외곽에 조성되었던 실버타운, 요양시설과 달리 편리하게 의료지원을 받을 수 있고, 고립감이나 우울감에 빠지지 않도록 유동인구가 많고, 병원 등이 인접한 역세권에 조성되는 것이 특징이다. 세부적인 입지기준으로는 어르신이 대중교통이나 생활 편의시설 등을 이용하는 데 불편이 없도록 역세권 350m 이내 또는 간선도로변 50m 이내와 보건기관, 2·3차 종합병원 인근 350m 이내에서 내 위치하여야 한다는 점과 분양으로도 일부 공급이 가능하다는 점, 노인을 대상으로 하기에 무장애 및 첨단 IoT 설계 등 의무사항이다.

표 11 **청년 안심주택과 어르신 안심주택 주요 차이점**

구분	청년 안심주택	어르신 안심주택
대상지	역세권, 간선도로변	역세권, 간선도로변 ※ 의료시설 350m 이내
공급유형	100% 임대(공공·민간)	80% 임대, 20% 분양 (주택 연면적 30% 이내)
용도지역 상향	준주거 및 상업지역 허용	좌동
비주거비율	준주거 5%, 상업지역 10% 이상	좌동
의무사항	-	무장애 및 첨단 IoT 설계, 긴급차량 및 식당, 보건지소 설치 등

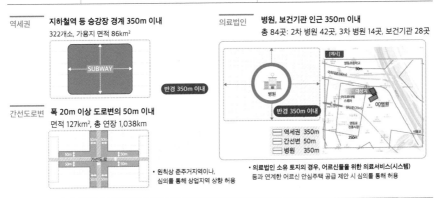

■ 어르신 안심주택 특징

어르신 안심주택은 [표 11]과 같이 대표적인 다섯 가지 특징이 있다. 첫째, 저렴한 주거비이다. 민간임대의 경우 주변시세의 75~85%, 공공임대의 경우 주변시세의 30~50%로 공급한다. 사업 조건이 기존의 '청년 안심주택'과 유사하지만 가장 큰 차이점이자 혜택은 100% 임대(공공·민간)로 공급하는 청년 안심주택과 달리 '어르신 안심주택'은 80%는 임대(공공·민간), 세대수 기준으로 20%(주거 연면적 30% 이내)는 분양주택으로 공급할 수 있어 보다 안정적인 사업성이 확보된다는 점이다.

둘째, 양호한 접근성과 편리한 입지이다. 역세권 내에 위치함으로서 교통의 편리성을 고려하고 고령인구를 대상으로 공급하는 주택인 만큼 주변에 의료시설을 위치시켰다. 셋째, 고령자 맞춤형 주거공간이다. 고령자의 안전을 위한 무장애설계와 1인 최소주거면적을 $23m^2$로 지정하고, 의료긴급차량이 대기할 수 있도록 1층에 주차공간을 확보했다. 이외에도 각종 심의를 통합 및 간소화하여 통합심의위원회 사전자문부터 사업계획 승인까지 통상 12개월 이상 걸리는 인·허가 기간을 6개월 이내 단축, 각종 의료와 건강 관련한 프로그램 진행, 건설자금 이자차액(2%) 지원도 어르신 안심주택의 특징이다.

표 12 **어르신 안심주택 특징**

1. 저렴한 주거비	• 주택 중 80%: 임대주택, 주변시세의 75~85%의 임대료, 관리비 인하 • (공공임대) 주변시세의 30~50%로 공급 ※ 도시근로자 월평균소득 70% 이하 • (민간임대) 75~85% 공급, 임차인에 최대 6,000만 원까지 보증금 무이자 융자를 함께 지원
2. 양호한 접근성과 편리한 입지	350m 이내 역세권, 50m 이내 간선도로변, 350m 내 의료시설 위치
3. 고령자 맞춤형 주거공간	무장애 안전 설계, 1인 주거 최소 $23m^2$, 의료긴급차량 1층 대기주차공간 확보
4. 각종 프로그램	의료와 건강, 복지시설을 연계한 프로그램, 생활지원(식사와 청소)
5. 금융 지원 및 간소한 행정절차	통합심의 등 간소한 행정절차, 건설자금 이자차액 2%까지 지원

■ 어르신 안심주택 사업 추진현황

서울시는 2024년 2월부터 대상지를 모집하고, 3월 15일 「서울특별시 어르신 안심주택 공급 지원에 관한 조례」를 제정했다. 2025년까지 총 3,000가구 공급(사업시행인가 기준)을 목표로 하고 있으며, 2027년 첫 입주가 가능하도록 사업을 추진하고 있다.

또한, 모든 서비스를 원스톱으로 손쉽게 이용할 수 있도록 '어르신 안심주택 종합지원센터(용산구 한강로2가)'를 운영하고 있다. 입주 신청-계약-퇴거까지 전 단계를 섬세하게 돕는 곳으로 입주 시 보증금 지원 신청, 입주 이후 관리비 등 상담이나 시설·서비스 이용 연계 등 어르신에게 다소 어려울 수 있는 모든 주거지원을 전담할 예정이다.

그림 11 어르신 안심주택 구조도

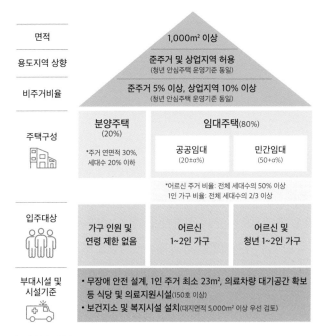

출처: 서울시 보도자료(2024.1.30.)

2) 시립 실버케어센터

■ 실버케어센터 정의

실버케어센터는 초고령사회 도입에 따라 서울시가 설립한 시립요양시설로서 「노인복지법」상 노인요양시설에 포함되어 있다. 실버케어센터는 전문요양시설과 데이케어센터로 구분되어 있는데, 전문요양시설은 「노인장기요양보험법」에 의한 장기요양등급 1~5등급인 노인을 대상으로 운영되고 있으며, 일정 및 서비스 또한 혈당검사, 식후투약 등 의료의 관점에서 이루어지고 있다. 반면, 데이케어센터의 경우 등급 외의 노인성 질환을 가지고 있는 노인을 대상으로 하며, 산책 등 자유로운 선택에 의해서 취미활동을 할 수 있다는 차이가 있다.

표 13 전문요양시설과 데이케어센터 주요 차이점

구분	전문요양시설	데이케어센터
입소대상	노인장기요양보험법에 의한 장기요양등급 1~5등급	등급 外로 치매 및 뇌졸중, 노인성 질환을 갖고 있는 어르신
일정 및 서비스	혈당검사, 식후투약, 취침관리, 구강관리 등 개별 의료관리/외출·외박 및 면회 신청시스템	산책, 놀이·음악 등 자유로운 선택에 따른 취미활동
입소비용	월 220~260만 원 ※ 기초수급권자 면제	월 한도액 112~188만 원 ※ 식사비, 간식비 등이 따로 책정되며 보호시간별로 가격이 다름

■ 시립 실버케어센터 사례

현재 서울시 내에는 4곳의 실버케어센터가 운영되고 있다. 최근에 건립되어 아직 개원하지 않은 센터로는 은평 실버케어센터가 있다. 수색 13구역 주택재개발사업 중 당초에 녹지로 계획되었던 공간을 요양시설로 변경한 것으로 서울시 첫 기부채납 요양시설이다. 다음으로 강동구에 위치한 강동 실버케어센터는 개소 전부터 100명 이상의 대기자가 발생할 정도로 수요가 많았던 센터이다. 현재도 입소정원 117명으로 원활히 운영되고 있다. 마포 실버케어센터는 그룹 홈 방식을 채택한 것이 특징인데, 공동체 주택과 유사하게 3~4인이 함께 공용공간을 쉐어하는 방식으로 운영되고 있다. 마지막으로 동대문 실버케어센터는 2022년 5월 개원한 서울시 첫 실버케어센터이다. 현재 모든 실버케어센터가 아직까지도 대기자가 있을정도로 수요가 높다.

표 14	서울시 시립 실버케어센터 개요		
1. 은평 실버케어센터	• 위치: 서울시 은평구 수색로 322-3 • 입소일정: '24.5.20. 개원 • 입소정원: 75명		
2. 강동 실버케어센터	• 위치: 서울 강동구 고덕로 185 • 입소일자: '23.9.1. 개원 • 입소정원: 117명(전문요양센터 89명, 데이케어센터 28명)		
3. 마포 실버케어센터	• 위치: 서울시 마포구 공덕동 370-4 • 입소일자: '22.7. 개원 • 입소정원: 177명(전문요양센터 120명, 데이케어센터 57명)		
4. 동대문 실버케어센터	• 위치: 서울시 동대문구 답십리동 553-1 • 입소일자: '22.5. 개원 • 입소정원: 106명(전문요양센터 77명, 데이케어센터 29명)		

그림 12 서울시 시립 실버케어센터의 외부 전경 및 내부 시설

은평실버케어센터의 외부 전경 및 가족면회실

강동실버케어센터의 외부 전경 및 생활실

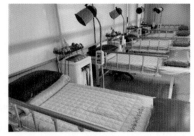

마포실버케어센터의 외부 전경 및 물리치료실

동대문실버케어센터의 외부 전경 및 심리안정실

출처: 실버케어센터 홈페이지

3) 리츠를 활용한 새로운 모델 구상

■ 공공의 헬스케어 리츠 사례

최근 중앙정부에서는 화성동탄[6]에 의료복지시설부지 내 리츠를 설립하여 시니어타운을 건설하는 국내 첫 공공 헬스케어 리츠는 공모한 바 있다. 사업부지 약 18.6만m²(5만 6천 평)으로 인근에 골프장, 녹지, 하천 등이 위치하여 있으며, 건축물 세부용도는 노인복지시설을 55% 이상, 오피스텔을 30% 이하로 제한하고, 그 외 근생, 의료, 운동, 업무시설 등이 복합되는 형태로 공모하였다. 공모결과 초기 67개 사가 참가의향서를 제출하였지만 참가 준비과정에서 자금 조달 난이도, 사업성 우려 등에 따라 부동산 디벨로퍼 MDM과 의료기관 컨소시엄(차병원·고려대병원 등) 2곳으로 공모 마감되었다.[7]

---

6 화성동탄2 택지개발사업지구 내(경기도 화성시 동탄읍 일원)

7 국토교통부 보도자료(2024.3.27.)

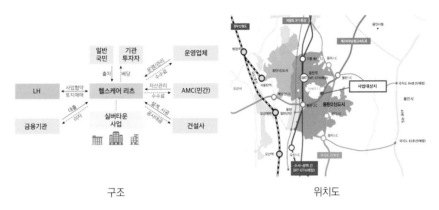

구조   위치도

출처: 국토교통부 보도자료(2023.12.13.), 국내 첫 의료복지시설 '헬스케어 리츠' 도입

■ 서울형 시니어 리츠 민간임대주택 제안[8]

서울시에서도 이와 같은 리츠를 활용한 민간임대주택 활성화를 위해 최근「서울시 민간임대주택 활성화 및 지원에 관한 조례」를 제정을 통해 공공의 리츠 참여 기반을 마련하고 금융기법을 활용한 고령자 수요맞춤형 어르신 헬스케어 주택공급을 준비하고 있다. 대학병원 등 학교법인 사업자가 직접 참여하는 유형과 기업형 임대주택 관리회사가 참여하는 유형으로 구분하여 공공이 리츠에 참여하고 장기 일반 민간임대로 운영하는 것을 기본 구조로 하여 건강상태, 자산규모별 최적모델 개발을 목표로 진행할 예정이다.

---

8 민간임대주택 활성화를 위한 신모델 개발(서울시, 2023)

표 15	서울형 시니어리츠의 임대주택 공급 방식(안)

구분	주요 내용
공공	• 자금투자를 통한 사업안정성 확보, 절차 간소화 및 도시계획규제 완화 • 임대료 통제 고령자용 임대주택(30%) 구성하여 민간 운영
민간	• 사업설계·기획·추진＋일반 시민에 리츠투자기회 제공 및 수익 배분 • 임대료 제한이 없는 장기 일반주택(70%)을 구성하여 수익 확보

4 시사점

서울의 노인인구 현황과 정책, 그리고 은퇴고령자의 향후 수요는 앞으로 노인 주거의 정책방향 모색에 중요한 방향성을 제시한다.

1) 증가하는 노인인구에 대응한 시니어 주택은 '거주지 인근' 또는 '도심'에 공급이 필요하다.

서울은 세계 대도시에 견주어 봐도 교통접근성 및 의료복시지설 등 인프라가 잘 갖춰져 있는 대도시로 높은 주거비에도 불구하고, 이러한 이점 때문에 시민들이 도심 거주를 선호한다. 또한 나이가 들수록 AIP(Aging In Place)가 뚜렷하게 나타나는데, 은퇴 후 거주지 이전에 대한 설문조사 결과에서도 현 거주지가 살기 편하고 익숙해서 이사에 대한 의향이 없는 사람이 40% 이상을 차지하고 있으며, 불가피하게 경제적 사유 등으로 이사계획 시에도 인근지역에서 거주하고자 하는 의지가 높다. 따라서 시니어 주택의 입지는 현재 거주하는 지역에서 멀지 않은 곳, 대중교통 및 의료시설과의 접근성이 높은 도심 내에서 검토할 필요가 있다.

2) 일정 규모 이상의 '복합형 시니어 주택'이 필요하다.

은퇴 예정자들의 수요조사를 보면 기존 커뮤니티의 유지가 노년에는 매우 중요하다. 그러나 노인들만이 함께 거주하는 교외형 시니어타운은 거주자의 나이가 들어감에 따라 확장성과 지역의 활력에는 한계가 있다. 아울러 서울은 대규모 신규 택지 조성에 한계가 있는 상황으로 커뮤니티가 활성화될 수 있는 단지형 노인주거 조성이 어려운 점을 고려하여, 규모적 측면에서는 다양한 세대가 함께 거주하며 공동체 활력을 도모할 수 있는 도심 내 복합형 시니어 주택의 도입이 필요하다.

3) '건강상태', '자산규모별 수요'에 대한 고려가 중요하다.

은퇴 예정 고령자들은 시니어 주택에서의 생활서비스로 노인복지주택에서 제공하는 기본적인 의료서비스를 포함한 식사 등 돌봄서비스와 다양한 여가 프로그램 제공을 원하지만 민간에서 운영하는 노인복지주택은 서비스 제공을 위해 높은 관리비를 거주자가 부담해야 하는 구조이다. 그러나 일반서민 및 중산층은 은퇴와 동시에 근로소득보다는 자산소득, 연금소득에 의지할 수밖에 없는 상황에 처하게 되며 시니어 주택의 관리비는 매우 부담스러운 비용일 수밖에 없다.

이러한 관점에서 중산층 시니어 주택의 활성화를 위한 공공의 역할은 노년에 꼭 필요한 의료, 돌봄 등 최소한의 서비스를 공공에서 제공하면서 부담 가능한 적정 관리비가 유지될 수 있는 시니어 주택을 민간에서 관리 운영할 수 있는 방안을 고민해야 할 것이다. 예컨대 정비사업 등 도심 내 개발사업 진행 시, 시니어 주택용 용지 또는 시설을 기부채납할 수 있도록 하고, 이를 활용하여 노인주거 및 필요한 지원시설을 확보함으로써 공용관리비를 낮출 수 있는 방향 등 도시건축적 접근과 동시에 현재 소유하고 있는 주택을 활용한 역모기지 상품개발, 각종 세제지원 등 금융 세제 측면에서의 지원방안도 적극적으로 모색해야 할 것이다.

참고문헌

- OECD Family Database. https://web-archive.oecd.org/temp/2024-06-21/69263-database.htm.
- 국토연구원. (2024년 1월 2일). 저출산 원인 진단과 부동산 정책방향. 국토정책 Brief. 국토부.
- 김유진, 박순미. (2019). 공공형 노인복지주택 거주 노인의 특성 및 이들의 '에이징 인 플레이스'에 관한 연구. 사회과학 담론과 정책, 12(1), 1-34.
- 김유진, 박순미. (2019). 저소득 노인을 위한 주거대안으로서 공공형 노인복지주택의 성과에 관한 탐색적 연구. 노인복지연구, 74(1), 223-252.
- 강은나. (2021). 노인주거복지시설의 현황과 과제. 보건복지포럼, 2021(3), 88-101.
- 보건복지부. (2023). 2023 노인복지시설현황. 보건복지부.
- 변나향, 박석환, 차주영. (2018). 고령1인가구의 주거복지 지원을 위한 노인복지주택 개선방안. 건축공간연구원
- 서울시 보도자료. (2024년 1월 30일). 서울시, 고령자 주거 특화된 '어르신 안심주택' 공급. 서울시.
- 서울시 주택정책지원센터. (2022). 2022 서울시 주거실태조사(자녀계획시 고려사항). 서울시.
- 서울시 주택정책지원센터. (2023). 서울시 은퇴고령자를 위한 주택공급 사례조사. 서울시.
- 서울시 주택정책지원센터. (2023). 은퇴세대 주거의향 조사. 서울시.
- 서울시 주택정책지원센터. (2023). 민간임대주택 활성화를 위한 신모델 개발. 서울시.
- 서울연구원. (2014). 1980~2010 통계로 본 서울연구. 서울연구원.
- 성금단, 조남연. (2017). 노인복지주택 입주예정자와 거주자의 입주 선호요인 비교분석. 인문사회 21, 8(5), 613-630.
- 시립강동실버케어센터(www.gangdongcare.com).
- 시립동대문실버케어센터(https://xn—vk1b2p40p7lbu3lwucbsh8pwcqe.com).
- 시립마포실버케어센터(www.mapocare.com).
- 시립은평실버케어센터(www.epsenior.or.kr).
- 유선종, 최희정. (2023). 초고령사회 뉴노멀시리즈 新노년주거, 노인복지주택. 박영사.
- 이수부, 김미희. (2020). 중·장년층의 라이프스타일과 선호하는 노인복지주택 특성. 한국주거학회논문집, 31(4), 35-46.

- 통계청. (2015~). 총조사인구 연령 및 성별 인구. 통계청.
- 통계청. (2023). 인구동향조사 출생사망통계. 통계청.
- 통계청. (2023). 장래인구추계. 통계청.
- 통계청. (2024). 도시근로자 평균소득. 통계청.

한국주거학회 _____

　1989년 설립되었으며, 주거 관련 분야의 전문가들이 활동하는 학술단체이다. 주택, 단지, 도시의 전 범주에서 역사, 생활, 기술, 디자인, 관리, 복지, 정책의 분야까지 국민의 주거권 보장과 주거환경과 주거문화의 발전을 위한 학문적 연구를 수행한다.

대표 저자 _____

주서령

　경희대학교 주거환경학과 BK고령서비스-테크 융합전공 교수이다. 서울대학교 건축학과에서 학사, 석사, 박사학위를 취득하였으며, 미국 Pratt Institute에서 석사학위를 취득하였다. 2022년 5월부터 2023년 12월까지 한국주거학회 회장을 역임하였다.

　주된 연구 분야는 노인주거, 동남아시아 주거, 공동주택계획 등이며, 대표적인 출판물로 2017년 『Southeast Asian Houses: Expanding Tradition』과 『Southeast Asian Houses: Embracing Urban Context』에 대표 저자로 참여하였다.

　노인주거 분야의 연구로는 2020년 보건복지부의 「노인주거복지서비스 제공모형 개발연구」를 수행하였고, 이외에도 주거복지서비스, 노인복지주택, 스마트홈 관련하여 다수의 논문과 학술발표에 참여한 바 있다.

김도연

　경남대학교 가정교육과 교수로 재직 중이며, 성신여자대학교에서 실내디자인 전공으로 석사학위, 경희대학교 주거환경학과에서 박사학위를 취득하였다. 주된 연구 분야는 동남아시아 주거, 공공주택 및 주거복지, 청년주거와 노인주거이다.

　2018년 국토교통부의 「청년민간임대주택 셰어하우스 가이드라인 개발에 관한 연구」를 수행하였고, 노인주거 분야에서는 2022년 경북행복재단의 「경상북도 주거취약계층 노인을 위한 주거모델 도입 방안」 연구에 참여하였다. 또한 주거복지미래포럼과 주거서비스 컨퍼런스에서 지역거점 고령자복지주택의 현황과 국외 커뮤니티 기반의 통합지원 현황에 관하여 주제발표를 하였다.

공동 저자 _____

김경원

영국 건축사로 Newcastle University에서 건축학 학사와 도시설계 석사학위를 받았으며, University of Westminster에서 건축학 석사학위, 서울대학교에서 건축공학 박사학위를 취득하였다. 영국에서 다년간 건축실무 후, 현재 조선대학교 건축학과(5년제)에서 교수로 재직 중이다. 주된 연구 분야는 복지건축과 관련된 노인주거이다.

김대진

미국 Florida State University 실내건축학과 부교수로 재직 중이며, 연세대학교에서 석사학위, University of Florida에서 박사학위를 취득하였다. 현재 실내디자인 저널(Journal of Interior Design) 이사회 구성원으로 활동하며, 물리적 환경이 인간에게 미치는 영향을 중심으로 다양한 연구를 진행하고 있다.

주요 연구 분야는 노인 주거와 헬스케어 디자인으로, 이와 관련된 다수의 학술 논문 발표와 연구 활동에 기여하였다. 또한 『Space Planning for Healthcare Design』의 대표 저자로 참여하는 등 관련 분야에서 중요한 학술적 기여를 하고 있다.

김현주

수원대학교 건축도시부동산학부 건축학 전공 전임교수이다. 독일 베를린에서 중·고등학교를 마치고 Technical University of Berlin에서 디플롬(Diplom) 학위를 취득하였다. 베를린에서 독일 건축사로 활동하며 다수의 주택설계 프로젝트에 참여하였다. 한국에서는 (주)간삼건축종합건축사사무소에서 다양한 설계프로젝트를 진행하였다.

주된 연구 분야는 도시건축설계이며, 가장 최근에는 한국연구재단의 지원을 받아 「건축가를 위한 도시설계교육에 대한 연구」를 수행하였다. 도시주거, 공동주택 분야의 연구로는 도시주거의 지상 1층공간, 공공공간 디자인, 공동주택의 사적 외부공간 등 공동주택과 도시의 접점에 대한 다수의 논문을 게재하였다.

서보경

홍콩 이공대학교 응용사회과학과 부교수이다. 경북대학교 건축공학과, 델프트 공과대학교 도시학과를 졸업하고 홍콩대학교 도시계획과에서 주거학 박사학위를 받았다. 주요 연구 분야는 주택정책, 건강주거, 노인주거 등이며, 현재 '주택개조와 Aging In Place', '주거환경이 저소득 가구의 건강에 미치는 영향', '세대통합형 주거모델 개발' 등의 연구과제를 수행하고 있다.

손동화

충북대학교 건축학과 부교수이다. 일본 메이지대학에서 건축학과 학사학위, 일본 쿄토대학에서 건축학과 석사학위, 서울대학교에서 박사학위를 취득하였다. 주된 연구 분야는 건축계획 및 설계이며, 주거와 관련된 다수의 연구를 수행하였다. 노인주거 분야의 연구로는 2018년 국토교통부의 「AAL 헬스케어스마트 공동주택 연구」, 2020년 「고령친화도시환경 진단과 고령자 보건 빅데이터분석」 연구에 참여하였으며, 스마트 기술과 관련된 고령친화주거 연구를 수행하고 있다.

전창미

2023년 4월부터 일본 교토부립대학교 주거환경문화학 연구실의 공동연구원으로 재직 중이다. 전공은 주거환경학이며 일본 오사카시립대학에서 박사과정을 수료하였다. 주요 이력은 강원발전연구원 복지·청소년센터에서 연구원, 오사카시립대학 도시연구플라자 사회적 배제 부문 특별연구원을 거쳐 서울특별시청 주택정책지원센터에서 9년간 연구위원으로 재직하였다. 그 외 활동으로 울산대학교 주거환경학과 겸임교수, 한국주거학회 회장단 대외협력이사와 학술이사, 대통령 직속 국민통합위원회 사회·문화 분과위원회의 전문위원으로 활동하였다. 주된 연구 분야는 한국, 일본, 대만 등 동아시아 국가의 주택정책 및 주거복지정책 비교이며, 최근에는 한국과 일본의 주거취약계층, 노인주거, 공공임대주택 관련 연구에 몰두하고 있다. 대표적인 출판물로는 2017년 『공동주택 관리의 새로운 패러다임』, 2021년 『서울의 공공주택정책을 돌아보다·내다보다 20/21』에 공동 저자로 참여하였다.

정종대

서울특별시 주택정책지원센터장으로 주택건축 관련 정책개발 및 조사연구 업무를 총괄하고 있다. 서울대학교 환경대학원에서 도시설계 전공으로 석사학위, 건축학과에서 박사학위를 취득하였다. LH 주택도시연구원 연구원 및 미국 Columbia University 건축도시대학원에서 교환연구원을 역임하였다.

주된 연구 분야는 주거단지계획 및 새로운 주거모델 개발이며, 최근에는 저출산, 고령화 시대에 대비한 청년, 신혼부부, 노인주택 관련 정책개발에 집중하고 있으며, 특히 서울의 인구구조 변화에 대응한 신혼부부 및 노인주거에 대한 수요조사 및 제도개선 등에 대한 연구에 집중하고 있다. 앞으로도 관련 학회 및 전문가들과 이를 위한 정책적 연구에 집중할 예정이다.

최윤경

충북대학교 주거환경학과 교수로 재직 중이다. 경희대학교 주거환경학과에서 학사학위와 석사학위를 취득하고, 미국 University of Southern California에서 도시계획 석사와 미국 Georgia Institute of Technology에서 도시 및 지역계획학 박사학위를 취득하였다. 이전에는 국토연구원, Singapore University of Technology and Design 등에서 살기 좋은 도시와 지속가능한 공동체 조성과 관련된 연구활동을 수행하였다. 현재는 보행친화적인 근린환경, 건강한 오픈스페이스, 지속가능한 생활권 모델 등에 대한 연구를 진행하고 있다.

홍이경

경희대학교 주거환경학과 학술연구 교수이다. 경희대학교에서 학사, 석사, 박사학위를 취득하였다. 미국 University of Missouri-Columbia 건축학과에서 포닥으로 근무하였고, 경희대학교 주거환경학과 BK고령서비스-테크 사업단 학술연구 교수로 재직하였다.

주된 연구 분야는 노인주거, 실내환경디자인, 스마트홈 등이며 다수의 연구논문과 국내외 학술발표를 수행하였다. 노인주거 관련 저서로는 『미래지향적인 주거복지 실현을 위한 공공임대주택(공저)』, 『신개념 주거공간 노후용 공동생활주택(공저)』이 있으며, 2023년 한국부동산개발협회의 『주거 이동 선순환 생태계조성연구』, 2020년 보건복지부의 『노인주거복지서비스 제공모형 개발연구』에 참여하였다.

신글로벌 트렌드: 시니어 주택

초판발행	2024년 11월 15일
지은이	한국주거학회
펴낸이	안종만·안상준
편 집	이혜미
기획/마케팅	김한유
표지디자인	BEN STORY
제 작	고철민·김원표
펴낸곳	(주) 박영사
	서울특별시 금천구 가산디지털2로 53, 210호(가산동, 한라시그마밸리)
	등록 1959.3.11. 제300-1959-1호(倫)
전 화	02)733-6771
f a x	02)736-4818
e-mail	pys@pybook.co.kr
homepage	www.pybook.co.kr
ISBN	979-11-303-2076-2 93330

*파본은 구입하신 곳에서 교환해 드립니다. 본서의 무단복제행위를 금합니다.

정 가   25,000원